D1878048

रेडियो नाटक की कला

रेडियो नाटक की कला

सिद्धनाथ कुमार

राधाकृष्ण प्रकाशन

ISBN : 978-81-7119-087-4

रेडियो नाटक की कला

पहला राधाकृष्ण संस्करण : 1992
तीसरा संस्करण : 2025

मूल्य : ₹695

प्रकाशक
राधाकृष्ण प्रकाशन प्राइवेट लिमिटेड
जी-17, जगतपुरी, दिल्ली-110 051
शाखाएँ : अशोक राजपथ, साइंस कॉलेज के सामने, पटना-800 006
पहली मंजिल, दरबारी बिल्डिंग, महात्मा गांधी मार्ग, प्रयागराज-211 001
1, अनमोल सोराबजी सन्तुक लेन, धोबी तलाव, मरीन लाइंस, मुम्बई-400 002
वेबसाइट : www.radhakrishnaprakashan.com
ई-मेल : info@radhakrishnaprakashan.com

मुद्रक
विकास कम्प्यूटर एंड प्रिंटर्स
ट्रॉनिका सिटी-201 102

RADIO NATAK KI KALA
by Siddhanath Kumar

रचनाकार के लिए रेडियो अभिव्यक्ति का आदर्श माध्यम है। इसमें लेखन की गुणवत्ता ही सर्वाधिक महत्त्वपूर्ण है। रेडियो नाटककार यह आशा नहीं कर सकता कि कैमरा के मनमोहक कार्य एवं अतिप्रदर्शनीय रंगमंचीय प्रभाव उसकी शैलीगत दुर्बलताओं को दूर कर देंगे।

—मार्टिन एसलिन

पूर्व-निदेशक, नाटक विभाग, बी.बी.सी.

रंगशाला में सुन्दर रूप, चित्ताकर्षक वस्त्राभूषण और प्रस्तुति-कौशल अनुत्कृष्ट लेखन के अधिकांश को ढक दे सकते हैं, पर रेडियो नाटक में ऐसा सम्भव नहीं।

बी.बी.सी. द्वारा नये लेखकों के लिए प्रचारित निर्देश पत्र में

नाटक लिखना एक विचित्र व्यापार है। इसमें शिल्प चाहिए जिसे आपको सीखना होगा, और प्रतिभा चाहिए जो आपमें होनी चाहिए। दोनों में से सामान्यत: कोई भी सहज उपलभ्य नहीं है, और दोनों ही अनिवार्य हैं। जहाँ दोनों संयुक्त नहीं होते, अच्छा परिणाम लगभग असम्भव है।

—गेटे

प्रसिद्ध जर्मन कवि और नाटककार

क्रम

सम्भावना शेष है

टेलीविजन के आगमन के बाद पश्चिम में यह आशंका प्रकट की गई थी कि रेडियो का महत्त्व समाप्त हो जाएगा। वह आशंका गलत सिद्ध हुई है। अपने विशाल देश में टेलीविजन की पहुँच सीमित समुदाय तक ही है, और इसका विकास अभी प्रारम्भिक चरण में ही है। दूसरी ओर ट्रांजिस्टर घर-घर में पहुँच रहा है। रेडियो का महत्त्व अभी बना हुआ है, और आगे भी बना रहेगा। रेडियो के साथ ही रेडियो नाटक की सम्भावनाएँ अभी शेष हैं।

अपने देश की सभी भाषाओं में रेडियो नाटक बड़ी संख्या में लिखे जा रहे हैं, प्रसारित हो रहे हैं, लेकिन गुणवत्ता की दृष्टि से उत्कृष्ट नाटकों की संख्या बड़ी नहीं है। प्रसारण शिल्प के प्रति अत्यन्त सजग बी.बी.सी. के 'थर्ड प्रोग्राम' का निदेशक जब कहता है कि वह साल भर में दस उत्कृष्ट नाटक अपने कार्यक्रम के लिए प्राप्त कर ले, तो यह बहुत बड़ी बात है, तब अपने यहाँ की स्थिति से निराश होने की आवश्यकता नहीं, पर इस दिशा में सजगता अपेक्षित है। यहाँ रेडियो नाटक को कितनी गम्भीरता से लिया गया है, इसका प्रमाण यही है कि रेडियो नाटक अपने मूल रूप में इने-गिने संकलनों में ही प्रकाशित हो पाए हैं—प्रकाशक उन्हें छापना नहीं चाहते, नाटककार उन्हें रंगनाटक बनाकर या कहकर प्रकाशित करते हैं। लन्दन से प्रकाशित 'रेडियो ड्रामा टुडे' में कहा गया है—'चूँकि रेडियो नाटक शब्दों और उत्कृष्ट लेखन पर ही निर्भर है, पाठ्य रूप में भी इसे सरल और आनन्ददायक होना चाहिए। सचमुच कुछ देशों में, स्वीडन और जर्मनी में विशेष रूप से, रेडियो नाटकों के अनेक संकलन हर वर्ष प्रकाशित होते हैं, और हजारों की संख्या में बिकते हैं। अपने देश में यह परम्परा नहीं बन पाई है।' हिन्दी के रेडियो नाटकों के बारे में क्या कहा जाए?

हिन्दी क्षेत्र में रेडियो नाटक को कितनी कम गम्भीरता से लिया गया है, इसका सबसे बड़ा प्रमाण तो यही है कि जहाँ अंग्रेजी में पचीसों पुस्तकें रेडियो

नाटक के शिल्प पर हैं, वहाँ आज लगभग बीस वर्षों से एक भी पुस्तक हिन्दी में नहीं है, जबकि इस तथ्य से सभी अवगत हैं कि केवल प्रतिभा के बल पर नाटक की रचना नहीं की जा सकती। सन् 1955 में रेडियो नाटक पर हिन्दी में पहली बार दो पुस्तकें एक साथ ही प्रकाशित हुईं—'रेडियो नाटक' (हरिश्चन्द्र खन्ना) और 'रेडियो-नाट्य-शिल्प' (सिद्धनाथ कुमार)। सन् 1970 के पहले ही पहली पुस्तक प्रथम संस्करण के बाद और दूसरी पुस्तक द्वितीय संस्करण के बाद अनुपलब्ध हो गईं, उनका पुनर्मुद्रण नहीं हुआ, गम्भीरता से शिल्प पर विचार करनेवाली कोई नई पुस्तक भी प्रकाश में नहीं आई। आश्चर्य की बात है कि इस बीच हिन्दी रेडियो नाटक पर कई शोधकार्य सम्पन्न हुए—इतिहास कई लिखे गए, पर शिल्प पर गहराई से विचार करने की कोशिश नहीं की गई। 'रेडियो-नाट्य-शिल्प' अब तक अनुपलब्ध ही है, पर रेडियो नाटक में रुचि रखनेवाले लोगों में उसके प्रति आकर्षण बना रहा है। लोग कहते रहे हैं कि मैं उसका नया संस्करण कराऊँ, पर मैं अनुभव करता रहा हूँ कि उस छोटी-सी पुस्तिका में आज से पैंतीस वर्ष पहले का मेरा अध्ययन और अनुभव व्यक्त है। सन् 1948 में मैंने रेडियो के लिए लिखना प्रारम्भ किया था, और पुस्तक के प्रकाशन के बाद भी मैं लगातार लिखता रहा हूँ। विभिन्न प्रकार की नाट्य-रचनाओं की संख्या चार सौ से अधिक ही होगी। रेडियो नाटक के बारे में लगातार पढ़ता और सोचता भी रहा हूँ। अर्जित अनुभव और अध्ययन को देखते हुए 'रेडियो-नाट्य शिल्प' को उसी रूप में नहीं प्रकाशित कराया जा सकता था, उसमें संशोधन परिवर्द्धन से भी काम चलनेवाला नहीं था। अत: मुझे 'रेडियो नाटक की कला' नाम से यह नई पुस्तक लिखनी पड़ी है। पुरानी पुस्तक से इसका सम्बन्ध इतना ही है कि उसमें से तीन-चार उदाहरण ले लिए गए हैं। उसकी कुछ मान्यताएँ इस नई पुस्तक से कटती भी हैं। मेरा निवेदन होगा कि पुरानी पुस्तक की मान्यताओं से जहाँ नई पुस्तक में विरोध दीखे, वहाँ नई पुस्तक की मान्यताओं को ही स्वीकार किया जाए।

रेडियो नाटक के विवेचन में मैंने हमेशा इसके माध्यमगत वैशिष्ट्य को ध्यान में रखा है। कहना चाहिए कि मैंने रेडियो नाटक का नहीं, रेडियो नाटक का विवेचन किया है। रेडियो से कोई भी नाटक प्रसारित कर दिया जा सकता है, पर वह रेडियो नाटक नहीं होगा। माध्यम के वैशिष्ट्य को ध्यान में रखकर लिखा गया नाटक ही रेडियो नाटक है। हर माध्यम के नाटक की अपनी विशिष्टता होती है, दूसरे माध्यम से उसके उपयोग के लिए उसके रूपान्तर की अपेक्षा होनी चाहिए। पूरी पुस्तक में यही दृष्टि काम करती रही है।

'रेडियो-नाट्य-शिल्प' में मैंने सभी उदाहरण अपनी रचनाओं से ही दिये थे, 'रेडियो नाटक की कला' में यह प्रयत्न किया गया है कि दूसरे लेखकों की रचनाओं से पर्याप्त उदाहरण दिये जाएँ। हिन्दी में सब प्रकार की रेडियो नाटय-रचनाएँ प्रकाशित रूप में उपलब्ध नहीं हैं, फलत: अनेक स्थलों पर अपनी रचनाओं से ही उदाहरण देने की विवशता हो गई है। विषय के स्पष्टीकरण के लिए उदाहरण देना ही अपना उद्‌देश्य रहा है, किसी के गुण-दोष का विवेचन करना नहीं। जिन लेखकों की रचनाओं से मैंने उदाहरण लिए हैं, उनके प्रति अपना आभार प्रकट करता हूँ। कहीं लगे कि किसी की आलोचना हो गई है (यों अपना उद्‌देश्य वह रहा नहीं है), तो विनम्रतापूर्वक क्षमा चाहूँगा।

कई बार मन में आया कि टी. वी. नाटक पर भी इसमें कुछ लिखा जाना चाहिए, पर वह एक स्वतंत्र विधा है, और उस पर किसी विशेषज्ञ द्वारा लिखा जाना उचित होगा। रेडियो नाटक की विधा उससे बिलकुल अलग है, और टी. वी. नाटक के शिल्प की जानकारी के बिना भी सफल रेडियो नाटक लिखा जा सकेगा।

यदि इस पुस्तक से रेडियो नाटक में हिन्दी पाठकों की अभिरुचि बढ़ी, और इसमें रुचि रखनेवाले लेखकों, समीक्षकों, प्रसारणकर्ताओं और श्रोताओं को कुछ भी लाभ हुआ, तो मैं अपना श्रम सार्थक समझँगा।

—सिद्धनाथ कुमार

आलोक, हेसल
राँची-834005

रेडियो नाटक की प्रकृति

रेडियो के लिए विशेष रूप से लिखित पहला अंग्रेजी नाटक बी.बी.सी. से 15 जनवरी, 1924 को प्रसारित हुआ था—रिचर्ड ह्युजेज का 'ए कामेडी ऑफ डेंजर'। इस नाटक की अर्द्धशती के उपलक्ष्य में ह्युजेज ने 15 जनवरी, 1974 को इसकी लेखन प्रक्रिया की ओर संकेत किया—'मैंने सोचना शुरू किया कि आज तक तो ऐसा कुछ नहीं था, मेरा मतलब है 'नाटकीय', जिसे लोगों ने सिर्फ कानों के माध्यम से ग्रहण किया हो। मुझे लगा कि कोई ऐसा विषय चुनना चाहिए जो पूरी तरह अँधेरे में ही घटित हो, औंर किसी कोयला खान की दुर्घटना का कथा प्रसंग आपसे आप मेरे सामने आ गया। और, इस तरह मैंने यह नाटक लिखा जो इन पंक्तियों से शुरू हुआ—बत्तियाँ बुझ गई हैं।'[1] लेखक ने चाहा था कि लोग केवल सुनकर अँधेरे में घटित कहानी का आनन्द लें। रेडियो नाटक में कहानियों का अँधेरे में घटित होना आवश्यक नहीं, पर इस बात में सन्देह नहीं कि यह मूलतः अँधेरे का ही नाटक है। अदृश्य अन्धकार ही इसका रंगमंच है—दर्शक नाटक को देख नहीं सकता, केवल सुन सकता है। साहित्य में जिस विधा को पहले दृश्य-काव्य कहा गया था। यद्यपि वह दृश्य के साथ-साथ श्रव्य भी थी। वह आज रेडियो के आविष्कार के फलस्वरूप मात्र श्रव्य भी हो गई है। रेडियो नाटक श्रव्य माध्यम का नाटक है जो स्टूडियो से प्रसारित होकर नाट्यप्रेमियों के घरों में श्रव्य रूप में पहुँच आता है। श्रव्य माध्यम ने जहाँ इस नाट्य-रूप को दृश्यत्व से वंचित किया है, वहीं उसने इसे असीम शक्ति से सम्पन्न किया है। रेडियो नाटक में रुचि रखनेवाले रचनाकार को इसकी शक्ति और सीमाओं से, इसकी मूल प्रकृति से परिचित रहना आवश्यक है।

मात्र श्रव्यत्व की शक्ति

रेडियो नाटक प्रत्यक्षता के बन्धन से मुक्ति का नाटक है—रूप, रंग, दृश्यबन्ध, प्रकाश योजना आदि के बन्धनों से यह पूर्णतः मुक्त होता है। दृश्य की सीमाएँ होती

हैं, वह सदैव देश और काल की सीमाओं में बँधा रहता है। जो वर्तमान के क्षण में अपने सम्मुख रहता है, वही दृश्य है। देश और काल की दृष्टि से वर्तमान से परे जो कुछ है, वह अदृश्य है। दृश्य सीमाबद्ध है, अदृश्य सीमाहीन। रेडियो नाटक अदृश्य है, फलतः इसका क्षेत्र सीमाहीन है। यह बात नाट्यकर्मियों द्वारा इसके प्रस्तुतीकरण और श्रोताओं द्वारा इसके ग्रहण, दोनों ही दृष्टियों से महत्त्वपूर्ण है। रेडियो नाटक का प्रस्तुतकर्ता कोई भी दृश्य प्रस्तुत कर सकता है, और श्रोता सम्यक् रूप में प्रस्तुत किसी भी दृश्य को अपने मानस पटल पर ग्रहण कर सकता है। मानवीय कल्पना में जो भी सम्भव है, वह रेडियो नाटक में चित्रित हो सकता है। रेडियो ने नाटक के क्षेत्र का जो विस्तार किया है, वह अभूतपूर्व है। डोनाल्ड मैकहवाइनी लिखते हैं—'इसने रूप, वर्णन, संवेग एवं विचार की ऐसी सृष्टि सम्भव कर दी है जो देश एवं क्षमता की नियंत्रक सीमाओं में नहीं बँधी है। ध्वनि रेडियो ने अपनी प्रकृति से ही लेखक को उसकी कल्पना के सदृश ही विस्तृत क्षितिज प्रदान किया है। व्यावहारिक दृष्टि से इसमें दृश्य-योजना, प्रकाश आदि की भौतिक समस्याएँ नहीं हैं, सौन्दर्यपरक दृष्टि से इसके आयाम असीम एवं अबंध्य हैं।'[2] इस सत्य को उदाहृत करने के लिए प्रभावशाली रेडियो नाटकों से अनेकानेक प्रसंग प्रस्तुत किए जा सकते हैं। 'संवत्सर' नाटक का यह अंश द्रष्टव्य है :

संवत् : देख सकोगी?

युगदेवी : हाँ, देख सकूँगी।

संवत् : तो देखो, इस साँवली रात में तारों की हलकी छाँह के नीचे दूर महाकाल के मन्दिर की चोटी। आसमान में एक धुँधली रेखा-सी। देखा? खंडहरों में से ऊपर उठते अवन्तिका के राजमहल। और वह अँधेरे की बाँहों में से निकलते रंग-भवन।

[गीत की हल्की गूँज आती है।]

दूरी के वे कोमल गीत। सफेद फूलों पर हवा की लहर से।

[नृत्य की गूँज]

यह उर्वशी के रंगीन चरणों की गूँज है *(विराम)* तुम चकित हो। किन्तु मैं इसी रात की सहस्र वर्षों से राह देख रहा हूँ। हजार वर्ष की दो मंजिलें पार करने पर यह रात आई है।

युगदेवी : *(साँस भरती है।)*

संवत् : हाँ, यह स्वप्न नहीं, सत्य है। इन खंडहरों पर से आज धुँधले वर्षों के कुहरे का पर्दा उठ रहा है, उठता जा रहा

है। वर्तमान अन्धकार की भाँति अलग सिमटता जाता है, और आज की उज्जयिनी युगों पूर्व की अवन्तिका बन रही है। वही राजमहल, वही वैभव, वही नवरत्न। आज की रात वह सारा युग फिर से लौट आया है। दो सहस्र वर्षों की दूरी से विक्रमादित्य और स्वर्णश्री का वह युग। *(विराम)*[3]

संगीत और नृत्य की ध्वनियों के साथ वैभवशाली रंगीन अतीत को वर्तमान की धरती पर उतरते हुए देखा जा सकता है—सिर्फ आँखें बन्द रखने की ज़रूरत है रंगमंच पर बोले जाने पर इन शब्दों का कोई अर्थ नहीं रह जाता।

मात्र श्रव्य एवं अदृश्य होने के कारण रेडियो नाटक श्रोताओं से कल्पना शक्ति की विशेष रूप से अपेक्षा रखता है। यह उन्हें प्रेरित करता है कि वे जो कुछ सुनते हैं उसे अपने मन की आँखों से देखें। श्रव्य नाटक श्रोताओं की कल्पना को उद्बुद्ध करता है। मार्टिन एसलिन के अनुसार तो यही श्रव्य माध्यम की सबसे बड़ी शक्ति है। वे कहते हैं कि रेडियो किसी भी अन्य नाट्य माध्यम की अपेक्षा अधिक क्षमता से श्रोता की कल्पना को उद्दीप्त करता और बनाता है।[4] जे. एल. स्टाइन ने लिखा है—'रेडियो का अन्धा माध्यम कल्पना को अनुप्राणित करने की अपनी बेजोड़ शक्ति के कारण एक ऐसे नाट्य प्रकार को सम्भव बनाता है जो उन विषयों का भी समावेश कर लेता है जिनके निकट फिल्म और रंगमंच कभी नहीं पहुँच सकते।'[5] इस विषय की चर्चा हम आगे 'रंगनाटक' और 'टी. वी. फिल्म नाटक' के प्रसंग में विस्तार से करेंगे।

रेडियो नाटक में कल्पना का उपयोग श्रव्य माध्यम की एक अन्य विशेषता से स्वभावतः सम्बद्ध है। कल्पना के द्वारा चित्र-निर्माण के लिए रेडियो नाटक संकेतों का उपयोग करता है, मात्र श्रव्य एवं अदृश्य होने के कारण यह यथातथ्यता को पूरी तरह चित्रित करने का कार्य कर ही नहीं सकता। किसी कमरे का, किसी रेलवे स्टेशन का अथवा किसी भी स्थान का यथातथ्य चित्र दृश्य रूप में सम्भव है, केवल श्रव्य रूप में नहीं। यहाँ तो ट्रेन की आवाज आती है, रेलवे स्टेशन का शोर-गुल सुनाई पड़ता है, और प्लेटफार्म का चित्र मन की आँखों के सामने आ जाता है। श्रव्य माध्यम केवल ध्वनि संकेतों का उपयोग करता है। स्काट जानसन का विचार सही है कि 'यह ध्वनि का संघात ही है जिसका रेडियो नाटक में उपयोग किया जाता है—एक ध्वनि भी क्रमशः अनेक चित्र शृंखलाओं की व्यंजना कर सकती है, एक ध्वनि से सम्बद्ध दूसरी ध्वनि मन में अनेक विचारों को निश्चित रूप में उत्पन्न कर सकती है, एक बिम्ब द्वारा दूसरे बिम्ब की व्यंजना के साथ मन क्षिप्रता से कार्य करता है।'[6]

संकेतों के उपयोग के कारण श्रव्य नाटक अन्यान्य नाट्य रूपों में सर्वाधिक मितव्ययी है। मितव्ययिता की बात नाट्य प्रस्तुतीकरण के विभिन्न पक्षों से जुड़ी हुई है। क्रमशः परिवर्तित होते हुए परिवेशों, कार्य-व्यापारों एवं मनःस्थितियों को श्रव्य

नाटक में केवल संकेतों के द्वारा प्रभावशाली रूप में प्रस्तुत किया जा सकता है। उदाहरण के लिए, किसी नाटक में विवाह निश्चित करने की संक्षिप्त बातें होती हैं, फिर शहनाई का स्वर सुनाई पड़ता है या विवाह का मंत्रोच्चार गूँजता है, और फिर विवाहित व्यक्तियों के संवाद सुनाई पड़ते हैं।[7] नाटक के विभिन्न स्थलों पर क्षण-भर के वाद्य संगीत से अथवा शान्ति से अथवा एक पात्र के फेड आउट (पात्र का बोलते हुए माइक्रोफोन से दूर हट जाना) और दूसरे पात्र के फेड इन से स्थान और समय का परिवर्तन हो जाता है।[8] कुछ ही मिनटों में देश और काल की लम्बी यात्राएँ सम्भव बनाई जा सकती हैं।[9] टेलीविजन और फिल्म के नाटकों में भी यह गतिशीलता है, पर उनमें ब्यौरे की जरूरत होती है, अनेक दृश्यों और दृश्यबन्धों की आवश्यकता होती है, पर रेडियो नाटक कम-से-कम साधनों द्वारा केवल संकेतों के द्वारा अपेक्षित चित्र प्रस्तुत कर देता है। जिस चित्रण के लिए उपन्यासकार को अनेक पृष्ठों की आवश्यकता हो सकती है, जिन दृश्यों के लिए दृश्य नाटकों (यथार्थवादी रंगमंच, टी. वी. और फिल्म) को अनेकानेक साधनों की अपेक्षा होती है, उन्हें श्रव्य नाटक न्यूनतम साधनों से चित्रित कर देता है। मितव्ययिता का आर्थिक पक्ष लिया जाए, तो अन्य प्रस्तुतीकरण माध्यमों की तुलना में न्यूनतम व्यय रेडियो नाटक में ही होता है। बी.बी.सी. के नाटक विभाग से सम्बद्ध नाट्य विशेषज्ञ मार्टिन एसलिन का कथन है कि रेडियो नाटक के प्रस्तुतीकरण में जो व्यय होता है उससे टेलीविजन नाटक का प्रस्तुतीकरण-व्यय पाँच गुना गुना अधिक है, रंगमंच नाटक का व्यय सौ गुना अधिक है, और फीचर फिल्म का व्यय हजार गुना अधिक है।[10] आर्थिक दृष्टि से कम व्यय-साध्य होने के कारण ही रेडियो नाट्य क्षेत्र में प्रयोगों के लिए जितना अवकाश है, उतना किसी अन्य नाट्य-रूप के क्षेत्र में नहीं, क्योंकि आज के युग में बहुत खर्च करके आर्थिक हानि उठाने का खतरा मोल लेना कठिन काम है। इसी से जितने प्रयोग रेडियो नाटक के क्षेत्र में हुए हैं, उतने किसी अन्य नाट्य क्षेत्र में नहीं। पश्चिम में ब्रेश्त, सैमुएल बेकेट, डायलन टामस जॉन मार्टिमर आदि के प्रसिद्ध नाट्य प्रयोग इसके प्रमाण हैं।

केवल ध्वनि का उपयोग करने के कारण बड़ी गतिशीलता रहती है नाटक के इस श्रव्य रूप में। जैसा पहले कहा गया, इसमें देशकाश की मुक्त यात्रा तो की ही जा सकती है, जीवन-सत्यों के विस्तृत क्षेत्र में एक छोर से दूसरे छोर तक स्वच्छन्द वितरण किया जा सकता है—बहिर्जीवन और अन्तर्जीवन, वस्तुनिष्ठता और आत्मनिष्ठता, वास्तविकता और सत्य, सबकी सीमाओं को तोड़कर एक क्षेत्र से दूसरे क्षेत्र में क्षिप्र गति से प्रवेश-प्रस्थान किया जा सकता है। एक उदाहरण प्रस्तुत है :

शिप्रा : तुम्हारा कोई नाती मेरी गोद में नहीं आएगा माँ।
माँ : नहीं आएगा? क्यों नहीं आएगा?

शिप्रा : डॉक्टर ने उनसे कुछ कहा है।

माँ : क्या कहा है?

शिप्रा : मुझे नहीं मालूम। उन्होंने साफ कुछ बतलाया नहीं। इतना ही मालूम है, मुझे कोई बच्चा नहीं होगा।

[एक स्मृति स्कूल में क्लास में बच्चों का शोरगुल, फिर शान्ति, शिप्रा बच्चों को पढ़ाती हुई]

शिप्रा : महाकवि सूरदास ने इस पद में वात्सल्य का बहुत सुन्दर चित्रण किया है। मातृ-हृदय की सहज आकांक्षा की अभिव्यक्ति इन पंक्तियों में हुई है। 'यसुदा मन अभिलाष करे...।' माँ यशोदा बाल कृष्ण को देखती हैं, सोचती हैं, कब मेरा लाल बड़ा होगा? कब घुटनों के बल चलेगा? कब बोलेगा?

[स्कूल की घंटी बजती है।]

माँ : तुम कह रही हो शिप्रा, तुम्हें कोई बच्चा नहीं होगा।

शिप्रा : नहीं माँ, नहीं होगा।[11]

वास्तविकता से स्मृति और फिर स्मृति से वास्तविकता में सहज संचरण यहाँ देखा जा सकता है। श्रव्य माध्यम का नाटक किस प्रकार शीघ्रता से बदल सकता है, इसे रेखांकित करने के लिए इर्विंग वाड्र्ल ने अपना एक रोचक अनुभव प्रस्तुत किया है। श्रव्य माध्यम की विशिष्टता का अनुभव उन्हें एक रंगनाट्य-प्रदर्शन के क्रम में हुआ। एडिनबर्ग के टेवर्स थियेटर में सेमुएल बेकेट का नाटक 'हाउ इट इज़' प्रदर्शित किया जा रहा था। कीचड़ में धँसते हुए एक व्यक्ति का विक्षुब्ध स्वगत चल रहा था कि सहसा रंगशाला की सारी बत्तियाँ बुझा दी गईं। आकस्मिक रूप से अँधेरा होते ही नाटक का कार्य-व्यापार कायिक धरातल से उठकर मानिसक धरातल पर चला आया, और जिस संवेगात्मक सन्त्रास का पहले अभाव था वह स्पष्टत:, उतरकर सामने आ गया।[12] अँधेरे रंगकक्ष में प्रस्तुत नाटक ही रेडियो नाटक है, और अदृश्यता के कारण इसमें क्षमता है कि नाटकीय कार्य-व्यापार को मानसिक धरातल पर प्रतिष्ठित कर दे। रेडियो नाटक हमें पात्रों की मनोवैज्ञानिक गहराइयों में ले जाने की शक्ति रखता है। कहना चाहिए कि दृश्य नाटक यदि फोटोग्राफी है, तो श्रव्य नाटक एक्स-रे। इस विशेषता का संकेत अनेक रेडियो-नाट्य विशेषज्ञों ने किया है। एसलिन कहते हैं कि रेडियो नाटक लेखक को अनुमति देता है कि वह दर्शक को अपने नायक के मन के अन्दर ले जाए अथवा उसका नायक सीधे श्रोता को ही सम्बोधित करे जिससे श्रोता मुख्य पात्रों की आँखों से नाटक के कार्य-

व्यापार को देख सके या कान में चुपके से कही जानेवाली उसकी गोपनीय बातों को सुन सके।[13] मैकहवाइनी कहते हैं कि निकटता से बोले गए शब्दों की सबसे बड़ी विशेषता उनकी इस शक्ति में है कि वे मन की आन्तरिक स्थितियों, वक्ता के आन्तरिक जगत एवं व्यक्तिगत दृष्टि को सम्प्रेषित करते हैं।[14] रेडियो नाटक में श्रोता का सहज सम्बन्ध पात्रों के अन्तर्मन से हो जाता है। कार्य-व्यापारों के बाह्य रूप से तो वह परिचित होता ही रहता है, अन्तर्मन की रासायनिक प्रक्रियाओं को भी देखता रहता है। वह सहज ही देख सकता है कि बाह्य व्यवहार में प्रेम से बातें करती हुई पत्नी के मन में अपने पति के प्रति कितनी गहरी घृणा है, इंटरव्यू से हारे-थके लौटते हुए नवयुवक के मन में कितनी बेचैनी है।[15]

रेडियो नाटक अपनी प्रकृति से अन्तर्मन का नाटक है, और ऐसा इसलिए है कि यह अदृश्य तो है ही, अभिव्यक्ति का अत्यन्त आत्मीय माध्यम है। इसमें वक्ता और श्रोता के बीच दूरी नहीं होती—वक्ता और माइक्रोफोन के बीच जो दूरी होती है वही वक्ता और श्रोता के बीच की दूरी है। वक्ता फुसफुसाहट की धीमी आवाज में भी कुछ कहता है, तो लगता है, वह श्रोता के कानों में ही कह रहा है। इसी से स्वगत जितना रेडियो नाटक में स्वाभाविक लगता है, उतना और किसी नाट्य रूप में नहीं। श्रव्य माध्यम की आत्मीयता के कारण ही मनोवैज्ञानिक चित्रण की सुविधाएँ रेडियो ना‿क को विशेष रूप से प्राप्त हैं। आधुनिक साहित्य में व्यक्ति का जो उदय हुआ है और जिसके फलस्वरूप अन्तर्गत के चित्रण का आग्रह बढ़ा है, उससे रेडियो नाटक के महत्त्व में वृद्धि हुई है। व्यक्ति के अन्तर्मन के चित्रण, चेतना प्रवाह की मुक्त अभिव्यक्ति, ╕थ्य एवं सत्य की विभाजक रेखाओं के सहज अतिक्रमण, भूत-वर्तमान-भविष्य के बन्धनों को तोड़कर काल की अखंडता में विश्वास आदि की जो धारणाएँ आधुनिक कथा साहित्य और विभिन्न नाट्य रूपों में दिखाई पड़ती हैं, उनकी अभिव्यक्ति का सबसे सहज, सशक्त एवं प्रभावशाली माध्यम श्रव्य नाटक ही है।

श्रव्य माध्यम की अन्य विशेषताओं में काव्यत्व का महत्त्वपूर्ण स्थान है। काव्यत्व का धरातल कल्पना और व्यंजना का धरातल है, और इसी धरातल पर श्रव्य नाटक भी काम करता है। उत्तम काव्य अभिधा में विश्वास नहीं करता, श्रव्य नाटक यथातथ्यता के चित्रण का आग्रह नहीं करता, दोनों की वास्तविक शक्ति व्यंजना की है। काव्य के शब्दों से व्यंजना की तरंगें उठती हैं, और रेडियो नाटक की श्रव्य ध्वनियों से वास्तविकताएँ व्यंजित होती हैं। श्रव्य माध्यम के काव्यात्मक प्रभाव के सम्बन्ध में 'दि आर्ट आफ रेडियो' से उद्धृत ये विचार ध्यातव्य हैं—'रेडियो प्रसारण मन पर काव्य की भांति ही कार्य करता है : यह मुक्ति देता है और उद्बुद्ध करता है। यह प्रत्यक्ष दृश्यात्मक चित्रण से उद्दीप्त वस्तु के रूप में कार्य नहीं करता, ऐसा करना सीमित और निष्फल होगा। एक प्रकार से यह काव्य या संगीत और यथार्थ

के बीच सेतु है। किसी प्रकार का विश्लेषण किया जाए, काव्य ही श्रव्य माध्यम का निकटतम उपमान है।'[16] अपने काव्यत्व के 'धरातल के' कारण ही रेडियो का माध्यम काव्यनाटकों के प्रसारण के बहुत उपयुक्त सिद्ध हुआ है। रंगमंच पर अभिनीत काव्यनाटक की तुलना में रेडियो से प्रसारित काव्यनाटक अधिक स्वाभाविक लगता है। इंग्लैंड में मर्करी थियेटर के साहसपूर्ण प्रयत्नों के बावजूद पद्यनाटक रंगमंच पर लोकप्रिय नहीं हो सके, पर बी.बी.सी. ने लुई मैकनीस, डायलन टामस जैसे प्रसिद्ध कवियों के पद्यनाटकों को सफलतापूर्वक एक बड़े जनसमुदाय तक पहुँचाया। अपने यहाँ भी उदयशंकर भट्ट, भगवतीचरण वर्मा, गिरिजाकुमार माथुर, भारतभूषण अग्रवाल आदि कवियों की पद्यात्मक नाट्य-रचनाओं को रेडियो के रूप में एक प्रभावशाली प्रस्तुतीकरण-माध्यम प्राप्त हुआ। धर्मवीर भारती के प्रसिद्ध काव्यनाटक 'अंधा युग' की प्रथम प्रस्तुति रेडियो से ही हुई।

काव्य शब्द में ही है, नाट्य प्रस्तुतीकरण के शब्देतर उपकरणों में नहीं। एक काव्य-समीक्षक ने लिखा है कि दृश्य-विधान, प्रसिद्ध अभिनेताओं के अभिनय और आनुषंगिक संगीत काव्यात्मक प्रभाव उत्पन्न कर सकते हैं, पर वे काव्य की सृष्टि नहीं कर सकते। यदि किसी नाटक में काव्यत्व है, तो अभिनेता द्वारा उचित रूप से उच्चरित शब्द पर्याप्त होना चाहिए।[17] अरस्तू ने आज से बहुत पहले यही मान्यता प्रस्तुत की थी। अरस्तू का विचार है—'दृश्य-विधान का अपना एक भावोत्तेजक आकर्षण होता है, पर (त्रासदी के) विविध अंगों में सबसे कम कलात्मक यही है और काव्य कला के साथ इसका सबसे कम सम्बन्ध है, क्योंकि दृश्य-विधान और अभिनेताओं से स्वतंत्र भी त्रासदी के प्रबल प्रभाव की अनुभूति होती है—यह निश्चित है।'[18] उन्होंने स्पष्टत: कहा कि 'त्रास और करुणा की उद्‌बुद्धि रंगमंच के प्रसाधनों से भी सम्भव है, पर उत्तम पद्धति यही है कि यह कार्य कृति के आन्तरिक संगठन से उत्पन्न हो। इससे कवि की उत्कृष्टता का परिचय भी मिलता है।'[19] निष्कर्ष यह कि काव्य शब्द एवं रचना के आन्तरिक संगठन में है, और रेडियो नाटक में इन्हीं का महत्त्व है। श्रव्य माध्यम उच्चरित शब्द की क्षमता पर ही निर्भर है, और उसी का अधिकाधिक उपयोग करता है। लहजा, बोलने की गति, स्वर का ऊँचा या नीचा होना, बोलने के क्रम में स्थान-स्थान पर रुकना आदि बातों पर ध्यान देकर भावनाओं-अनुभूतियों की विभिन्न भंगिमाओं को व्यंजित करने के लिए श्रव्य माध्यम भाषा के उच्चरित रूप को ही अपने काम में लाता है। दृश्य नाटक में भी शब्दों का उपयोग होता है, पर वहाँ अभिव्यक्ति के अनेक सहायक साधन उपलब्ध हैं : दृश्य-विधान, वेशभूषा, आंगिक मुद्राएँ और अनुभाव, प्रकाश-योजना आदि। रेडियो नाटक में अभिव्यक्ति का एकमात्र साधन ध्वनि है जिसमें सर्वाधिक महत्त्वपूर्ण भाषा है। दृश्य नाटक में जो कार्य अनेकानेक साधनों से सम्पन्न होता है, रेडियो नाटक में उसके अधिकांश को भाषा द्वारा ही करना पड़ता है। रेडियो नाटक

शब्द-केन्द्रित नाट्य रूप है, यही इसका वैशिष्ट्य है। रचना के आन्तरिक संगठन की बात ली जाए, तो श्रव्य माध्यम में नाटक का समग्र दृश्य-विधान उसके आलेख में ही निहित रहता है। पात्र-परिचय, वातावरण का चित्र, कार्य-व्यापारों की सूचना, पात्रों की भावाभिव्यक्ति आदि के कार्य रेडियो नाटक का आलेख स्वयं करता है,[20] ध्वनिप्रभाव और संगीत उसकी सहायता अवश्य ही करते हैं।

श्रोताओं की दृष्टि से देखें, तो रेडियो नाटक एक आत्मनिष्ठ नाट्य रूप है। जैसा पहले कहा गया, रेडियो नाटक श्रोताओं से विशेष कल्पना-शक्ति की अपेक्षा रखता है, और यह कल्पना प्रत्येक श्रोता की अपनी-अपनी होती है। वह संवाद के शब्द सुनता है—'हाँ, तो मैं आपका एक बहुत बड़ी हस्ती से परिचय करा रहा था। यह हस्ती आज गेरुए कपड़ों, सफेद दाढ़ी और बुढ़ापे की साठसाला झुर्रियों के पीछे छुपी हुई है।'[21] उसे उस 'हस्ती' की आवाज सुनाई पड़ती है, और वह अपने मन की आँखों से उसका रूप देख लेता है—हर श्रोता इसे अपने-अपने ढंग से देखता है। किसी नारी का मधुर स्वर सुनाई पड़ता है, और उसकी सुन्दरता की कल्पना कर ली जाती है। यहाँ हम सौन्दर्य को रूप के माध्यम से नहीं, आवाज़ के माध्यम से 'देखते' हैं। इसी तरह नाटक में घटनास्थल कोई उपवन हुआ, तो प्रत्येक श्रोता के लिए यह उपवन अपना-अपना होता है, घटनास्थल यदि कोई ड्राइंग रूम है, तो प्रत्येक श्रोता का यह अपना ड्राइंग रूम होता है। टी. वी. नाटक या फिल्म नाटक या यथार्थवादी रंगनाटक में स्त्री-पुरुषों के जो रूप दिखाई पड़ते हैं, वे सभी दर्शकों को एक ही तरह दीख पड़ते हैं, जो दृश्य-विधान हैं वे सबके लिए एक ही होते हैं। तात्पर्य यह कि दृश्य नाटक वस्तुनिष्ठ होता है, और उसमें दर्शक को लग सकता है कि मंच पर जैसा दृश्य-विधान होना चाहिए था। वैसा नहीं हुआ या नायिका को जितना सुन्दर होना चाहिए था वह नहीं थी, और निर्देशक ने उसके लिए सही अभिनेत्री का चुनाव नहीं किया। रेडियो नाटक के श्रोता को असन्तुष्ट होने के लिए अवकाश नहीं है, क्योंकि वह मनचाहे दृश्य और मनचाही नायिका की सृष्टि कर लेने के लिए स्वतंत्र है।

इस विवेचन से स्पष्ट है कि मात्र श्रव्य माध्यम की शक्ति अपरिमित है। इसने रेडियो नाटक को अन्यान्य नाट्य-रूपों से भिन्न एक विशिष्ट रूप दिया है। इसकी सीमाओं और शक्ति का कुछ और विवेचन हम आगे करेंगे।

रंगनाटक और रेडियो नाटक

रेडियो नाटक के वैशिष्ट्य से परिचित होने और नाट्य-लेखन के क्रम में उसका उपयोग करने के लिए आवश्यक है कि उसे दृश्य नाट्य-रूपों, विशेष रूप से रंग-नाटक, के साथ रखकर देखा जाए। इसे यथार्थवादी और अयथार्थवादी,

दोनों रंगदृष्टियों से देखना होगा। नाट्येतिहास का यह सर्वस्वीकृत सत्य है कि नाट्य-प्रस्तुतीकरण की मूलतः दो पद्धतियाँ होती हैं—प्रतिरूपात्मक और प्रस्तुतीकरणात्मक। सभी पद्धतियाँ किसी-न-किसी रूप में इन्हीं के रूपान्तर हैं। प्रतिरूपात्मक पद्धति को ही यथार्थवादी कहा जाता है, और प्रस्तुतीकरणात्मक पद्धति को अयथार्थवादी, संकेतवादी या स्वच्छंदतावादी। प्रतिरूपात्मक पद्धति की माँग है कि प्रत्येक दृश्य और कार्य-व्यापार को यथारूप प्रस्तुत किया जाए। यदि क्लास रूम का दृश्य है, तो उसे रंगमंच पर उसी रूप में प्रस्तुत किया जाना चाहिए : टेबुल, कुर्सी, बेंचें, शिक्षक, छात्र आदि। दूसरी पद्धति यानी प्रस्तुतीकरणात्मक में यथारूप चित्रण का आग्रह नहीं होता, संकेतों के द्वारा दृश्यादि को इस तरह प्रस्तुत कर दिया जाना पर्याप्त है कि दर्शक उसे समझ लें। इस पद्धति में अभिनेताओं की भाव-भंगिमाएँ और कुछेक संवाद ही क्लास रूम की व्यंजना कराने के लिए पर्याप्त हैं। कहने की आवश्यकता नहीं कि रेडियो नाटक प्रस्तुतीकरणात्मक पद्धति का नाटक है, यद्धपि दृश्य एवं श्रव्य प्रस्तुतीकरणात्मक पद्धति और मात्र श्रव्य प्रस्तुतीकरणात्मक पद्धति में पर्याप्त अन्तर है। इस पर विचार करने के पहले हमें प्रतिरूपात्मक पद्धति यानी यथार्थवादी रंगनाटक की तुलना में रेडियो नाटक पर विचार कर लेना चाहिए।

यथार्थवादी रंगनाटक के पास अनेक दृश्य साधन उपलब्ध हैं, जिनसे रेडियो नाटक पूर्णतः वंचित रहता है। रंगनाटक में वातावरण और परिस्थितियों को सूचित करनेवाले दृश्य-बन्ध होते हैं, अनेक दृश्य उपकरण होते हैं, प्रकाश-योजना होती है, पात्रों के व्यक्तित्व के सूचक परिधान और अलंकरण होते हैं, भावाभिव्यक्ति के लिए पात्रों के कार्य-व्यापार होते हैं, भाव-भंगिमाएँ और मुख-मुद्राएँ होती हैं। इन दृश्य साधनों का अपना आकर्षण होता है, अपना महत्त्व होता है, पर रेडियो नाटक इन सबका उपयोग नहीं कर सकता। इन सबका कार्य उसे मात्र ध्वनियों से, विशेष रूप में भाषा से करना पड़ता है। कुछ उदाहरणों से बात समझी जा सकती है। मोहन राकेश ने अपने नाटक 'आधे अधूरे' के प्रारम्भ में मंचीय दृश्य-विधान का परिचय इस प्रकार दिया है—तीन दरवाजे तीन तरफ से कमरे में झाँकते हैं। एक दरवाज़ा कमरे को पिछले अहाते से जोड़ता है, एक अन्दर के कमरे से, और एक बाहर की दुनिया से। बाहर का एक रास्ता अहाते से होकर भी है। रसोईघर में भी अहाते से होकर जाना होता है। परदा उठने पर सबसे पहले चाय पीने के बाद डाइनिंग टेबल पर छोड़ा गया अधटूटा टी-सेट आलोकित होता है। फिर फटी किताबों और टूटी कुरसियों आदि में से एक-एक।[22] इस पूरे परिवेश का नाटक की चेतना से गहरा सम्बन्ध है। आधे-अधूरे लोगों की कहानी कहनेवाले इस नाटक में 'अधटूटे टी-सेट' तथा 'फटी किताबों और टूटी कुरसियों' का विशेष महत्त्व है। रंगमंच के उपकरणों और प्रकाश योजना से ही नाटक की संवेदना व्यंजित हो जाती है। रेडियो नाटक

इन्हें दिखला नहीं सकता, और इनका यथारूप चित्र भी नहीं प्रस्तुत कर सकता। 'आधे अधूरे' में शब्दत: इनके बारे में कुछ नहीं कहा गया है, (सावित्री के संवाद में सिर्फ एक संकेत है। 'फिर फाड़ लाई एक और किताब।') पर रेडियो नाटक में अवकाश बनाकर शब्दत: इनकी ओर संकेत करना होगा। जहाँ चाय के बरतन उठाने की बात है, वहाँ सावित्री के माध्यम से कहा जा सकता है—'यह अधटूटा टी-सेट। पता नहीं, कब बदलेगा।' रेडियो नाटक दृश्य साधनों की क्षतिपूर्ति शब्दों से करता है।

एक उदाहरण कार्य-व्यापार का देखें। 'आधे अधूरे' के महेन्द्रनाथ को कुरसी पकड़कर उसे झुलाने की आदत है, शायद अपने असन्तोष और नपुंसक आक्रोश की अभिव्यक्ति के लिए। स्त्री जब अपने बॉस सिंघानिया के आने की बात कहती है, तब नाटककार ने प्रसंग को इस प्रकार प्रस्तुत किया है :

पुरुष एक : *(हाथ रोक कर)* कौन आएगा? सिंघानिया?

स्त्री : उसे किसी के यहाँ खाना खाने आना है इधर। पाँच मिनट के लिए यहाँ भी आएगा।

[पुरुष एक बार फिर उसी प्रकार 'हूँ' के साथ कुरसी झुलाने लगता है।]

मुझे यह आदत अच्छी नहीं लगती तुम्हारी। कितनी बार कह चुकी हूँ।

[पुरुष एक कुरसी से हाथ हटा लेता है।]

पुरुष एक : तुम्हीं ने कहा होगा उससे आने के लिए।

स्त्री : कहना फर्ज नहीं बनता मेरा आखिर? मेरा बॉस है।

पुरुष एक : बॉस का मतलब यह थोड़े ही है न कि...?

स्त्री : तुम ज्यादा जानते हो? काम तो मैं ही करती हूँ उसके मातहत।

[पुरुष एक फिर से कुरसी को झुलाने को होकर एकाएक हाथ हटा लेता है।[23]]

इस यथार्थवादी रंगनाटक में कुरसी झुलाने का उल्लेख संवादों में शब्दत: कहीं नहीं हुआ है, पर यह कार्य-व्यापार भावाभिव्यंजन का प्रभावशाली साधन बनता है। नाटक रंगमंच पर चलता रहे, तब आँखें बन्द कर इस प्रसंग के केवल संवादों को सुनें, तो ज्ञात ही नहीं होगा कि मंच पर क्या हो रहा है। रेडियो नाटक दृश्य,

कार्य-व्यापारों और आंगिक अभिनय का उपयोग भावाभिव्यक्ति के लिए नहीं कर सकता। यह रेडियो नाटक की सीमा है। उसे प्रसंगों और कार्य-व्यापारों को, एक प्रकार से पूरे नाटक को ही मात्र श्रव्यता की दृष्टि से ही कल्पित करना पड़ेगा। यदि आवश्यक हुआ, तो उसे कार्य-व्यापारों को भी शब्दों के माध्यम से सूचित करना पड़ेगा। ऊपरवाले प्रसंग में स्त्री को कहना पड़ेगा—'फिर कुरसी झुलाने लगे? मुझे यह आदत अच्छी नहीं लगती तुम्हारी।" रेडियो नाटककार कार्य-व्यापारों को किस प्रकार शब्दों द्वारा सूचित करता है, उसे इस उद्धरण में देखा जा सकता है :

> *[दरवाजा खोलने की आवाज। आँधी-पानी का वेग पूरे जोर से उभरता है। कुछ देर बाद बूढ़ा बालम हाँफता हुआ जैसे कोई भारी चीज उठाये हुए लौटता है, जल्दी से दरवाजा बन्द करता है। तूफ़ान का शोर बन्द हो जाता है।]*

> बालम : *(हाँफता हुआ)* यह तो बेहोश जान पड़ती है। इसे लिटा दूँ इस बिस्तर पर? खम्भे से उलझी कार में कोई ड्राइवर नहीं था। तो क्या यह अकेली कार चला रही थी? इतना संगीन एक्सीडेंट और इसके बदन पर कोई खरोंच तक नहीं आई! टक्कर के झटके से बेहोश हो गई है। हाँ, नब्ज तो चल रही है। सर्दी से सुन्न है। डॉक्टर ब्रांडी की शीशी यहाँ आलमारी में रख गया था। यह रही। दो चम्मच इसके मुँह में डाल दूँ। *(वक्फा)* अब इसके हाथ-पाँव मलूँ। *(पुरानी याद का संगीत उभरता है)* हे भगवान, यह मैं क्या देख रहा हूँ! हूबहू रानी की शक्ल। मेरी आँखें मुझे धोखा तो नहीं दे रहीं?[24]

रेडियो नाटक कार्य-व्यापार, वातावरण आदि के चित्र शब्दों के माध्यम से दे तो सकता है, पर अधिक देर तक प्रस्तुत वर्णन या चित्रण के कारण नाटक के बोझिल या नीरस हो जाने का खतरा बना रहता है। ऐसे अवसरों पर नाटककार से विशेष नाटकीय अनुशासन अपेक्षित रहता है जिससे वर्णन लम्बा न हो, प्रसंगों से सहज रूप से उद्भूत और नाटकीय प्रयोजन सिद्ध करनेवाला हो, और सरसता बनाए रखे।

रंगनाटक को दृश्यविधान, रंगोपकरण, आंगिक अभिनय आदि के अतिरिक्त अन्य सुविधाएँ भी उपलब्ध हैं। मंच पर एक ही साथ अनेक पात्रों की उपस्थिति हो सकती है, और दर्शक उन्हें उनके रूप, वेश-भूषा आदि के द्वारा पहचानते रहते

हैं। जो पात्र मौन रहते हैं, उनकी आंगिक प्रतिक्रियाओं का भी कभी-कभी बहुत महत्त्व होता है। दर्शक देखते रहते हैं कि उनकी आँखें क्या कह रही हैं, उनकी भाव-भंगिमाएँ क्या कह रही हैं। रेडियो नाटककार इन सबका उपयोग नहीं कर सकता। दृश्य मंच पर मौन भी अभिव्यक्ति का सशक्त माध्यम होता है—रेडियो नाटक में भी मौन का उपयोग होता है, पर वह एक सीमा से अधिक लम्बा नहीं हो सकता, दीर्घ मौन पात्र की उपस्थिति का निषेध करता है। दृश्य माध्यम में (रंगमंच, फिल्म और टेलीविजन, तीनों में हो) संवादहीन दृश्य आँखों के सामने से गुजरते जाते हैं, और नाटकीय गति बनी रहती है, भावाभिव्यक्ति होती रहती है। इस माध्यम में पात्रों के प्रवेश-प्रस्थान की सूचना शब्दों के द्वारा देने की आवश्यकता नहीं पड़ती—दर्शक स्वयं देखता रहता है कि कौन पात्र आया, कौन पात्र गया। पात्रों के नामोल्लेख की जरूरत भी हमेशा नहीं होती। रेडियो नाटककार को इन सब बातों पर ध्यान हमेशा देना पड़ता है कि श्रोता पात्रों को पहचानता रहे, उनकी गतिविधि से अवगत होता रहे।

यथार्थवादी रंगमंच को जहाँ दृश्यत्व के कारण इतनी सुविधाएँ प्राप्त हैं, वहीं उसकी कुछ सीमाएँ हैं, और उन्हीं सीमाओं से रेडियो नाटक की शक्ति का जन्म होता है। कितना भी सुविधासम्पन्न यथार्थवादी रंगमंच हो, वह सब प्रकार के दृश्यों को नहीं दिखला सकता। वह मंच पर क्रिकेट का खेल नहीं दिखला सकता, लम्बी दौड़ नहीं दिखला सकता ('मैरथन' नामक एक प्रभावशाली जापानी रेडियो नाटक अन्तर्राष्ट्रीय रेडियो नाट्य प्रतियोगिता में सर्वश्रेष्ठ स्वीकृति हुआ था), बम-वर्षा नहीं दिखला सकता, समुद्र की पृष्ठभूमि पर लिखित 'आकाशदीप' (जयशंकर प्रसाद की कहानी) या 'बूढ़ा आदमी और समुद्र' (अवेस्ट हेमिंग्व का उपन्यास) को नहीं प्रदर्शित कर सकता। प्रस्तुतीकरणात्मक रंगमंच इन्हें संकेतवादी अभिनय के माध्यम से प्रस्तुत तो कर सकता है, पर दर्शकों द्वारा नाट्य प्रस्तुति का प्रभाव किस रूप में और कहाँ तक ग्रहण हो सकेगा, यह कहना कठिन है। ज़रा कल्पना करें कि 'मैरथन' के प्रतियोगी मंच पर चक्कर काट रहे हैं, मुख्य पात्र के मनोभावों, अन्तर्द्वन्द्वों आदि की अभिव्यक्ति प्रत्यक्षत: या पृष्ठभूमि से किसी प्रकार की जा रही है, प्रतियोगिता के दर्शकों की प्रतिक्रियाएँ सुनाई पड़ रही हैं, तो यह सब नाटक के दर्शकों को कैसा लगेगा? रेडियो नाटक में ऐसे किसी भी प्रसंग को प्रभावशाली रूप में प्रस्तुत किया जा सकता है।

यथार्थवादी रंगमंच की एक सीमा यह भी है कि क्षण-क्षण दृश्य-परिवर्तन नहीं कर सकता। फलत: कार्य-व्यापारों की गतिशीलता बाधित होती है, और बहुत सारे प्रसंगों को सूच्य रूप में प्रस्तुत करना पड़ता है। उदाहरण के लिए, 'आधे अधूरे' के अन्तिम अंश को देखा जा सकता है जिसमें सावित्री और जुनेजा के संवादों के माध्यम से बतलाया जाता है कि सावित्री और महेन्द्रनाथ के सम्बन्ध कैसे रहे।

अयथार्थवादी रंगमंच पर केवल संकेतों से दृश्यान्तर सम्भव है, इसलिए महेन्द्रनाय और सावित्री के प्रसंगों को सूच्य नहीं बनाकर दृश्य रूप में प्रस्तुत किया जा सकता है। रेडियो नाटक में तो बहुत जल्दी-जल्दी दृश्यान्तर की सुविधा है, फलतः निरन्तर गतिशीलता बनी रह सकती है। वाड्र्ल का कथन सही है कि किसी भी स्थिति में रेडियो रंगमंच की अपेक्षा तेज चलता है।[25] गतिशीलता की दृष्टि से रेडियो नाटक फिल्म नाटक और टी. वी. नाटक की समकक्षता कर सकता है, पर उन नाट्य-रूपों की अपनी सीमाएँ हैं जिनकी चर्चा हम आगे करेंगे।

यथार्थवादी आन्दोलनों के पहले के नाटक, सभी देशों में, प्रस्तुतीकरणात्मक पद्धति के, संकेतवादी पद्धति के रहे, और उनमें यह आग्रह नहीं रहा कि यथार्थवादी दृश्य-विधान द्वारा रंगमंच पर वास्तविकता का भ्रम उत्पन्न किया जाए। उनमें आंगिक अभिनय और संवादों के माध्यम से कहीं का भी दृश्य प्रस्तुत किया जा सकता था, किसी प्रकार के कार्य-व्यापार को व्यंजित किया जा सकता था। उदाहरण के लिए, महाकवि कालिदास ने 'शकुन्तला' नाटक में महर्षि कण्व के आश्रम का चित्र प्रस्तुत किया है—'कहीं वृक्षों के नीचे, सुग्गों के घोंसलों से गिरे हुए तिन्नी के दाने बिखरे पड़े हैं, कहीं इधर-उधर पड़े हुए चिकने पत्थर बतला रहे हैं कि इन पर हिंगोट के फल कूटे गए हैं, कहीं निर्भीक खड़े हरिण इस विश्वास के साथ रथ का शब्द सुन रहे हैं कि आश्रम में इन्हें कोई छेड़ेगा नहीं, कहीं नदी-तालाब पर आने-जाने की राहों में मुनियों के वल्कलों से टपके हुए जल की रेखाएँ बनी हुई हैं।'

इस संवाद के माध्यम से ही परिवेश का चित्र प्रस्तुत किया गया है, रंगमंच पर यथार्थवादी दृश्य-विधान नहीं है। यही काम रेडियो नाटक भी करता है। प्रस्तुतीकरणात्मक पद्धति का नाटक शब्दों से परिवेश का चित्र तो प्रस्तुत करता ही है, गति के चित्र भी प्रस्तुत करता है। कालिदास ने 'शकुन्तला' में ही वेग से दौड़ते हुए रथ का, गति का, दूरी और निकटता का जो चित्र दिया है, वह देखने योग्य है : 'सचमुच इन अश्वों ने तो सूर्य और चन्द्र के अश्वों को भी दौड़ में पराजित कर दिया है, क्योंकि जो वस्तु दूर से पतली दिखाई देती थी वह जल्दी ही मोटी हो जाती है, जो बीच से कटी जान पड़ती थी वह झट ऐसी जान पड़ने लगती है मानो उसे किसी ने जोड़ दिया हो, और जो स्वभावतः टेढ़ी वस्तुएँ हैं वे आँखों को सीधी-सी दिखाई देने लगती हैं। रथ इतने वेग से दौड़ रहा है कि कोई वस्तु न दूर रह पाती है, न समीप ही।' स्पष्टतः इस पद्धति के नाटकों के दृश्य-विधान, गति-चित्र आदि संवादों में ही रहते हैं, और ठीक यही बात रेडियो नाटक में भी होती है। यही कारण है कि संस्कृत नाटक, शेक्सपियर के नाटक या स्वच्छन्दतावादी शैली के काव्यत्वप्रधान नाटक रेडियो के बहुत उपयुक्त सिद्ध होते हैं।

संकेतवादी नाटक से रेडियो नाटक का साम्य देखने के लिए एक रेडियो नाटक का यह अंश देखा जा सकता है :

[वाद्य संगीत। शंखनाद। वाण छूटने की आवाजें। कोलाहल और जय-ध्वनियाँ। आवाजें उभरती हैं, फिर मन्द होकर पृष्ठभूमि में चलने लगती हैं।]

शोण : देखो भैया, देखो, भीम ने दुःशासन को नीचे गिरा दिया है, उसकी छाती पर चढ़ बैठा है। उधर वह देखो, नकुल कितना कुशल है—एक ही साथ दो घोड़ों पर पैर रखे दौड़ रहा है। तुम बोलते क्यों नहीं भैया?

कर्ण : मैं देख रहा हूँ।

शोण : भीम ने गदा-युद्ध में दुर्योधन को दे मारा। कितने प्रबल हैं उसके प्रहार। अब अर्जुन अखाड़े में उतरा है भैया। वह देखो, घोड़े की पीठ पर से हाथी पर, और फिर हाथी पर से घोड़े की पीठ पर, दौड़ता हुआ अपना पराक्रम दिखला रहा है। दोनों हाथों में दो तलवारें लिए वह प्रतिद्वन्द्वी से लड़ रहा है —प्रतिद्वन्द्वी की तलवारें गिर गईं, वह हार कर अखाड़े से बाहर जा रहा है।

[तालियों की आवाज, जयध्वनि : 'खड्गवीर अर्जुन की जय']

शोण : अर्जुन अब चक्र के अखाड़े में पहुँच गया है—भव्य चक्र को आकाश में फेंक देता है, फिर केवल एक बाण की नोक पर उसे झेल लेता है। अब वह धनुष-बाण लेकर सामने आ गया है—कैसे-कैसे बाण छोड़ रहा है वह। पता नहीं, एक अर्जुन है कि तेरह अर्जुन हैं : एक साथ इतने बाण। यह बाण बिजली की तरह टेढ़ी-मेढ़ी गति से चलता हुआ लक्ष्य को बेधता है। अब अर्जुन की आँखें बाँधी जा रही हैं, ध्वनि के सहारे सूचीबाण मारेगा—चला भी दिया उसने वह बाण : भौंकते हुए कुत्ते के मुँह में लग गया वह। लोग जयजयकार कर उठे हैं। *(जयध्वनियाँ)*[26]

ध्वनि प्रभावों और संवादों के माध्यम से रेडियो नाटक में सब प्रकार के दृश्य और कार्य-व्यापार प्रस्तुत किये जा सकते हैं। इस बिन्दु पर प्रस्तुतीकरणात्मक पद्धति के नाटक और रेडियो नाटक में अन्तर देखा जा सकता है। रंगमंच पर वह सब कुछ हो नहीं रहा है जिसका वर्णन पात्र अपने संवाद में कर रहा है—दर्शक वर्णन सुनता है, और दृश्यों तथा कार्य-व्यापारों की कल्पना कर सकता है। रेडियो नाटक का

श्रोता भी यही करता है, पर वह कुछ देखता नहीं है, एक तरह से उसकी आँखें बन्द रहती हैं। आँखें खोलकर सपना देखना या किसी प्रसंग की कल्पना करना थोड़ा कठिन काम है, बन्द आँखों से सपनों और कल्पना की दुनिया में जाना सहज है—ऐसा करना सौन्दर्यपरक दृष्टि से अधिक सन्तोषजनक है।

यह प्रश्न भी विचारणीय है कि नाटक में क्या सभी विषयों और दृश्यों को यथारूप दिखलाना उचित और कलात्मक है। यथार्थवादी रंगमंच, टेलीविज़न और फिल्म, ये तीनों ही माध्यम दृश्यों को यथारूप दिखलाने का आग्रह लेकर चलते हैं। ऐसे अनेक विषय हैं जिनके यथातथ्य चित्रण से उनका सौन्दर्य विनष्ट हो जाता है। 'दि टाइम्स' पत्र के रेडियो समीक्षक ने एक बार लिखा था—'फिल्मी चित्रपटों की यथातथ्यता ने स्पेंसर के काव्य की चित्रमयता को हास्यास्पद बना दिया। घंटी का उल्लेख है, इसलिए हम लोगों को घंटी बजानेवालों को देखना ही चाहिए, रोशनी का उल्लेख है, इसलिए रोशनीवालों को सजना ही चाहिए। यह कला का निषेध है।'[27] इसी क्रम में अंग्रेजी के प्रसिद्ध कवि लुई मैकनीस ने लिखा था—'कवि जब कोयल के विषय में कहता है कि वही एकमात्र ऐसी चिड़िया है जिसके स्वर में इतनी सघनता है कि उसकी भी प्रतिच्छाया होती है, तब हम किसी कोयल को नहीं देखना चाहते। मैं समझता हूँ, हम लोग कुछ भी नहीं देखना चाहते—काव्य बिम्ब को अपना रंगमंच स्वयं अपने पास होना चाहिए।'[28] स्पष्टत: ऐसे अनेक बिम्ब हैं जिनके प्रभाव को श्रव्य एवं कल्पित रूप में ही ग्रहण करके आनन्द की अनुभूति की जा सकती है। ऐसे ही अनेक प्रतीक और पात्र हैं जो श्रव्य रूप में ही अर्थपूर्ण, स्वाभाविक और प्रभावोत्पादक बने रहते हैं, दृश्य रूप में उन्हें प्रस्तुत करना बहुत कलात्मक नहीं माना जा सकता। इस बात को कुछ उदाहरणों से सहज ही समझा जा सकता है।

आज के जमाने की इस विसंगति की ओर प्राय: सबका ध्यान जाता है कि आदमी का वास्तविक चेहरा देखना बहुत कठिन है। आदमी का चेहरा परिस्थिति और प्रसंग के अनुसार बराबर बदलता रहता है। एक ही चेहरा तो तब रहता जब आदमी के मन, वचन और कर्म में सामंजस्य रहता—आज के आदमी की यही तो विडम्बना है कि वह सोचता कुछ है, बोलता कुछ है, और करता कुछ है। आदमी के बहुरुपियेपन को दिखलाने के लिए एक नाटक के प्रारम्भ में यह अंश आता है :

फेरीवाला : *(बिक्री के लिए आवाज देता हुआ)* चेहरे, चेहरे-चेहरे ले लो, चेहरे। तरह-तरह के चेहरे। सब तरह के चेहरे। रंग-बिरंगे चेहरे। ये चेहरे आपको सुखी बनाएँगे—ये चेहरे आपको धन देंगे, यश देंगे, सम्मान देंगे। इन चेहरों में बुरा आदमी भला लगेगा, चोर और डाकू महात्मा मालूम होंगे, झूठ बोलनेवाला महान सत्यवादी मालूम होगा। चेहरे, चेहरे! जितने चाहोगे,

उतने मिलेंगे। एक बार आजमा कर देखो—मूल्य कुछ भी नहीं, सिर्फ अपनी आत्मा दे दो, और चेहरे ले लो। जितने चाहो, उतने चेहरे-चेहरे, चेहरे, चेहरे!

कई आवाजें : *(एक-एक करके, स्त्री और पुरुष, दोनों ही)* मुझे दे दो, मुझे दे दो, मुझे दे दो।

फेरीवाला : अपनी-अपनी आत्मा दे दो, और चेहरे ले लो। ये आपको सुखी बनाएँगे, धन देंगे, यश देंगे, सम्मान देंगे।[29]

ये चेहरे प्रतीकात्मक हैं। यह कह सकना कठिन है ये कैसे हैं कि इनके रूप कैसे हैं। श्रव्य रूप में श्रोता इनके प्रतीकार्थ को समझता है, और अपने मन के अनुरूप इनके रूप को ग्रहण करता है। रंगमंच पर दृश्य रूप में मुखौटे बेचता हुआ फेरीवाला दिखलाया जा सकता है, पर अदृश्य चेहरों का जो अर्थ है, वह क्या बना रहेगा? रेडियो नाटक के इस अंश को रंगमंच के लिए रूपान्तरित करना पड़े, तो अवश्य ही फेरीवाले की आवाज़ को नेपथ्य से, मात्र श्रव्य रूप में, प्रस्तुत करना पड़ेगा।

ऊपर के उदाहरण से दृश्य माध्यम (रंगमंच, टेलीविजन और फिल्म) की सीमाएँ स्पष्ट हैं। विचारप्रधान नाटकों में प्रयुक्त अधिकांश प्रतीकात्मक पात्र रेडियो के श्रव्य माध्यम के उपयुक्त पड़ते हैं। 'भारत दुर्दशा' में भारतेन्दु हरिश्चन्द्र ने भारत, भारत दुर्दैव, निर्लज्जता, रोग, अन्धकार, आलस्य आदि को पात्र बनाया हैं। रंगनाटक का निर्देशक इनके रूपों की कल्पना अपनी दृष्टि से करके इन्हें प्रस्तुत कर सकता है, पर ये पात्र मंच पर कितने स्वाभाविक और विश्वसनीय लगेंगे, कह सकना कठिन है। रेडियो नाटक इन्हें मात्र श्रव्य रूप में प्रस्तुत कर अधिक प्रभावशाली बना सकता है। यही बात प्रसाद की नाटिका 'कामना' के बारे में कही जाएगी जिसके पात्र हैं—सन्तोष, विनोद, विलास, विवेक, दम्भ, दुर्वृत्त, कामना, लालसा, महत्त्वाकांक्षा आदि। इनके श्रव्य रूप अधिक कलात्मक सिद्ध होंगे। वे सभी नाटक अदृश्य माध्यम के अधिक उपयुक्त होंगे जिनके पात्र भावों और विचारों के प्रतीक हैं, जड़ पदार्थों के मानवीकृत रूप हैं, पशु-पक्षी हैं। जड़ पदार्थों को पात्र रूप में किस प्रकार विश्वसनीय रूप में प्रस्तुत किया जा सकता है इसे एक रेडियो नाटक में देखा जा सकता है—

[सन्नाटे की साँय-साँय और हवा के हल्के झोंकों की आवाज]

फ्लैट : शायद यह आखिरी फुहार है। हवा तेज हो गई है।

ग्लास : लो, हवा थोड़ी तेज हो गई है। बादल पश्चिम की ओर भाग गए। जो थोड़े बचे हुए हैं, वे भी शीघ्र ही भाग जाएँगे।

[हवा की आवाज हल्की]

फ्लैट : शायद पानी की इन बूँदों से पत्थर की सड़कों पर और कंक्रीट की छतों पर हल्की आवाज हुई हो और चौराहे के पार्क में ऊँघते फूलों की नींद टूट गई हो।

ग्लास : श्रीमान् फ्लैट नंबर चौदह, सड़कों पर और छतों पर कोई प्रतिक्रिया हुई होगी, इसका अन्दाज आप कैसे लगा सकते हैं?

फ्लैट : ओ शीशे का ग्लास, तू मेरी खिड़की पर बैठा है और बाहर देख रहा है। तुम्हारे सामने सड़क है, छत है, क्या तुम इन पर होती प्रतिक्रिया को नहीं देख पाते?[30]

कुछ अलौकिक दृश्य और कार्य-व्यापार ऐसे होते हैं जिन्हें प्रस्तुत करने में रंगमंच को कठिनाई हो सकती है, पर जो रेडियो के माध्यम से बड़े प्रभावशाली रूप में प्रस्तुत किये जा सकते हैं। कुछ उदाहरण देखे जा सकते हैं। यह बात मन में सहज ही आती है कि महाभारत के पात्र आज के मनुष्यों की अपेक्षा बड़े आकार के होंगे। एक रेडियो नाटक में अश्वत्थामा के व्यक्तित्व का यह परिचय है :

विश्वास : घबड़ाओ मत विजय। धरती नहीं डोल रही है, सिर्फ वही चट्टान हिल रही है। शायद वह चट्टान भी नहीं है।

विजय : यह क्या विश्वास, बर्फ के भीतर से कोई निकल रहा है क्या?

विश्वास : यह तो किसी का सिर है। इतना बड़ा सिर!

विजय : उसमें तो आँखें भी चमक रही हैं।

विश्वास : कौन हैं वह? बर्फ को बिखराता हुआ वह कौन निकल रहा है?

विजय : रूपरेखा तो आदमी जैसी ही है, लेकिन इतना बड़ा शरीर। लम्बे-लम्बे हाथ। लम्बे-लम्बे पैर। गठी हुई देह। केश तो पक चले हैं।

विश्वास : हिमालय के इस बर्फीले देश में कौन है यह?

विजय : भय से तो मेरे प्राण निकले जा रहे हैं।

विश्वास : भय मत करो। सुनते हैं, यहाँ देवता रहा करते हैं। चलो, भेंट करें उससे।[31]

यह दृश्य रेडियो के अदृश्य माध्यम के सर्वथा उपयुक्त है। टी. वी. और फिल्म में यह क्षमता अवश्य है कि वे इसे या ऐसे किसी भी को प्रभावशाली रूप में दृश्य कर सकें। फिल्मी 'रामायण' में हम हनुमानजी या राक्षसों के घटते-बढ़ते शरीर को

या अलौकिक कार्य-व्यापारों को देखते हैं, पर वहाँ ये चमत्कार अधिक लगते हैं, नाटक कम। टी. वी. या फिल्म के नाटक को प्रस्तुत करनेवाले सहयोगियों में एक 'स्टंट मास्टर' भी होता है। रेडियो नाटक में अलौकिक रूप, दृश्य या कार्य-व्यापार भी 'स्टंट' नहीं मालूम होता, सहज और स्वाभाविक लगता है।

दृश्य नाटक की तुलना में अधिक सहजता और प्रभाव के साथ रेडियो नाटक जिन विषयों को प्रस्तुत कर सकता है, उनमें फेंटेसी या अतिकल्पना का विशेष रूप से उल्लेख किया जाना चाहिए। मैकहवाइनी के शब्दों में, जिस क्षेत्र में ध्वनि रेडियो का कोई प्रतियोगी नहीं, वह शुद्ध और सरल कल्पना का क्षेत्र है—एक ऐसा क्षेत्र जो सम्भवत: अधिकांश लोगों के लिए कम-से-कम स्वीकार्य है, फिर भी इससे सरलतर और क्या हो सकता है? एक ऐसे लोक की सृष्टि जिसका वास्तविक जगत में सही पर्याय नहीं है, एक ऐसा लोक जिसकी शर्तें स्वयं अपनी होती हैं। कार्टून फिल्म इसे कर सकती है, काकत्यू जैसा फिल्म का कवि इसे कर सकता है, अपने उत्कर्ष पर पहुँची कोई रंगमंचीय प्रतिभा—'दि टेम्पेस्ट' में शेक्सपियर या 'पिअर जिंट' में इब्सन—इसे कर सकती है, पर रेडियो नाटककार जो कुछ कर सकता है, उसमें सर्वाधिक सरलता से इसे ही कर सकता है।[32] रेडियो फेंटेसी में कल्पना की प्रधानता रहती है। इसमें कुछ भी घटित होते हुए चित्रित किया जा सकता है। यथार्थ जगत में ज़ो घटनाएँ या बातें सम्भव नहीं होतीं, उन्हें रेडियो अतिकल्पना में चित्रित किया जा सकता है, और उनके माध्यम से किसी विचार या मार्मिक अनुभूति की अभिव्यक्ति की जा सकती है। इसमें अतीत के पात्रों से भेंट की जा सकती है, मृत व्यक्ति को जीवित व्यक्ति की तरह बोलते और कार्य करते दिखलाया जा सकता है, जड़ और मानवेतर प्रकृति एवं पशु-पक्षियों को मनुष्य की भाषा में बोलते हुए सुना जा सकता है, मनुष्य को पशु या पक्षी के रूप में बदलते देखा जा सकता है। कहने की आवश्यकता नहीं कि जितनी स्वच्छन्दता रेडियो नाटककार को प्राप्त है, उतना ही कठिन कलात्मक अनुशासन भी उससे अपेक्षित रहता है जिससे वह रचना की एकाग्रता और प्रभाव को बनाए रख सके।

रेडियो नाटक और रंगनाटक को नाट्य प्रस्तुति के परिवेश की दृष्टि से भी देखना चाहिए। स्टूडियो और रंगशाला के परिवेश अलग-अलग प्रकार के होते हैं। रंगमंच के अभिनेता अभिनय करते समय एक-दूसरे को देखते रहते हैं, और पारस्परिक क्रियाओं-प्रतिक्रियाओं से प्रभावित होते रहते हैं। इसका असर उनके अभिनय पर पड़ता है। इसके अतिरिक्त रंगनाटक के अभिनेता दर्शकों की प्रतिक्रियाओं से भी प्रभावित होते रहते हैं। रंगनाटक अभिनेताओं और दर्शकों के जीवन्त सम्बन्ध का नाटक होता है—अभिनेता दर्शकों को प्रभावित करते हैं, और स्वयं उनकी प्रतिक्रियाओं से प्रभावित होते हैं। दोनों के बीच क्रिया-प्रतिक्रिया निरन्तर चलती रहती है—दर्शक हँसें नहीं, रोएँ नहीं, तालियाँ नहीं बजाएँ, तब भी रंगशाला के वातावरण से अभिनेताओं को आभास होता रहता है कि वे दर्शकों को कहाँ तक प्रभावित कर रहे हैं। किसी गम्भीर भावात्मक दृश्य के

समय पूरा हॉल एक विशेष प्रकार के तनाव का अनुभव करता है। रेडियो का स्टूडियो में ऐसा रंग परिवेश नहीं रहता। उसमें तो अभिनेता अपने रोजमर्रे के साधारण कपड़ों में माइक्रोफोन के निकट खड़े रहते हैं। उनके हाथों में नाटक का आलेख रहता है जिसमें से वे अपने संवाद पढ़ते हैं। संवाद पढ़ते समय उन्हें एक-दूसरे को देखने की फुर्सत नहीं होती, पारस्परिक प्रतिक्रियाओं से वे वंचित रहते हैं। उनका सारा अभिनय उनकी आवाजों में और आवश्यकतानुसार माइक से उनकी घटती-बढ़ती दूरी में केन्द्रित रहता है—आवाजों की ही क्रिया-प्रतिक्रिया चलती रहती है। रेडियो नाटककार को इस क्रिया-प्रतिक्रिया के लिए अपने संवादों में पर्याप्त अवकाश बनाए रखने की आवश्यकता होती है। रंगनाटक का लेखक संवादेतर साधनों पर भी ध्यान रखता है, और ये साधन प्रदर्शन के समय लेखन की दुर्बलताओं को ढक भी सकते हैं।

रेडियो नाटक का अभिनेता अपने श्रोताओं की प्रतिक्रियाओं से वंचित रहता है—उसे पता नहीं, कितने लोग सुन रहे हैं, उन्हें नाटक कैसा लग रहा है, और कितने लोगों ने कहाँ तक आकर अपने सेट की सूई बदल दी है या स्विच ऑफ कर दिया है। रेडियो नाटक का श्रोता कोई विशेष नाटक देखने के लिए घर से तैयार होकर कहीं नहीं आता, पैसे खर्च करके नाटक देखने नहीं बैठता, जिस नाटक में उसका मन नहीं लगता उसका स्विच ऑफ करते समय उसे बहुत सोच-विचार करने की जरूरत नहीं पड़ती—उसके पास अन्यान्य प्रसारित रोचक कार्यक्रमों के अनेक विकल्प रहते हैं, और वह रंगशाला के शान्त वातावरण में बैठकर पूरा ध्यान नाटक पर केन्द्रित रखने की स्थिति में नहीं होता, घर के वातावरण में ध्यान भंग करनेवाली स्थितियों और कारणों की कमी नहीं होती। स्पष्टत: रेडियो नाटक को ऐसी स्थितियों में इस तरह काम करना पड़ता है कि शुरू होते ही वह सुननेवालों के मन को बाँध ले और अन्त तक बाँधे रहे, उसे इधर-उधर भटकने की फुर्सत ही न दे, और अपने कथ्य को प्रभावशाली रूप में सम्प्रेषित भी करे। इससे नाटककार का दायित्व बढ़ जाता है—उसके आलेख को शक्तिसम्पन्न होना ही चाहिए। रेडियो नाटक मूलत: नाटककार की कला है। कमजोर आलेख को कितने भी प्रतिभासम्पन्न अभिनेता और प्रस्तुतकर्ता हों, प्रभावशाली नहीं बना सकते।

दर्शकों और श्रोताओं की दृष्टि से इस विषय पर कुछ और विचार किया जा सकता है। रंगनाटक समूह के लिए होता है—उसके दर्शक एक साथ बैठकर नाटक देखते हैं, और इससे मनुष्य की सामूहिक चेतना की तृप्ति होती है। कहा जाता है कि रंगशाला में हम इसलिए जाते हैं कि हजार कंठों से हँस सकें और हजार हाथों से तालियाँ बजा सकें। रेडियो नाटक के श्रोता समूह में नहीं होते, अलग-अलग घरों में बैठे हुए व्यक्ति होते हैं, और ये व्यक्ति भी अपने अलग-अलग मानस मंच पर नाटक 'देखते' हैं। यह नाटक वस्तुनिष्ठ नहीं होता, आत्मनिष्ठ होता है—मन के बाहर नहीं होता, मन के भीतर होता है। बाहर का नाटक जिस तरह समूह को

प्रभावित करता है, उस तरह भीतर का नाटक नहीं कर सकता। रंगशाला में दो-चार तालियाँ बजती हैं, तो उसके साथ पूरा हॉल तालियों से गूँज जाता है; कुछेक आँखों में आँसू आते हैं, तो पूरे हॉल की आँखें नम हो जाती हैं। समूह अधिक संवेदनशील होता है, और उस पर पड़नेवाला रागात्मक प्रभाव संक्रामक होता है। रेडियो नाटक इस क्षमता से वंचित है, और उसे अपनी सीमा समझते हुए उन्हीं विषयों को लेकर चलना चाहिए जो व्यक्ति मन को अधिक छू सकें। मनोवैज्ञानिक नाटक, इसी दृष्टि से, रेडियो माध्यम के अधिक उपयुक्त पड़ते हैं। रेडियो नाटक यदि सामाजिक जीवन और परिवेश को प्रभावित करना चाहता है, तो इसे भी वह व्यक्तियों के माध्यम से ही कर सकता है—व्यक्ति-व्यक्ति के मन को रागात्मक धरातल पर स्पर्श कर के। यह कार्य प्रतिभाशाली नाटककार और कुशल प्रस्तुतकर्ता के सहयोग से ही सम्भव है।

अब तक के विवेचन से स्पष्ट है कि मात्र श्रव्य होने के कारण रेडियो नाटक एक स्वतंत्र साहित्य-रूप है—सभी दृश्य नाट्य रूपों से भिन्न। यह आवश्यक है कि रेडियो नाटककार इसकी सीमाओं को स्वीकार करे और इसके वैशिष्ट्य एवं क्षमता को समझकर ऐसी नाट्य-सृष्टि करे जिसकी समकक्षता दृश्य माध्यम के नाटक नहीं कर सकें। यों तो सभी विषयों पर रेडियो नाटक लिखे जाते हैं, और लिखे जा सकते हैं, पर कुछ विशेष क्षेत्र तथा विषय हैं जो श्रव्य माध्यम के लिए अधिक उपयुक्त हैं, और जिन पर विशेष ध्यान देकर सार्थक रेडियो नाटकों की रचना की जा सकती है। यथारूप चित्रण के क्षेत्र में रेडियो नाटक रंगनाटक और टी. वी./फिल्म नाटक से प्रतियोगिता नहीं कर सकता, इसका क्षेत्र ध्वनि, व्यंजना और संकेतात्मकता का है। श्रव्य माध्यम मूलतः काव्यत्व की अभिव्यक्ति का माध्यम है—काव्यत्व को छन्दोबद्धता से बाँधकर देखना उचित नहीं है, उसका क्षेत्र भावना, अनुभूति, कल्पना, बिम्ब, ध्वनि, व्यंजना आदि तक विस्तृत है। इन्हीं बातों को ध्यान में रखकर कवि लुई मैकनीस ने कुछेक विषयों का संकेत किया था जिन्हें रेडियो टेलीविजन की अपेक्षा अधिक अच्छे रूप में प्रस्तुत कर सकता है—नाटकीकृत जीवनचरित अथवा नाटकीकृत इतिहास के कुछ अंश, फैंटेसी और नीतिकथाएँ, कुछ प्रकार के आलेख रूपक, संश्लिष्ट शब्दचित्र, अधिकांश कहानियाँ जिनमें समय का लम्बा अन्तराल हो या अनेकानेक स्थान परिवर्तन हों या दोनों ही हों, कोई भी नाटक जिसमें मुख्यतः आन्तरिक चित्रण और स्वगत हों, ऐसी कोई भी रचना जिसमें शब्दों की व्यंजना-क्षमता और लयात्मकता पर जोर हो, इसी तरह की कोई भी रचना जिसमें शब्दों से संगीत जुड़ा हुआ हो। इसी क्रम में मैकनीस ने लिखा है—'टेलीविजन ड्राइंग रूम कामेडी की तरह के किसी भी बातूनी नाटक अथवा रोज़मर्रे के संवादों में लिखित किसी भी गम्भीर मनोवैज्ञानिक नाटक के लिए अच्छा माध्यम हो सकता है, पर वह कवि के लिए भी अच्छा माध्यम सिद्ध होगा, इसकी सम्भावना कम है।'[33] कोई भी विषय यदि उसे मन के धरातल पर, राग-विरागों के

धरातल पर प्रस्तुत किया जा सके, रेडियो के लिए उपयुक्त होगा। इसी धरातल पर किसी विषय को प्रस्तुत करना कवि का काम है।

मात्र श्रव्य होने के कारण रेडियो नाटक का शिल्प विशिष्ट हो गया है। इस विषय का विवेचन आगे विस्तार से किया जाएगा।

पाद-टिप्पणियाँ

1. 'ब्रिटिश रेडियो ड्रामा', सं. जान ड्रेकेकिस, पृ. 20
2. 'दि आर्ट ऑफ रेडियो' : मैकहवाइनी, पृ. 37
3. 'जनम कैद' (रेडियो नाटक-संग्रह) : गिरिजाकुमार माथुर, पृ. 114
4. 'बी.बी.सी.—1966' की प्रस्तावना : मार्टिन एसलिन, पृ. 8
5. 'दि एलिमेंट्स ऑफ ड्रामा' : जे. एल. स्टाइन, पृ. 287
6. 'दि राइटर' (लन्दन), अप्रैल 1962 में स्कॉट जॉनसन, पृ. 14
7. मनोज : विवाह सामाजिक मर्यादा के खिलाफ थोड़े ही है?
   शिप्रा : माँ से कहिए।
   मनोज : संकोच से मेरा मुँह उनके सामने नहीं खुलेगा। मैं नहीं कहूँगा।
   शिप्रा : आप नहीं कहेंगे, तो मैं कहूँगी? *(हँसती है)*

   [आनन्दसूचक संगत जो शहनाई की ध्वनि में बदल जाता है।]

   शिप्रा : *(प्रसन्नतासूचक किसी गीत की पंक्ति गुनगुनाती है)*
   मनोज : *(निकट आता हुआ)* क्या गा रही हो शिप्रा?

   ['रास्ता बन्द है' संग्रह : सिद्धनाथ कुमार, पृ. 38]
8. निम्नांकित उदाहरणों में देखा जा सकता है कि दृश्य-परिवर्तन किस-किस प्रकार किये जा सकते हैं :

(क) चयनिका : सुना है, वैशाली पर आक्रमण होनेवाला है। मगधराज अजातशत्रु की सेनाएँ बढ़ती आ रही हैं।

अम्बपाली : हाँ चयनिके, जानती हूँ मैं। वैशाली और मगध की शत्रुता नई नहीं है। मगध वैशाली की उन्नति नहीं देख सकता, वृज्जिसंघ का गौरव उसके अन्तर को जला रहा है। जानती है, अजातशत्रु ने क्या कहा है?

चयनिके : क्या कहा है भद्रे?

अम्बपाली : अजातशत्रु ने कहा है, वैशाली *(फेड आउट)*

अजातशत्रु : *(फेड इन)* को पददलित कर दूँगा। उसके गौरव को धूल में मिला दूँगा। वृज्जियों को अपने संघ-बल का अभिमान हो गया है। गंगा पर चलनेवाले हमारे बजरों से वे कर वसूलते है, गंगा आर-पार कर वे हमारे गाँवों पर छापे मारते हैं, उन्हें लूटते हैं। मगध अपना यह अपमान नहीं सहन कर सकता। वह वैशाली को पददलित करके रहेगा।

[युद्ध संगीत, युद्ध कोलाहल]

अजातशत्रु : मगध के वीरो, बढ़ते चलो, विजय तुम्हारी है।

[युद्ध संगीत, युद्ध कोलाहल, फिर सहसा शान्ति]

अजातशत्रु : *(अट्टहास)* वृज्जियों को अपनी संघ-शक्ति का अभिमान था *(हँसी)* भगवान बुद्ध ने कहा था, वृज्जियों की उन्नति होगी, उन्हें कोई पराजित नहीं कर सकेगा। *(हँसी)* अजातशत्रु की तलवार से अपनी तलवार टकराने चले थे वे। *(हँसी)*

[वाद्य संगीत द्वारा दृश्य-परिवर्तन]

अम्बपाली : क्यों चयनिके, देख तो, मेरा शृंगार कैसा उतरा। नहीं बोलती तू? क्या सोच रही है?

[रामवृक्ष बेनीपुरी के रंगनाटक 'अम्बपाली' के रेडियो-रूपान्तर से। इसमें देखा जा सकता है कि इसमें दृश्य-परिवर्तन चार प्रकार से किये गए हैं : दो पात्रों के क्रमशः फेड आउट (बोलते हुए माइक्रोफोन से दूर हो जाना]

और फेड इन *(बोलते हुए माइक के निकट आ जाना)* से, ध्वनि प्रभाव से, क्षणिक शन्ति से और वाद्य संगीत से। 'फेड आउट' और 'फेड इन' के ही रूप उदाहरण 'ख' और 'ग' में हैं।

(ख) एंजिलो (किशोर) : *(हँसते हुए)* वह तो कह रहा था कि एक चित्र के चालीस सिक्के ही काफी होंगे। *(हँसी)*

[किशोर एंजिलो की हँसी वृद्ध एंजिलो की हँसी में परिवर्तित हो जाती है। इसी से स्मृति-दृश्य समाप्त होता है, और वृद्ध एंजिलो वर्तमान में आ जाता है।]

एंजिलो (वृद्ध) : *(हँसी)*
परिचारिका : आप हँस क्यों रहे हैं माइकेल एंजिलो?
एजिलो (वृद्ध) : ऐसे ही। सोच रहा था, जीवन में कैसे-कैसे लोग मेरे जीवन में आए।

['रंग और रूप' नाटक से]

प्रबोध : *(थके लहजे में)* शायद मैं पागल हूँ।
बाबूजी : आप ऐसा समझें, तो बेहतर होगा।

[एक फ्लैशकट यानी समाप्त, दूसरा फ्लैश बैक शुरू]

विमला : मेरे लिए यही बेहतर होगा?
प्रबोध : हाँ विमला।

['इकतारा' रेवतीसरन शर्मा]

दृश्य-परिवर्तन कई तरह से किये जा सकते हैं, पर सामान्यतः वाद्य-संगीत से किया जाता है।

9. एक उदाहरण :

कल्पना : तुम शान्ति नहीं चाहते हो क्या?

माधव : चाहता क्यों नहीं?

कल्पना : तो, आओ। शीघ्रता करो। मेरे साथ चलो। उठो। उड़ चलो। पीछे लौट जाओ।

[गतिसूचक संगीत। शून्य में उड़ने की आवाज]

स्वर : सन् 1900-1875-1857

[भीड़ की आवाज]

कुँवरसिंह : यह विद्रोह का झंडा खड़ा रहे, गिरने न पाए, जीत हमारी होगी।

स्वर : सन् 1850-1835-1800-1760

बिहारीलाल : सीस मुकुट कटि काछनी, कर मुरली उर माल।
यहि बनिक मो मन बसहु सदा बिहारीलाल॥

कल्पना : बढ़ते चलो कलाकार।

माधव : आ रहा हूँ देवि।

स्वर : 1720-1700-1688

तुलसीदास : सियाराममय सब जग जानी।
करों प्रनाम जोरि जुग पानी॥

कल्पना : माधव, और आगे चलो।

[और, इसी तरह समय की यात्रा तय होती जाती है।]

10. 'बी.बी.सी.—1966' में 'रेडियो ड्रामा टु-डे' : मार्टिन एसलिन, पृ. 7
11. 'रास्ता बन्द है' संकलन में 'एक किरण : एक दर्द', पृ. 43
12. 'रेडियो प्लेज' की प्रस्तावना : इर्विंग वाड्र्ल, पृ. 12
13. 'प्लेज और प्लेयर्स', अगस्त 1963 में 'ऑफ दि एयर' : मार्टिन एसलिन, पृ. 40
14. 'दि आर्ट ऑफ रेडियो': मैकहवाइनी, पृ. 57
15. एक उदाहरण :

[सड़क पर की आवाजें। एक आदमी के पैरों की आवाज]

राही : क्यों जी, सूझता नहीं?

विमल : ओ। मैंने देखा नहीं। माफ करना भाई।

राही : सड़क पर चलते हो, पर देखते नहीं? आँखें तो हैं?

विमल : हाँ, हैं। कभी-कभी बन्द हो जाती हैं।

राही : अच्छा, अच्छा, संभलकर चलो।

विमल : (हल्की हँसी) सँभलने की तो कितनी कोशिश कर रहा हूँ। (धीरे-धीरे, जैसे अपने से ही कह रहा हो) इतनी हलचल, इतनी अशान्ति में, कोई सँभल कैसे सकता है? दुनिया में मेरे लिए जगह नहीं है, जीना बेकार है। उफ्, आज मेरे मन में कैसी हलचल है!

[पृष्ठभूमि में तीव्र संगीत के साथ गूँजती हुई आवाजें]

स्वर 1 : जगह खाली नहीं है।

स्वर 2 : शादी कर लो विमल।

बुढ़िया : अब मेरे दिन लौटेंगे।
स्वर 3 : बधाई है विमल, तुम परीक्षा पास कर गए।
स्वर-1 : जगह खाली नहीं है।
स्वर 2 : शादी कर लो विमल।
बुढ़िया : अब मेरे दिन लौटेंगे।
स्वर 3 : बधाई है विमल। इतना अच्छा क्लास मिला है तुम्हें।
स्वर 1 : जगह खाली नहीं है।
स्वर 2 : शादी कर लो विमल।
बुढ़िया : अब मेरे दिन लौटेंगे।
स्वर 3 : धन्य है तुम्हारा परिश्रम। परिश्रम का फल तुम्हें अवश्य मिलेगा। परिश्रम का फल तुम्हें अवश्य मिलेगा।
कई स्वर : परिश्रम का फल तुम्हें अवश्य मिलेगा।
विमल : *(तेज आवाज में)* झूठ। झूठ कह रहे हो तुम। *(सँभलकर)* उफ् यह क्या कर रहा हूँ मैं। कोई सुनेगा, तो क्या कहेगा? *(हल्की हँसी)* अच्छा, अब तो घर भी आ ही गया।

('रंग और रूप' संकलन में 'टूटा हुआ आदमी')

16. 'दि आर्ट ऑफ रेडियो' : मैकहवाइनी, पृ. 37-38
17. 'दि पोयेटिक ड्रामा ऑफ पाल क्लाडेल' : जोसेफ चियरा, पृ. 4
18. 'अरस्तू का काव्य शास्त्र' : अनु. डा. नगेन्द्र और महेन्द्र चतुर्वेदी, पृ. 22
19. वही, पृ. 35-36
20. इन सबका सोदाहरण विवेचन आगे 'संवाद' के प्रसंग में किया गया है।
21. 'रेडियो नाटक' संकलन में 'बिल्वमंगल की आँखें' : चिरंजीत, पृ. 459
22. 'आधे अधूरे' : मोहन राकेश, संस्करण 1977, पृ. 8
23. वही, पृ. 15
24. 'रेडियो नाटक' संकलन में 'बिल्वमंगल की आँखें' : चिरंजीत, पृ. 476
25. 'रेडियो प्लेज' की प्रस्तावना : इर्विंग वाइ्र्ल, पृ. 17
26. शिवाजी सावंत के उपन्यास 'मृत्युंजय' का रेडियो रूपान्तर : सिद्धनाथ कुमार
27. 'बी.बी.सी. क्वार्टर्ली' में 'ए प्ली फार साउंड' : लुई मैकनीस
28. वही
29. 'आदमी है, नहीं है' संकलन में 'चेहरे और चेहरे' : सिद्धनाथ कुमार
    [उद्धरण में आत्मा बेचने की बात की आवृत्ति की गई है। इस विषय की चर्चा आगे 'संवाद' के प्रसंग में की जाएगी कि रेडियो नाटक के प्रसंग समय की तरह बड़ी तेजी से गुजर जाते हैं, श्रोता गुजरे प्रसंगों को फिर नहीं सुन सकता, इसलिए मुख्य और महत्त्वपूर्ण बातों की आवृत्ति करनी पड़ती है।]
30. 'गर्म पहलुओं वाला मकान' : मधुकर गंगाधर
31. 'दि आर्ट ऑफ रेडियो': मैकहवाइनी, पृ. 60-61
32. 'बी.बी.सी. क्वार्टर्ली' ऑटम 1953 में 'ए प्ली फार साउंड' : लुई मैकनीस
33. वही

रेडियो नाटक के उपकरण

रेडियो नाटक एक संश्लिष्ट शब्दचित्र है, जो संवाद, संगीत, ध्वनि प्रभाव और मौन के समन्वित सहयोग से इस प्रकार चित्रित होता है कि वह श्रोता के मानस पटल पर स्पष्ट चित्र की सृष्टि कर सके, उसे प्रभावित कर सके। रेडियो नाटक के शिल्प को समझने के लिए इसे बनानेवाले उपकरणों से परिचित होना आवश्यक है। लिखित, मुद्रित या टंकित आलेख तो वह आधार मात्र है जिस पर रेडियो-नाट्य की सृष्टि होती है। जिस प्रकार संगीतकार किसी गीत की स्वरलिपि से उसके गेय रूप का साक्षात्कार करता है, उसी प्रकार कल्पनाशील कुशल प्रस्तुतकर्ता रेडियो नाटक के आलेख मे उसके प्रसारित रूप को समझता है, और उसी के अनुसार उसका निर्देशन-प्रसारण करता है। आलेख में जो सम्भावनाएँ निहित रहती हैं, वे तब तक उसमें नहीं आ सकतीं जब तक नाटककार ने पहले से उन्हें उसमें प्रतिष्ठित नहीं कर दिया हो, दूसरे शब्दों में कहें, तो जब तक लेखक ने किसी रेडियो नाटक की रचना उसके उपकरणों को ध्यान में रख नहीं की हो। जैसा अभी कहा गया, ये उपकरण हैं : संवाद, संगीत, ध्वनि-प्रभाव और मौन। ध्यान से देखा जाए, तो पहले तीनों उपकरण मूलतः एक ही उपकरण 'ध्वनि' के तीन रूप हैं, और मौन तो ध्वनि का ही दूसरा पक्ष है। रेडियो नाटक मात्र श्रव्य है, और ध्वनि ही इसका आधार है। ध्वनि भावाभिव्यक्ति का अत्यन्त शक्तिशाली साधन है। इसकी अपनी विशेषताएँ हैं। इसकी अभिव्यंजना शक्ति इस बात पर निर्भर है कि कोई ध्वनि कितने जोर से और कितने अन्तर पर उत्पन्न होती है, उसकी गति क्या है, और उसमें कितनी लयात्मकता है। रेडियो नाट्य-विशेषज्ञ आर्नहाइम ने तो कहा है कि ध्वनि की ये विशेषताएँ या गुण ही सभी श्रव्य कलाओं के सृजनात्मक साधन हैं। हम अपने दैनिक जीवन में भी देखते हैं कि किस प्रकार ध्वनि-परिवर्तन से शब्दों के अर्थ बदल जाते हैं—'आप बहुत भले आदमी हैं' का अर्थ 'आप बहुत बुरे आदमी हैं' हो जाता है। एक ही शब्द को भिन्न-भिन्न लहजे में उच्चरित करके, एक ही शब्द या वाक्य की आवृत्ति करके हर्ष, शोक, घृणा, प्रेम, क्रोध आदि भावों की अभिव्यक्ति की जा सकती है।

एक ही सम्बोधन 'पिताजी' उच्चारण-परिवर्तन से श्रद्धा, आक्रोश, घृणा आदि कई भावों को व्यक्त कर सकता है। रेडियो नाटक के उपकरणों पर विस्तार से विचार करने की आवश्यकता है।

रेडियो नाटक की भाषा

रेडियो नाटक के उपकरणों में सबसे प्रधान है भाषा, अन्य उपकरण तो उसके सहायक बनकर आते हैं। इस भाषा की सबसे बड़ी विशेषता है कि वह प्रत्यक्षतः लिखित होकर भी मूलतः उच्चरित होती है। रेडियो नाटक उच्चरित शब्दों की ही शक्ति पर आधारित होता है। बोली और सुनी जानेवाली भाषा में भावाभिव्यंजन की जो शक्ति है, वह लिखी और पढ़ी जानेवाली भाषा में नहीं। हम जानते हैं कि शब्द हमारी भावनाओं-अनुभूतियों के मूर्त रूप हैं, इन्हीं की शक्ति से वे जीवित रहते हैं। शब्दों के उच्चरित रूप को हमारे भाव और विचार ही सजीव और प्राणवन्त बनाए रखते हैं, लेकिन उनके लिखित रूप में यह बात नहीं रह जाती, उन्हें सजीव बनाए रखनेवाली अनुभूतियाँ उनके पीछे से समाप्त हो जाती हैं। यही कारण है कि किसी के प्रत्यक्ष भाषण में हमें जिस सप्राणता के दर्शन होते हैं, वह उसी के लिखित या मुद्रित रूप में नहीं मिलती। यह कहना सही है कि छपा हुआ भाषण सूखे फूल की तरह होता है : उसका रस सूख जाता है, उसका रंग धूमिल पड़ जाता है, और उसकी सुगन्ध उड़ जाती है। प्रो. ब्रुचर कहते हैं कि शब्द अपनी उच्चरित शक्ति से वंचित होने पर, अपने मुद्रित रूप में केवल अर्द्धजीवित रहते हैं।[1] रेडियो नाटककार की दृष्टि भाषा के उच्चरित रूप पर ही रहती है। वह यह सोचकर (मन-ही-मन बोलकर) लिखता है कि उसकी कृति पढ़ी जाने के लिए नहीं है, बल्कि अभिनेताओं के बोलने और श्रोताओं के सुनने के लिए है। ऐसी भाषा बोलने में प्रवाहयुक्त और समझने में सरल होती है। लिखित और उच्चरित भाषा का अन्तर एक उदाहरण द्वारा स्पष्ट किया जा सकता है। यह उदाहरण लिखित भाषा का है—'बोस ने 35 वर्ष की आयु से ही विद्युत् चुम्बकीय तरंगों के गुणों का अध्ययन प्रारम्भ कर दिया था। ये तरंगें वे ही हैं जिनसे रेडियो द्वारा ध्वनि प्रसारित की जाती है।' इसी को एक रेडियो-वार्ताकार कहता है—'आप मेरी जो आवाज़ सुन रहे हैं, वह साधारण ध्वनि तरंग के सहारे नहीं, रेडियो तरंगों के सहारे जा रही है। आपसे सौ गज दूर बैठे आदमी की आवाज़ जितनी देर में आपके पास पहुँचेगी, उसके बहुत पहले ही मेरी आवाज़ मीलों की दूरी तय कर आपके पास पहुँच रही है। साधारण ध्वनि तरंग पृथ्वी का चक्कर लगाने में कम-से-कम चालीस घंटे लेगी, जबकि रेडियो तरंग एक सेकेंड में पृथ्वी के साढ़े सात चक्कर काट लेती है। इतनी तेज है इसकी गति। इसको विद्युत् चुम्बकीय तरंग भी कहते हैं। बोस ने पैंतीस वर्ष की अवस्था

से ही इसके गुणों का अध्ययन शुरू कर दिया था।' दोनों उद्धरणों की भाषा और अभिव्यंजना में अन्तर देखा जा सकता है, और सहज ही समझा जा सकता है कि किसे बोलने और सुनने-समझने में अधिक सुगमता होगी।

ध्यातव्य है कि यही उच्चरित भाषा दृश्य-श्रव्य सभी नाट्य-रूपों में प्रयुक्त होती है, पर रेडियो नाटक में इस पर विशेष ध्यान देने की आवश्यकता होती है, क्योंकि दृश्य नाटकों की तरह इसे अभिव्यक्ति के शब्देतर साधन उपलब्ध नहीं हैं। कोई भी नाटककार जो अभिनेयता को ध्यान में रखकर नाट्य रचना करता है, वह उच्चरित भाषा का ही व्यवहार करता है। जिस नाटककार के मन में रंगमंच या कोई प्रदर्शन माध्यम नहीं रहता, वही ऐसी भाषा लिखता है जिसे लिखित या पाठ्य कहा जाता है। ऐसी भाषा का एक उदाहरण एक 'नाटक' से ही प्रस्तुत है :

वशिष्ठ : पुरवासी नर-नारियो, राम के प्रति तुम्हारा यह अगाध प्रेम केवल सराहनीय न होकर अभूतपूर्व है; परन्तु बन्धुओ, यदि प्रेम मोह में परिणत हो जावे तो वह दुखप्रद हो जाता है। राम के प्रति तुम्हारा प्रेम सराहनीय है, पर मोह सराहनीय नहीं है। यदि मोह के वशीभूत होकर तुम कर्तव्य-च्युत हो जाओ, या तुम्हारे कारण राम को कर्तव्य-च्युत होना पड़े, तो वह न तुम्हारे लिए सराहनीय बात होगी और न राम के। पिता की आज्ञा मानना राम का धर्म है।

एक व्यक्ति : पर, यह आज्ञा अनुचित है।

बहुत से व्यक्ति : नितान्त अनुचित।

वशिष्ठ : क्या अनुचित और क्या उचित है, इसकी मीमांसा, इस वृहत् जनसमुदाय में, ऐसे समय होना जबकि किसी की भी बुद्धि ठिकाने नहीं है, सम्भव नहीं। विषय क्या है, उसे थोड़ा सोचो। महाराज दशरथ ने महारानी कैकेयी को दो वर देने का वचन दिया, वे अपने वचन में बद्ध हैं। महाराज के वचन की सिद्धि राम की कृति पर अवलम्बित है, और राम का पुत्र के नाते कर्तव्य है कि वे अपने पिता के वचन को सत्य कर दें। यह तुम्हारे सहयोग पर निर्भर है, अतः इस समय राम का वन जाना और तुम्हारा इनके मार्ग में आड़े न आना ही धर्म है। *(वशिष्ठ बैठ जाते हैं।)*[2]

यह नाटक की भाषा नहीं है, रेडियो नाटक की तो निश्चित रूप से नहीं, क्योंकि इसमें भाषा के उच्चरित रूप का ध्यान नहीं रखा गया है। इसके शब्द-संयोजन और वाक्य-विन्यास बोलने की दृष्टि से सहज नहीं हैं, सहज बोधगम्य भी नहीं हैं। इसमें

कृत्रिम शब्दावली भी प्रयुक्त हुई है (जैसे, वे अपने वचन में बद्ध हैं। महाराज के वचन की सिद्धि राम की कृति पर अवलम्बित है।) भाषा के उच्चरित रूप को ध्यान में रखकर प्रारम्भिक अंश को रूपान्तरित किया जा सकता है : 'पुरवासी नर-नारियो, राम के प्रांत तुम्हारा प्रेम अभूतपूर्व है, सराहनीय तो है ही। लेकिन, प्रेम का मोह में बदल जाना दुख का कारण होता है। तुम्हें नहीं लगता कि तुम्हारा प्रेम आज मोह बन रहा है? तुम चाहते हो कि मोह के कारण तुम अपना कर्तव्य भूल जाओ? तुम्हारे कारण राम कर्तव्यच्युत हो जाएँ? नहीं, यह किसी के लिए सराहनीय नहीं होगा—न तुम्हारे लिए, न राम के लिए। पिता की आज्ञा मानना ही राम का धर्म है।' मूल और रूपान्तर, दोनों को तुलनात्मक दृष्टि से देखकर समझा जा सकता है कि उच्चरित भाषा कैसी होती है।

उच्चरित भाषा का यह तात्पर्य कदापि नहीं कि वह हमारे दैनिक व्यवहार की बोलचाल की ही भाषा हो, जिसमें तद्भव शब्द हों, कहीं तत्सम संस्कृत के शब्द नहीं आएँ। परिवेश एवं पात्रों के अनुरूप यथास्थान संस्कृत के शब्द भी आ सकते हैं, उर्दू-फारसी के शब्द भी आ सकते हैं, अंग्रेजी के शब्द भी आ सकते हैं, शर्त सिर्फ यह है कि वे आसानी से बोले जा सकें और श्रोताओं पर अपेक्षित प्रभाव डाल सकें। तत्सम प्रधान शब्दावली का यह उदाहरण देखा जा सकता है :

लक्ष्मण : ऋषिश्रेष्ठ, कौन है यह प्रचंड तपस्वी?

विश्वामित्र : परशुराम, जमदग्निपुत्र, भृगुवंशी, परशुराम...

लक्ष्मण : इतना रौद्र रूप। ज्वाला बरसाती आँखें, तमतमाता मुखमंडल, तनी हुई भृकुटियाँ, विशाल स्कंध, बलिष्ठ शरीर, सुगठित मांसपेशियाँ, शिराओं में उबलता हुआ रक्त-ज्वार...वल्कल मृग-चर्म, यज्ञोपवीत, रुद्राक्ष...त्रिपुंड, जटाजूट धारण किये।

राम : हाथ में बिजलियाँ, प्रलय कर्ताओं-सा कुठार—कुठार-कुलिश लौह-कुठार वज्र रूप परशु।

विश्वामित्र : राघव, यह परशुराम अनन्य शिव-साधक है साक्षात् शिव है। जैसे मैंने क्षात्र-तेज के साथ ब्रह्म-तेज धारण किया है, वैसे ही इन्होंने भी ब्रह्म-तेज के साथ क्षात्र-तेज धारण किया है लोक-कल्याण के लिए लोक-रक्षा के लिए... ।[3]

तत्सम प्रधान शब्दावली के बावजूद इस भाषा में सुगमता से बोले जाने की क्षमता है, इसमें बोधगम्यता भी है, प्रभावशाली रूप में पात्र-परिचय देने की शक्ति भी है।

रेडियो नाटक की भाषा को रंगनाटकों में उपलब्ध सभी दृश्य साधनों के अभाव को पूरा करना पड़ता है। इसलिए कुछ और गुणों की भी अपेक्षा होती है। उनमें मुख्य है चित्रात्मकता। शब्दों से चित्र भी निर्मित हो सकते हैं, रूप-रंग की झाँकी भी

प्रस्तुत की जा सकती है, गति की व्यंजना भी हो सकती है। हमारे प्राचीन नाटकों की भाषा में यह विशेषता दिखलाई पड़ती है। कुछ उदाहरण पहले दिये जा चुके हैं। अभी 'शिवधनुष' से जो उदाहरण दिया गया, वह भी चित्रात्मकता का बहुत अच्छा उदाहरण है। ऐसी चित्रात्मकता रेडियो के श्रव्य माध्यम के लिए आवश्यक है, पर हमें यह स्मरण रखना है कि रेडियो नाटक में भाषा के सौन्दर्य या चित्रात्मकता का अपने में कोई मूल्य नहीं है। इनकी सार्थकता तो नाटकीयता, की समृद्धि में है। इन्हें कोई-न-कोई नाटकीय प्रयोजन अवश्य ही सिद्ध करना चाहिए।

रेडियो नाटक की भाषा के बारे में सामान्य रूप से कहा जा सकता है कि यह पुस्तकों की निर्जीव भाषा नहीं है, प्रत्यक्ष सम्भाषण की सजीव भाषा है। इसके लिए बड़ी ही प्राणवन्त शैली अपेक्षित है—ऐसी शैली जिसके शब्द बोलते हों, चित्र निर्माण करते हों, जो श्रोताओं को अपने सौन्दर्य के प्रति न आकृष्ट कर अपने पीछे उफनते भावों-विचारों के प्रति आकृष्ट करते हों, जिसके वाक्यों में गति हो, प्रवाह हो, लयात्मकता हो, सप्राणता हो।

रेडियो नाटक में भाषा का व्यवहार रूपों में होता है—संवाद या वार्तालाप के रूप में और नैरेशन के रूप में। इन दोनों के स्वरूप, प्रयोजन और विशेषताओं पर विचार करना चाहिए।

संवाद

नाटक के पात्र शब्दों के माध्यम से जो बातचीत करते हैं, वही संवाद है। बातचीत संकेतों के द्वारा भी की जा सकती है, पर संवाद के लिए शब्दों की अनिवार्यता होती है। दूसरे नाट्य-रूपों में (मूक नाटक, नृत्य नाटक जैसे नाट्य-रूपों को छोड़कर) संवाद भावाभिव्यक्ति का सर्वाधिक महत्त्वपूर्ण उपकरण होता है, पर श्रव्य माध्यम में तो वही सब कुछ है—संवाद ही रेडियो नाटक है। ऐसा रेडियो नाटक हो सकता है जिसमें किसी ध्वनि प्रभाव और वाद्य संगीत का व्यवहार नहीं किया गया हो, पर संवादरहित रेडियो नाटक की कल्पना ही नहीं की जा सकती। इस दृष्टि से रेडियो नाटक की कला मूलत: संवाद-लेखन की कला है, यह बात दूसरी है कि संवाद शून्य में नहीं लिखे जा सकते—नाटकीय स्थितियों और पात्रों के सन्दर्भ में ही संवादों की रचना सम्भव है। कुशल संवाद-लेखक बड़ी आसानी से रेडियो नाटक लिख सकता है।

रेडियो नाटक का पूरा दायित्व उसके संवादों पर ही होता है। संवादों के माध्यम से कहानी कही जाती है, पात्रों का परिचय दिया जाता है, आवश्यकतानुसार उनकी रूपरेखा, वेश-भूषा, कार्य-व्यापार आदि से श्रोताओं को परिचित कराया जाता है, परिवेश और वातावरण का चित्र प्रस्तुत किया जाता है, पात्रों के भावों-विचारों को

व्यक्त किया जाता है, उनके आपसी सम्बन्धों पर प्रकाश डाला जाता है, और इन सबके द्वारा नाटककार के उद्देश्य की सिद्धि की जाती है। कहानीकार और उपन्यासकार जो काम अपनी रचना में स्वयं करता है, उसे नाटककार अपने पात्रों के संवादों के द्वारा करता है। इतना महत्त्वपूर्ण है रेडियो नाटक में संवाद। इतने दायित्वों का एक साथ निर्वाह सरल काम नहीं है, और वह भी कलात्मक रूप में। कला की विशेषता कलाहीनता में कही जाती है : दर्शक, श्रोता या सहृदय को पता न चले कि जान-बूझकर सायास किसी रचना में कलात्मकता की सृष्टि की गई है। कला सहज होती है। रेडियो नाटक के संवादों को भी सहजता से विभिन्न प्रयोजनों की सिद्धि करनी चाहिए। श्रोता को कहीं ऐसा न लगने पाए कि नाटककार जान-बूझकर किसी पात्र का परिचय दे रहा है या किसी वातावरण का चित्र अंकित कर रहा है। यदि कोई पात्र कहता है—'रेखा, तुम?', तो श्रोता को ऐसा नहीं लगना चाहिए कि नायिका का नाम बतलाया जा रहा है। ऐसा तभी हो सकता है, जब इस एक वाक्य के लिए भी सही प्रसंग की योजना की गई हो : बोलनेवाला रेखा को जानता है, और उसके लिए रेखा का उस विशेष स्थान पर होना अप्रत्याशित है।

अब हमें रेडियो नाटक के उपयुक्त संवादों की विशेषताओं पर विचार करना चाहिए। पहली विशेषता तो यही है कि उन्हें कोई-न-कोई नाटकीय प्रयोजन अवश्य ही सिद्ध करना चाहिए। सुन्दर से सुन्दर संवाद का अपने में कोई मूल्य नहीं है, जब तक वह कोई प्रयोजन नहीं सिद्ध कर रहा हो। कोई पात्र जब कहता है—'मुझे घृणा है इस वर्षा से। कैसे बरसे जा रही है, बरसे जा रही है, जैसे कोई भिखारिन बाजार में मिल जाए और पीछा न छोड़े। बरसे जा रही है, बरसे जा रही है, जैसे किसी के गालों पर चम्बल हो जाए और आठों पहर रिसता रहे। बरसे जा रही है, जैसे दाँत निकाल रहे बच्चे की राल टपकती है...', तो लगता है, संवाद वातावरण निर्माण के प्रयोजन की सीमा पार करने लगा है, नाटककार का कवि जाग गया है और एक पर एक उपमा आने लगी है। उपमाएँ सुन्दर हैं, संवाद सुन्दर हैं, पर चित्र को एक सीमा में ही रहना चाहिए था। इसके विपरीत 'आषाढ़ का एक दिन' (रेडियो के लिए मोहन राकेश द्वारा रूपान्तरित) का यह पहला संवाद है—'आषाढ़ का पहला दिन और ऐसी वर्षा, माँ! ऐसी वर्षा! दूर-दूर तक की घाटियाँ भीग गईं। और मैं भी तो। देखो न माँ, कैसे भीग गई हूँ। गई थी दक्षिण से उड़कर आती हुई वकल-पंक्तियों को देखूँगी, और देखो, सब वस्त्र भिगो आई हूँ।'[4]...इस उद्धरण में वर्षा का चित्र उतना ही है जितना उचित है—चरित्रांकन की दृष्टि से। तनिक भी अनावश्यक विस्तार नहीं है। यह संवाद प्रयोजनशीलता के निकष पर सार्थक है।

संवाद का पात्रानुरूप होना आवश्यक है। यह तभी सम्भव है जब संवाद पात्रों के परिवेश, संस्कार, शिक्षा-दीक्षा आदि को देखते हुए स्वाभाविक लगे। ऐतिहासिक-

पौराणिक नाटकों में भाषा अलंकृत हो सकती है, कामेडी और हास्य-प्रधान नाटकों में वह अतिरंजनापूर्ण भी हो सकती है, फिर भी उसे परिवेश से जुड़ा हुआ तो होना ही चाहिए। ऐतिहासिक और पौराणिक नाटकों की संवाद-शैली और भाषा तत्सम शब्दों से युक्त और कुछ-कुछ अलंकृत होनी भी चाहिए जिससे प्राचीन परिवेश का आभास मिल सके, वर्तमान से उसकी दूरी का संकेत मिल सके, पर उसमें बोल-चाल के शब्दों और लहजे का रहना भी जरूरी है जिससे वह हमारे वर्तमान से बिलकुल कटा हुआ न लगे। दोनों के एक-एक उदाहरण से समझा जा सकता है कि रेडियो के उपयुक्त संवाद कैसे होने चाहिए। पहला उद्धरण एक ऐतिहासिक नाटक से है जिसमें प्रेम करनेवाली एक स्त्री बोलती है :

> मेरा...हृदय...शिवमित्र के अनुराग के पराग से सुवासित है। मैं उसके प्रेम-सुधा की सरिता में अपने को प्रणय का प्रसून बनाकर अर्पित कर चुकी हूँ। मेरे भावना-लोक की कादम्बिनी में उनकी कलात्मक प्रतिभा की कौमुदी हर पल छिटकी रहती है। (तीन संवादों के बाद) शिवमित्र तो कहता है कि हर प्राणी की मूल संज्ञा मनुष्य है। मनुष्य सृष्टि का आदिचेतन तत्त्व है। मनुष्य की चेतना ने ही मनुष्य का विकास किया, उसे सौन्दर्य की गरिमा से सुशोभित किया है। सृष्टि की वर्तमान सौन्दर्य मानवीय चेतना का सुफल है। मानव की चेतना ने सृष्टि में सत्-असत् का अन्वेषण किया, मानव की पाशविक प्रवृत्ति को सुसंस्कृत करके उसे पौरुष का आवरण पहनाया, पाषाणी जीवन से प्रासादिक जीवन तक का पथ दिखाया। असभ्य से सभ्य बनाकर उसकी प्रकृत प्रवृत्तियों को सौन्दर्यमुखी दृष्टि दी।[5]

दूसरे उद्धरण में भी एक प्रेमिका ही है :

> माँ, मुझे भीगने का तनिक खेद नहीं। भीगती नहीं, तो आज मैं वंचित रह जाती। (जैसे अपने से बात कर रही हो) चारों ओर धुँआरे मेघ घिर आए थे। मैं जानती थी, वर्षा होगी। फिर भी मैं घाटी की पगडंडी पर नीचे-नीचे उतरती गई। एक बार मेरा अंशुक भी हवा ने उड़ा दिया। फिर बूँदें पड़ने लगीं। (सहसा अपने से बाहर निकलकर) वस्त्र बदल लूँ, फिर आकर बताती हूँ। वह बहुत अद्‌भुत अनुभव था माँ, बहुत अद्‌भुत!
>
> *[स्वर कुछ दूर चला जाता है।]*
>
> नील कमल की तरह कोमल, वायु की तरह हल्का और स्वप्न की तरह चित्रमय। मैं चाहती थी उसे अपने में भर लूँ और आँखें मूँद लूँ। मेरा तो शरीर भी निचुड़ रहा है माँ! कितना पानी इन वस्त्रों ने पिया है...ओह![6]

पहले उद्धरण का संवाद अपनी तत्समप्रधानता और वाक्य विन्यास के कारण हमारे समसामयिक जीवन से बिलकुल कट जाता है, प्राचीन परिवेश का आभास तो अवश्य ही देता है। दूसरे उद्धरण में भाषा तत्समप्रधान नहीं है, उस पर तत्सम का स्पर्श है (वस्त्र, वर्षा, अंशुक जैसे कुछेक शब्द ही तत्सम हैं) और इससे वर्तमान से कुछ दूरी की व्यंजना भी होती है, संवाद हमारे जीवन के निकट का बना रहता है। कुशल रेडियो नाटककारों ने हमेशा इस बात का ध्यान रखा है। विष्णु प्रभाकर के एक नाटक का यह अंश देखा जा सकता है :

अशोक : मेरा पतन! भारत सम्राट् का पतन! असम्भव बन्दी, असम्भव!

कुमार : असम्भव नहीं अशोक! वह पूर्ण सम्भव हो चुका है। लक्ष-लक्ष मानवों का रक्त तुम्हारे पतन की घोषणा कर रहा है। लक्ष-लक्ष घायलों की कराह में तुम्हारे पतन का स्वर गूँज रहा है। ललनाओं की सूनी माँगों में, माताओं की खाली गोदियों में, शिशुओं की निरीह दृष्टि में, सब कहीं तुम्हारे पतन की कहानी अंकित है। कलिंग के उजड़े हुए ग्राम, वीरान प्रदेश, ये सब तुम्हारे पतन के साक्षी हैं। अशोक, तुम जीतकर भी हार गए हो, कलिंग मिटकर भी अमर हो गया है।

संवाद की पात्रानुकूलता का अर्थ परिवेश से जुड़ा हुआ होना तो है ही, पात्रों की शिक्षा-दीक्षा से भी है। नाटक में स्वाभाविकता तभी आती है जब पात्र अपनी भाषा बोलते हैं, ओढ़ी हुई भाषा नहीं। जीवन-सम्बन्धों के अनुसार यह भाषा बदलती भी रहती है—एक ही व्यक्ति पत्नी से, मित्र से, नौकर से, यानी हर आदमी से एक ही तरह से बातें नहीं करता। जब नाटककार किसी ऐसे अशिक्षित व्यक्ति को अपना पात्र बनाता है, जो शुद्ध प्रामाणिक भाषा नहीं बोल सकता और जिसका शब्द-भांडार सीमित है, तब नाटककार से विशेष कौशल अपेक्षित होता है। यदि यह दो-चार वाक्य बोलनेवाला गौण पात्र हो, तो काम चल जा सकता है, पर यदि वह मुख्य पात्र हुआ, तो पूरे नाटक में उसे स्वाभाविक रूप में संभालना बहुत कठिन होता है। ऐसे पात्रों के लिए आंचलिक भाषा का व्यवहार किया जा सकता है। अमृतलाल नागर के एक नाटक का अंश देखा जा सकता है :

कल्याणी : *(अखबार की खरखराहट)* यूँ अखबार बिछा देई?

महिपाल : बिछा दो। ये क्या ले आईं, बेसन का हलवा...अरे, तो पान बेकार ही खाया। लाओ, गिलास दो, कुल्ला करूँ।

[पानी के मुँह से उगालदान तक गिरने की क्रियात्मक ध्वनि]

कल्याणी : *(सफाई देता हुआ विनय भरा हिचक तोड़ता-सा स्वर)* बड़कऊ बहुत रोज ते कहत रहें कि अम्मा हिलुआ बनाओ, हिलुआ बनाओ, तउ हम कहा कि नमकीन महियाँ दहीबरो बनाय लेई।

महिपाल : ये तो बिलकुल गरमागरम है, वाह, अच्छा बना है।

कल्याणी : बिजलीवाले टोप पै गरम किहा है अबहीं तुम सबेरे घरिया सरकाय के चले गए। हमार दिन कइसा बीता है।

महिपाल : *(मुस्कराते हुए)* अच्छा, तो ये सब रूठे बलम को मनाने के लटके हैं। बड़कऊ बिचारे का बहाना ही बहाना है। एवमस्तु सन्तुष्ट भयेन। लेओ...

कल्याणी : ना, हम न खाब।

महिपाल : काहे, ई मा छूत हुइ गई? बौड़म, अरे चौका नाम के याकु कमराँ में न खावा, बइठिके बैठका नाम के दूसरे महियाँ आय लिहा। ईमाँ कउन बुराई आय गई बताओ।[7]

यही पढ़ा-लिखा महिपाल जब अपनी प्रेमिका डा. शीला से बातें करता है, तो उसकी भाषा बदल जाती है : 'अगर मैं चित्रकार होता डॉक्टर, तो अपनी तस्वीर काले रंग से बनाता (गम्भीर दार्शनिक स्वर) बस दिल की धड़कनें उजली हैं दिमाग—हाँ, दिमाग भी उजला है सही मगर उलझनों के चलते चक्कर से घिरा हुआ (उदास हँसी, फिर किंचित् भावावेश में)। तुम मेरी थकान की साथी हो शीला और—कल्याणी मेरे जीवन की निष्ठा। ट्राएँगल—ये—त्रिकोण बड़ा उलझन भरा होता है, फिर भी जो हो, मैं तुम दोनों ही से उऋण नहीं हो सकता हूँ शीला, सच कहता हूँ।'[8]

आंचलिक भाषा के व्यवहार से पात्रों के शैक्षणिक स्तर, संस्कार आदि का परिचय मिलता है, परिवेश का भी पता चलता है, और इनसे नाटक में स्वाभाविकता आती है, पर एक क्षेत्र की भाषा की बहुलता से दूसरे क्षेत्रों के लिए उसकी बोधगम्यता बाधित होती है। इस खतरे से बचने के लिए उचित है कि नाटक में संवादों में पूरी तरह आंचलिक बोली का व्यवहार न कर उसके कुछेक शब्दों और प्रयोगों द्वारा संवादों को आंचलिकता का स्पर्श दिया जाए। यह मानकर कि अशिक्षित पात्रों का शब्द-भंडार सीमित है, उनसे कम-से-कम बुलवाया जाए, यही अच्छा होता है। ऐसे पात्र प्रेम एवं समर्पण को व्यक्त करने के लिए प्रसाद की देवसेना की तरह विस्तार से नहीं बोल सकते—'सम्राट्, क्षमा हो। इस हृदय में आह! कहना ही पड़ा, स्कन्दगुप्त को छोड़कर न तो कोई दूसरा आया, और न वह जाएगा। अभिमानी भक्त के समान निष्काम होकर मुझे उसी की उपासना करने दीजिए। नाथ, मैं आपकी

ही हूँ, मैंन अपने को दे दिया है, अब उसके बदले मैं कुछ लिया नहीं चाहती।' ऐसे पात्रों के प्रेम को कम-से-कम शब्दों में और कुछ कार्य-व्यापारों द्वारा व्यक्त किया जा सकता है। एक आदिवासी युवक और उसकी ओर आकृष्ट युवती का प्रेम-प्रसंग देखा जा सकता है :

जिनकी : उफ् रे।

[जैसे चौंककर चीखती है।]

लुकना : क्या हुआ रे?
जिनकी : मरांग जानुम।
लुकना : क्या, काँटा गड़ गया?
जिनकी : हाँ, मरांग जानुम।
लुकना : कहाँ?
जिनकी : पैर में।
लुकना : ला, निकाल दूँ
जिनकी : पहले बैठो न।
लुकना : नहीं, बैठूँगा नहीं, सब लोग आगे निकल गए।
जिनकी : चल, मैं भी चलती हूँ तेरे साथ।
लुकना : और, काँटा?
जिनकी : निकल गया।

[हँसती है, जैसे उसने लुकना को बेवकूफ बनाया हो।]

लुकना : तुमने मुझे चकमा दिया।
जिनकी : तुम मुझसे अलग-अलग चल रहे थे जो।
लुकना : तब?
जिनकी : तूने मुझे देखा नहीं? देख, यह मैंने क्या पहना है। नया है। कैसी लगती हूँ? अरे, बोल न।[9]

संवादों की पात्रानुकूलता के सम्बन्ध में सबसे महत्त्वपूर्ण बात यह है कि वे चरित्रों के अन्तर्जीवन से उद्‌भूत हों, और हमेशा उनसे जुड़े रहें। हम नाटक के आलेख में संवादों को देखते हैं, और समझते हैं कि इनसे नाटक शुरू होता है। सही बात यह है कि संवाद प्रारम्भ नहीं हैं, परिणति हैं। कहना चाहिए कि नाटककार के लिए संवाद अन्तिम परिणति के रूप में आते हैं, और अभिनेता एवं निर्देशक उनसे प्रारम्भ करके उस बिन्दु पर पहुँचने का प्रयत्न करते हैं जहाँ से नाटककार ने यात्रा

शुरू की थी। नाटककार भावों, विचारों और अनुभूतियों से अपनी यात्रा शुरू करता है। संवाद शून्य में जन्म नहीं लेते, पात्रों के जीवन से जन्म लेते हैं। पात्र शून्य में नहीं रहते, किसी स्थिति में, किसी सन्दर्भ में, किसी जीवन-सम्बन्ध में रहते हैं, और इन सबका दबाव उनके अन्तर्जीवन पर पड़ता रहता है, जिसकी प्रतिक्रिया में वे कुछ कहते हैं, बोलते हैं। वे क्या बोलते हैं, कैसे बोलते हैं, यह निर्भर करता है बाहरी स्थितियों और उनके दबावों की शक्ति पर। बाहरी दबाव से मन में एक हलचल होती है जो संवादों में व्यक्त होती है, उनके शब्द-संयोजन को, उनकी गति और लय को निर्दिष्ट करती है। इस प्रकार संवाद आन्तरिक उद्वेलन की परिणति के रूप में आते हैं। अभिनेता और निर्देशक जब कोई आलेख अपने हाथ में लेते हैं, तब देखते हैं कि संवादों के पीछे कौन सी अनुभूति है, किन स्थितियों से वह उत्पन्न है। संवादों को निर्दिष्ट करनेवाली अनुभूतियों को ही स्तानिस्लावस्की नाटक का अन्तर्आलेख कहता है। इसे पढ़कर ही कुशल अभिनेता सफल और सार्थक अभिनय कर सकता है। नाटककार के लिए आवश्यक है कि अपने नाटक के लिए सही स्थिति या स्थितियाँ निर्मित करे, उनमें सही पात्रों को प्रतिष्ठित करे, तभी वह सार्थक अभिनेय संवाद लिख सकता है। संक्षेप में कहें, तो नाटकीय स्थिति, चरित्र और संवाद में पूरा सामंजस्य बनाए रखना ज़रूरी है। यही वह बिन्दु है जहाँ सशक्त एवं दुर्बल संवादों का अन्तर सामने आता है, जहाँ सामान्य और विशिष्ट रचनाकार की प्रतिभा की पहचान होती है। शक्तिसम्पन्न नाटक का लेखक अपेक्षित सामंजस्य बनाए रखता है—ऐसे ही नाटक अभिनेताओं द्वारा सफलतापूर्वक प्रदर्शित या प्रस्तुत होते हैं, और दर्शकों एवं श्रोताओं को प्रभावित करते हैं। सामंजस्य की इस बात को उदाहरणों द्वारा समझना चाहिए।

अपने रोज के जीवन में कभी-कभी सुनाई पड़नेवाले एक वाक्य को लें—'यह तुम कह रहे हो?' देखने में यह एक छोटा-सा वाक्य है, पर इसके पीछे कोई स्थिति और उससे उत्पन्न अनुभूति छिपी है। उसी अनुभूति ने इस वाक्य को जन्म दिया है। लिखित या मुद्रित रूप में यह सिर्फ एक वाक्य है, पर उच्चरित रूप में इसके तीन रूपान्तर हो सकते हैं, इस दृष्टि से कि किस शब्द पर जोर है, यानी आदमी किस शब्द पर जोर देकर बोल रहा है। नाट्यालोचक कहते हैं कि लिखित मुद्रित रूप में वाक्य के सभी शब्द बराबर होते हैं, पर बोले जाने पर कोई शब्द बड़ा हो जाता है, कोई शब्द छोटा हो जाता है। इस दृष्टि से दिये गए वाक्य के तीन रूप हैं—'यह तुम कह रहे हो?', 'यह तुम कह रहे हो?', 'यह तुम कह रहे हो?' वाक्य से प्रश्नसूचक चिह्न को हटा दें, तो बारी-बारी से अलग-अलग शब्दों पर जोर देकर इस वाक्य के तीन रूप और हो जाते हैं, यानी एक छोटे-से वाक्य के कुल छः रूप, और इन्हें जन्म देनेवाली स्थिति अलग-अलग होगी। मान लीजिए, कोई सिद्धान्तवादी पिता है जो किसी सरकारी दफ्तर में काम कर रहा है जहाँ घूस लेने

की बहुत गुंजाइश है, पर वह आदमी घूस नहीं लेता। उसका नवयुवक पुत्र जमाने को देखते हुए समझता है कि उसका बाप नाजायज ढंग से पैसे नहीं कमा करके गलत काम कर रहा है, और बातचीत के सिलसिले में पिता से कहता है कि उन्हें भी किसी तरह पैसे कमाना चाहिए। पिता उत्तर देता है—'यह तुम कह रहे हो?' यानी तुम कह रहे हो कि मैं घूस लूँ? गलत काम करूँ? जब वह तुम पर जोर देता है, तो उसकी प्रेरक स्थिति है—'और कोई कहे, तो कहे, पर यह तुम्हारा कहना उचित नहीं है। तुम मेरे पुत्र हो, तुमने मुझे जन्म से ही सिद्धान्तों का जीवन जीते देखा है, तुम मेरी ईमानदारी की कमाई पर ही पलकर बड़े हुए हो, आदि-आदि।' जब वह 'कह रहे हो' क्रिया पर जोर देता है। तो स्थिति उससे कहलाती है—'जो तुम कह रहे हो, वह कहने की बात नहीं है।' इसी तरह प्रश्नवाचक चिह्न हटा देने पर क्रमशः अर्थ हो जाते हैं : जो तुम कहते हो उसे मैं समझ रहा हूँ, इसे तुम कह रहे हो—दूसरा कोई नहीं कह रहा है, और तुम सिर्फ कह रहे हो, कुछ कर नहीं रहे हो। स्पष्टतः नाटककार को समझना होगा कि सही स्थिति क्या है, और उसमें पात्र क्या कहना चाह रहा है, तभी सही शब्द पर जोर देकर संवाद लिख सकेगा—ऐसा संवाद जो स्थिति और चरित्र के मेल में हो। ऐसा संवाद स्वाभाविक होगा, सही अर्थ में अभिनेय होगा और श्रोताओं को प्रभावित कर सकेगा।

इस सन्दर्भ में ध्यातव्य है कि ऐसे संवादों से संवाद-योजना सहज रूप से विकसित होती है, एक संवाद दूसरे संवाद को जन्म देता है, और क्रम चलता जाता है। एक संवाद के जिस शब्द पर जोर दिया जाएगा, उसी के अनुसार अगले संवाद में प्रश्न या उत्तर होगा। ऊपर दिये उदाहरण को ही विकसित करके देखा जाए :

(क) 'यह तुम कह रहे हो?'
'दूसरा कुछ मैं कह क्या सकता हूँ?' या 'मैं दूसरा कुछ नहीं कह सकता।' या 'आप मुझसे कहलाना क्या चाहते हैं?'

(ख) 'यह तुम कह रहे हो?'
'दूसरा कौन कह सकता है?' या 'परिणाम तो मुझे ही भुगतना है।' या 'सड़क पर का आदमी कहने आएगा?'

(ग) 'यह तुम कह रहे हो?'
'कहना पड़ता है।' या 'और कर क्या सकता हूँ?' या 'आप ही बतलाएँ, क्या करूँ?'

संवाद छोटे-छोटे या बड़े-बड़े या कहीं संक्षिप्त, कहीं दीर्घ, किसी प्रकार के हो सकते हैं, पर स्थितियों और चरित्रों से उनका सम्बन्ध अवश्य ही बना रहना चाहिए। दीर्घ संवाद में यह खतरा जरूर रहता है कि उसमें अगर एक ही साथ कई बातें हो गईं, तो अगला संवाद किसी गलत दिशा में भटक जाए। उदाहरण के

लिए, प्रसाद के 'स्कन्दगुप्त' का यह संवाद ले सकते हैं—'इस गतिशील जगत में परिवर्तन पर आश्चर्य! परिवर्तन रुका कि महापरिवर्तन—प्रलय—हुआ! परिवर्तन ही सृष्टि है, जीवन है। स्थिर होना मृत्यु है, निश्चेष्ट शान्ति मरण है। प्रकृति क्रियाशील है। समय पुरुष और स्त्री की गेंद लेकर दोनों हाथ से खेलता है। पुल्लिंग और स्त्रीलिंग की समष्टि अभिव्यक्ति की कुंजी है। पुरुष उछाल दिया जाता है, उत्प्रेक्षण होता है। स्त्री आकर्षण करती है। यही जड़ प्रकृति का चेतन रहस्य है।' इस एक संवाद में कई बातें हैं—'परिवर्तन और जीवन का सम्बन्ध, प्रकृति की क्रियाशीलता तथा पुरुष एवं स्त्री के प्राकृतिक गुण।' प्रश्न होता है कि अगला संवाद किस बात को लेकर आगे चले—यदि किसी एक को लेकर चलता है, (सामान्यत: लेखक अन्तिम बात को लेकर चलते हैं), तो शेष बातें निरर्थक हो जाती हैं। ऐसे संवादों में यह सोचने के लिए अवकाश मिलता है कि ये पात्र चिन्तन के स्तर पर लिखे गए हैं, पात्रों के आन्तरिक जीवन से इनका सम्बन्ध नहीं है। संवाद बड़ा होते हुए भी यदि भाव या विचार की एक ही इकाई हो, तो आगे की संवाद-योजना में कोई कठिनाई नहीं होती। उदाहरण के लिए, ये कुछ दीर्घ संवाद लिए जा सकते हैं :

रज्जन : भाभी, यह तुम कह रही हो?

मंजुला : मेरे सिवाय और कही कौन सकता है? लाखों दर्शनार्थी हो सकते हैं, वे मन्दिर देखते हैं, मूरत देखते हैं—धन्य हो जाते हैं। पता पुजारी ही बता सकता है कि प्रतिमा के पहलू में प्राणों की धड़कन कहाँ है। तुमने उन्हें आँखों से देखा है रज्जन, कानों से सुना है, मैं छाती से उनका दिल देखती रही हूँ।

रज्जन : मैं यह नहीं मान सकता, हर्गिज नहीं। उनके पहलू में अगर दिल नहीं होता, तो तुम्हारे लिए उन्होंने सुख और ऐश्वर्य का यह अनुपम स्वर्ग नहीं गढ़ा होता।

मंजुला : लेकिन स्वर्ग दिलवालों का नहीं, बेदिलों का होता है रज्जन, देवताओं का, अकरुण हृदयहीनों का। वहाँ सुख की मन्दाकिनी बहती है, पिघली हुई वेदना की गंगा नहीं लहराती।[10]

अब अपने मूल विषय पर फिर आएँ कि पात्रों की स्थितियों और अन्तर्जीवन से संवादों का सम्बन्ध हमेशा बना रहना चाहिए। हम जानते हैं कि नाटक एक गतिशील कला है—इसमें प्रारम्भ से अन्त तक एक गति बनी रहती है, बनी रहनी चाहिए, यह बात दूसरी है कि जीवन के किसी स्थिर मार्मिक बिन्दु पर नाटक लिखे गए हैं, लिखे जा सकते हैं (उनमें भी एक रागात्मक गतिशीलता अपेक्षित रहती है। इस

विषय की विस्तृत चर्चा हम आगे वस्तु-विन्यास के प्रसंग में करेंगे।) गतिशीलता के फलस्वरूप स्थितियाँ बदलती हैं, पात्रों की प्रतिक्रियाएँ बदलती हैं, फलतः संवाद बदलते हैं, उनका टोन बदल जाता है। एक ही नाटक की बदलती हुई स्थितियों के संवादों को देखा जा सकता है कि उनमें विभिन्न स्थितियों से सम्बन्ध बना रहता है या नहीं :

(क) *अशोक का मन : राजसिंहासन पर शक्तिशालियों का अधिकार होता है अशोक! जिसकी भुजाओं में बल है, जिसके खड्ग में धार है, वही मगध का सम्राट होगा। सुसीम ही नहीं, तुम्हारे और भाई भी तुम्हारा सामना नहीं कर सकेंगे।*

अशोक : राजसिंहासन के लिए युद्ध?

मन : हाँ, युद्ध! युद्ध! युद्ध! जो सामने आए, उससे युद्ध, जो नहीं आए उसकी हत्या।

अशोक : नहीं, नहीं, मुझसे यह नहीं होगा। राजसिंहासन के लिए अपने भाइयों के लिए रक्तपात! नहीं, मुझसे यह नहीं होगा।

मन : पागल हो गए हो अशोक? महाप्रतापी चन्द्रगुप्त और बिम्बसार का राजसिंहासन नहीं चाहिए तुम्हें? क्या जम्बूद्वीप का सम्राट होना तुम नहीं चाहते? क्या तुम नहीं चाहते कि देश का एक-एक व्यक्ति तुम्हारे सम्मुख नतशीश रहे?

अशोक : चाहता हूँ।

मन : चाहते हो, तो उठो, कायर न बनो। तलवार उठाओ, और राज-सिंहासन का पथ निष्कंटक बना दो। राजमुकट के लिए युद्ध चाहिए, युद्ध!

(ख) *[युद्ध-ध्वनियों की पृष्ठभूमि पर]*

अशोक : *(उच्च स्वर में)* मगध के वीरो, बढ़ते चलो। जीत तुम्हारी होगी। कलिंग मगध का है, मगध के वीरों का है। कलिंग पर मगध का अधिकार होकर रहेगा। मगध के वीरो, बढ़ते चलो।

(ग) *[आह-चीत्कार की पृष्ठभूमि पर]*

अशोक : *(करुण स्वर)* यह मैं क्या सुन रहा हूँ? आह! कराह! असंख्य व्यक्तियों की घुटती हुई वाणी! *(साँस लेकर)* यह क्या देख

रहा हूँ मैं? रक्त! रक्त! एक नहीं, असंख्य व्यक्तियों का रक्त! रक्त से लाल धरती! मनुष्यों के विच्छिन्न अंग! कटे हाथ-पैर! विकलांग लोग! छटपटाती देह! घुटती हुई साँसें! निर्जीव शरीर! यह क्या देख रहा हूँ मैं! यह क्या किया है मैंने! क्या यही मेरी विजय है? नहीं, नहीं, नहीं चाहिए मुझे विजय। यह विजय मुझे नहीं चाहिए।

(घ) *[भीड़ का कोलाहल। आवाजें : 'सम्राट अशोक की जय']*

अशोक : भद्रगण, मैं सब सम्प्रदायों का आदर करता हूँ। धर्म की सार-वृद्धि कई प्रकार की होती है, किन्तु इसका मूल वाक्-संयम, वाणी का संयम है। अपने धर्म का आदर और बिना किसी आधार के दूसरे धर्मों का अनादर नहीं करना चाहिए। किसी-न-किसी कारण से सब धर्मों का आदर करना लोगों का कर्तव्य है। भद्रगण, ऐसा करने से अपने धर्म की अभिवृद्धि और दूसरे धर्म का कल्याण होता है। मैं चाहता हूँ कि सभी धर्मवालों की सारवृद्धि हो, और सब धर्म उच्च बनें।

(ङ) *[पृष्ठभूमि में समुद्र की लहरों की आवाज]*

अशोक : संघमित्रे!

संघमित्रा : *(आश्चर्य से)* पिताजी? आप यहाँ? समुद्र तट पर?

अशोक : हाँ बेटी, चला आया। विंध्याचल पार करके आया हूँ। तू इस तरह क्यों ताक रही है बेटी?

संघमित्रा : पिताजी, आपको कितना कष्ट हुआ होगा!

अशोक : नहीं बेटी, कष्ट क्या होगा। तुझे अन्तिम बार विदा करने आया तो कष्ट होगा? तू ही मेरी आशा थी—जीवन-ज्योति। पुत्र महेंद्र चला गया, जामाता अग्निब्रह्मा ने प्रव्रज्या ले ली, तेरा सुमन भी भिक्षु हो गया। एक तुझे ही देखकर तो जी रहा था। *(वाणी रुद्ध हो जाती है)*

संघमित्रा : *(आर्द्र स्वर)* पिताजी!

अशोक : अधीर न हो बेटी! आँखें गीली न कर! यह मंगल की वेला है! तू तथागत का सन्देश अपने साथ लेकर जा रही है! जा बेटी, नौका पर बैठ जा!

संघमित्रा : आप कैसे रहेंगे पिताजी?

अशोक : कैसे रहूँगा? *(करुण हँसी)* रह लूँगा बेटी! चिन्ता न कर। जा, अब विदा ले! मैं तुझे विदा देने आया हूँ! जा बेटी, जा! तथागत मंगल करें।[11]

जीवन में ऐसी भी स्थितियाँ आती हैं, जब शब्द चुक जाते हैं, अनुभूति को शब्दों में व्यक्त नहीं किया जा सकता। वैसे क्षणों में व्यक्ति को पता नहीं चलता कि वह क्या कहे। दृश्य माध्यम के नाटक उन स्थितियों की अनुभूतियों को आँखों से, मुख मुद्राओं से व्यक्त कर देते हैं, पर रेडियो नाटक में तो पात्र को बोलना ही है। रेडियो नाटककार ऐसी अनुभूतियों को कैसे वाणी दे, यह एक समस्या है। ऊपर के उदाहरण में संघमित्रा की विदा का दृश्य कुछ वैसा ही है, जिसमें अशोक धर्म को समर्पित संघमित्रा को रोक नहीं सकता, और विदा देते समय उसका हृदय विह्वल हो जाता है। उसके दुख को दीर्घ संवाद में व्यक्त करना अतिरंजनापूर्ण लगेगा। ऐसे संवादों में कम-से-कम शब्दों का व्यवहार ही उपयुक्त हो सकता है। अनुभूतिप्रधान रेडियो नाटक मूलतः न्यूनोक्ति का नाटक होता है, हास्यप्रधान नाटकों में अतिशयोक्ति और अतिरंजना चल सकती है।

संवाद-लेखन में मनोवैज्ञानिक चित्रण की दृष्टि से कई तरह के प्रयोग किये जा सकते हैं। उदाहरण के लिए, एक प्रयोग आत्मनिष्ठ संवाद का हो सकता है। आत्मनिष्ठ संवाद का तात्पर्य है कि एक पात्र कोई आवाज सुनता है, दूसरे पात्र उसे नहीं सुनते। संस्कृत नाट्यशास्त्र में जिसे नियत श्राव्य कहा जाता है, कुछ उसी तरह आत्मनिष्ठ संवाद होता है। नियत श्राव्य में मंच पर कई पात्र रहते हैं—एक पात्र दूसरे से कुछ कहता है, तो वह उसे सुन लेता है, पर अन्य पात्र उसे नहीं सुनते। यह एक प्रकार की नाट्य-रूढ़ि है। मंच पर यह कुछेक पात्रों द्वारा ही सुना जानेवाला संवाद बाहर का होता है, रेडियो में यह मन के भीतर का होता है, और बहुत स्वाभाविक लगता है। 'आदमी है, नहीं है' नाटक में संवेदनशील पत्नी शोभा काल बेल की आवाज सुनती है, पर संवेदनशून्य पति चन्द्रप्रकाश उसे नहीं सुन पाता :

शोभा : मुझे लगता है, कोई आया है।

चन्द्रप्रकाश : तुम्हें यों ही लगता रहता है।

शोभा : नहीं, घंटी बज रही है।

चन्द्रप्रकाश : तुम बार-बार भूल जाती हो कि कॉल बेल खराब हो गई है।

शोभा : यह तो मैं जानती हूँ, लेकिन कभी मुझे घंटी की आवाज़ सुनाई पड़ी है।

चन्द्रप्रकाश : आवाज कहाँ से सुन ली तुमने? मैंने तो कोई आवाज नहीं सुनी।

इसी तरह का उदाहरण यह भी है :

माधव : आज मैं विश्वकवि रवीन्द्रनाथ ठाकुर का एक निबन्ध पढ़ रहा था। उसकी पंक्तियाँ अभी भी मेरे कानों में गूँज रही हैं। सुनती हो?

रेखा : नहीं माधव।

माधव : वाह, यह गूँजती हुई आवाज़ तुम नहीं सुनतीं?

स्वर : संस्कृत काव्यों में दो तपस्विनियाँ और हैं, जो हृदय को तपोवन बनाकर उसमें निवास करती हैं। वे हैं प्रियंवदा और अनुसूया। पतिगृह-गामिनी शकुन्तला को विदा करके वे रोती-रोती लौट आईं। नाटक में फिर उनका प्रवेश नहीं देखा गया। उन्होंने हमारे हृदयों में ही आसन जमा लिया।

माधव : सुनती हो रेखा?

रेखा : क्या सुना रहे हो माधव? मैं तो कुछ भी नहीं सुनतीं।[12]

मनोवैज्ञानिक चित्रण की दृष्टि से एक और उदाहरण देखा जा सकता है। यह हमारे जीवन का सत्य है कि हम सभी आपस में बातें करते समय हमेशा अनुभूति और संवेदना के एक ही स्तर पर नहीं रहते—रेडियो की शब्दावली में कहें, तो हमारे वेवलेंग्थ अलग-अलग होते हैं, फलत: एक व्यक्ति का कथ्य दूसरे तक सही रूप में सम्प्रेषित नहीं हो पाता। दो धरातलों पर स्थित दो व्यक्तियों के इस संवाद में देखा जा सकता है कि किस तरह एक सामान्य धरातल से हटकर दो स्तरों पर चले जाते हैं :

शोभा : मैं सोच रही थी, आज के दिन तुम्हें फुर्सत रहती, तुम मेरे पास रहते, हम-तुम कहीं घूमने चलते।

चन्द्रप्रकाश : बेकार घूमने से जिन्दगी नहीं चलती शोभा।

शोभा : तुम दिन भर बाहर रहे, तो सोचा, रात को ही बाहर निकलेंगे।

चन्द्रप्रकाश : आज का दिन बड़ा अच्छा रहा शोभा, नये कांट्रैक्ट की बात पक्की हो गई, तो एक अच्छी-सी कार जरूर ले लूँगा।

शोभा : मैं सोच रही थी, रात को ही बाहर निकलेंगे। आज पूर्णिमा है न? पूनो की रात मुझे बहुत अच्छी लगती है। जब हम कॉलेज में पढ़ते थे, तो कितनी बार पूनो की रात में साथ-साथ बैठे थे—कभी पार्क में, कभी झील के किनारे।

चन्द्रप्रकाश : यह कांट्रैक्ट की बात आज पक्की हो जाएगी शोभा। इंजीनियर साहब ने उसी के लिए बुलाया है। अभी सवा दस बजे का समय दिया है।

शोभा : तुम कितनी अच्छी बाँसुरी बजाते थे। रात के सन्नाटे में जब उसकी आवाज गूँजती, तो मैं उसमें खो जाती थी।

चन्द्रप्रकाश : पैसों की बातचीत है न, अकेले में ही ठीक होती है। इसीलिए इंजीनियर साहब ने रात का समय दिया। मुझे भी यही ठीक मालूम हुआ।

शोभा : बहुत दिनों से तुमने बाँसुरी नहीं बजाई है—मैंने सोचा, आज तुम्हारी बाँसुरी जरूर सुनूँगी। मैंने तुम्हारी बाँसुरी बाहर निकाल रखी है।

चन्द्रप्रकाश : आज किसी का फोन आया था?

शोभा : तुम्हारी बाँसुरी मैंने हाथ में ली, तो तुम्हारी बजाई हुई पुरानी धुनें फिर गूँजने लगीं।

तात्पर्य यह कि मनोवैज्ञानिक चित्रण के लिए संवादों के प्रयोग कई तरह से किये जा सकते हैं।

संवाद के सम्बन्ध में सामान्य रूप से कहा जा सकता है कि वह अभिनेताओं द्वारा आसानी से बोले जाने योग्य हो, श्रोताओं के लिए सहज बोधगम्य हो, प्रसंगों और पात्रों के अनुरूप हो, स्थितियों के साथ गतिशील हो। संवाद इतना लचीला हो कि सभी नाटकीय प्रयोजनों की सिद्धि कर सके। यहीं उसकी दुर्बलताओं पर भी ध्यान रखना आवश्यक है। प्रारम्भ से अन्त तक चलनेवाले दीर्घ संवाद नाटकीय गति को शिथिल करते हैं। कम शब्दों के संक्षिप्त संवादों से नाटकीय गति बनी रहती है—उत्तर-प्रत्युत्तर के रूप में प्रस्तुत संक्षिप्त संवाद अपनी गति के साथ श्रोताओं को खींच ले जाते हैं, उनके ध्यान को इधर-उधर बिखरने का अवकाश ही नहीं देते। सभी प्रकार के नाटकों में और एक ही नाटक के सभी स्थलों पर संक्षिप्त संवाद ही हों, यह सम्भव नहीं—अनुभूति के अनुसार उनका आकार घटता-बढ़ता है। नाटक के आकर्षण के लिए आवश्यक है कि संवादों में बीच-बीच में प्रश्न आते जाएँ—किसी विषय पर दो या तीन पात्र क्रम से सीधे ढंग से बोलते जाएँ, तो इससे आकर्षण में वृद्धि नहीं होती, यथा :

पुत्र : मैं कॉलेज जाना चाहता हूँ माँ।

माँ : पहले तू अच्छा हो जा। फिर जाने के बारे में सोचना। तीसरी बार बुखार उतरकर चढ़ा है।

पुत्र : तुम हमेशा शंका करती रहती हो माँ। मैं अब बिलकुल ठीक अब बुखार उतरकर नहीं चढ़ेगा।

संवाद प्रश्न से शुरू हो सकता था—'मैं कब कॉलेज जाऊँगा माँ?' यह भी ध्यातव्य है कि संवाद वर्णन नहीं है, भाषण नहीं है, वाद-विवाद नहीं है—जहाँ कहीं

ये आते हैं और देर तक चलते हैं, वहाँ नाटक की गति रुक जाती है। बहुत आकर्षक भाषा-शैली और बोलने का ढंग हो, तो कुछ दूर तक रोचकता बनी रह सकती है, पर सामान्यत: प्रसंग के नीरस हो जाने का खतरा रहता है। एक उदाहरण देखिए, जिसमें ग्रामीण परिवेश का एक आदमी दूसरे से खैनी माँगता है :

महँगू : हो तो एक खिल्ली खैनी दे जा भैया। आज अपने पल्ले की बिलकुल ओरा गई है। और औसर की बात देखो, पीनी की डिबिया भी पट पड़ी है *(खाली डिबिया को खिड़की पर बजा देता है।)*

विपत : खैनी तो है काका, मगर होंठों में लगाने को जी नहीं चाहता। कौड़ी काम की नहीं। इस बनिये के बच्चे ने बनाकर ठगा। सीठी नहीं खाई, खैनी खाई। जरा जो दम हो।

महँगू : दम आज रहा काहे में भैया कि खैनी में खोजते हो। सारा मामला ही बेदम है। और तो और, यह जिनगी तक मुए खाल के ढोल-सी बजती है।[13]

सब तरह की गिरावट के बारे में, महँगाई के बारे में यह संवाद इसी तरह दो-तीन पृष्ठों तक चलता है। बीच में कहीं कोई प्रश्न नहीं आया है, दो पात्र बारी-बारी से जमाने के बारे में टिप्पणी करते चले जाते हैं। ग्रामीण बोली के स्पर्श के कारण बातचीत प्रशंसनीय तो है, पर यह नाटकीय संवाद नहीं है। इसी तरह पात्र पूँजीवाद-समाजवाद पर, शिक्षा नीति पर, पाप-पुण्य पर देर तक बहस करते रहें, तो वह भी नाटकीय संवाद नहीं होता। नाटकीय संवाद के लिए आवश्यक है कि वह पात्रों के अन्तर्जीवन से जुड़ा हुआ हो। चिन्तन के धरातल पर केवल बहस करने से नाटक नहीं बनता। किसी विषय पर पात्र बड़े-बड़े भाषण देने लगें, तो इनसे भी नाटकीय संवाद नहीं बनते। नाटकीय स्थिति की माँग पर भाषण आ सकते हैं, पर उन्हें एक सीमा में अनुशासित रखना आवश्यक होता है। जहाँ नाटककार इसके प्रति सजग रहता है, वहाँ वह इसकी तरफ अपने ढंग से संकेत कर देता है। उदाहरण के लिए, कभी लम्बा व्याख्यान देते-देते पात्र सहसा रुक जाता है, कहता है—'अरे, मैं तो भाषण ही देने लगा।' कभी कोई दूसरा पात्र टोकता है—'बन्द भी करो अपना भाषण।' नाटक में आवृत्तिमूलक संवादों को भी प्रशंसनीय नहीं माना जाता, फिर भी किसी विशेष प्रयोजन की सिद्धि के लिए आवृत्ति की जा सकती है। इसका संकेत पहले दिया जा चुका है कि चूँकि रेडियो नाटक में कोई प्रसंग लौटकर नहीं आ सकता और दुबारा नहीं सुना सकता (सभी नाट्य रूपों के लिए यह बात सही है, मुद्रित साहित्य के पृष्ठों को जितनी बार चाहें, देखा जा सकता है), इसलिए महत्त्वपूर्ण बातों या मुख्य बिन्दुओं की आवृत्ति की जा सकती है—आवृत्ति प्रयोजनमूलक

होनी चाहिए, शब्दत: नहीं हो, तो यह अधिक कलात्मक होगी। उदाहरण के लिए, पिता-पुत्र के टूटते सम्बन्धों को व्यंजित करने के लिए यह प्रसंग द्रष्टव्य है : एक पुत्र जब सम्बोधित करता है—'पिताजी!', तो पिता उत्तर देता है—'मुझे गलत नाम से मत पुकारो।' दूसरा पुत्र जब कहता है—'पिताजी!', तो पिता की प्रतिक्रिया होती है—'मेरा नाम दूसरा कुछ है।' यह भी ध्यातव्य है कि जब कोई आवृत्ति किसी शब्द के अर्थ में वृद्धि करती है, तभी वह सार्थक और कलात्मक होती है।

संवाद का एक महत्त्वपूर्ण रूप है स्वगत जिसका रेडियो नाटक में बहुत व्यवहार होता है। इसके महत्त्व, पद्धति आदि पर विचार किया जाना चाहिए। जैसा पहले कहा गया है, रेडियो नाटक प्रस्तुतीकरणात्मक पद्धति के निकट पड़ता है, और इस पद्धति की ही एक नाट्य-रूढ़ि है स्वगत, जिसमें पात्र अन्य किसी पात्र से नहीं, बल्कि अपने आपसे या श्रोताओं से सीधे बात करता है। यथार्थवादी रंगमंच ने इस नाट्य-रूढ़ि को अस्वाभाविक माना, क्योंकि वास्तविक जीवन में कोई व्यक्ति सामान्यत: अपने आपसे नहीं बोलता, पर अयथार्थवादी रंगमंच इसे भावाभिव्यक्ति का प्रत्यक्ष और सशक्त साधन मानता है। पात्र जिस अनुभूति को अन्य पात्रों के सम्मुख प्रकट नहीं कर सकता, उसे वह दर्शकों-श्रोताओं के सम्मुख बड़े सहज रूप में व्यक्त कर देता है। स्वगत को भावाभिव्यक्ति का शार्टहैंड कहा जाता है। रंगमंच पर यह स्वाभाविक लगे या न लगे, रेडियो पर बहुत स्वाभाविक लगता है। यह विचारणीय है कि रेडियो नाटक में स्वगत का व्यवहार किन प्रयोजनों के लिए किया जाना चाहिए, कैसे पात्रों द्वारा इसका व्यवहार होना चाहिए, और इसकी पद्धति कैसी होनी चाहिए।

रेडियो नाटक के अदृश्य माध्यम के लिए स्वगत का व्यवहार कई प्रयोजनों के लिए किया जाता है—परिवेश चित्रण के लिए, घटनाओं और कार्य-व्यापारों से श्रोताओं को परिचित कराने के लिए, अपेक्षित सूचनाएँ देने के लिए, और भावाभिव्यक्ति के लिए। ये सभी प्रयोजन मूलत: दो वर्गों में आ जाते हैं—बाह्य चित्रण वाले स्वगत और भावाभिव्यक्ति वाले स्वगत। इन दोनों में किसे उचित एवं कलात्मक समझा जाए, यह विवाद का विषय रहा है। हेनरी आर्थर जोन्स ने लिखा है कि यदि स्वगत का व्यवहार किया ही जाए, तो उसे चरित्र अभिव्यक्ति तक ही सीमित रखना चाहिए, कार्य-विकास के लिए उसका उपयोग नहीं होना चाहिए।[14] बात सही है। यदि कोई पात्र कहता है—'मैं सामने देख रहा हूँ कि सड़क पर एक आदमी तेजी से भागा जा रहा है। दूसरा आदमी उसका पीछा कर रहा है। अरे, इस दूसरे आदमी ने तो गोली चला दी, पहला आदमी गिर पड़ा। दिन-दहाड़े दोपहर की रोशनी में बीच बाजार में हत्या। दूसरा आदमी भाग निकला, बगल की गली में घुस गया। किसी ने उसका पीछा नहीं किया। सब लोग दूर खड़े तमाशा देख रहे हैं।' या 'रात के दस बजे हैं। दवा पीने का समय हो गया। अब मैं आलमारी से दवा निकालकर पी लूँगा।' तो यह स्वगत को सही उपयोग नहीं कहा जाएगा।[15]

स्वगत बाहरी चित्रण के लिए नहीं होता, उसे अन्तर्जगत को चित्रित करना चाहिए। वातावरण-चित्रण, घटना-क्रम की सूचना आदि का काम तो सामान्य संवादों के द्वारा, नेरेशन के द्वारा किया जाना चाहिए—ध्वनि प्रभाव और संगीत से सहायता ली जा सकती है। स्वगत को तो आत्माभिव्यक्ति का माध्यम बनाना ही कलात्मक समझा जाएगा, यह बात दूसरी है कि बड़े नाटककारों ने भी स्वगत का इस्तेमाल बाहरी सूचनाओं के लिए किया है। ब्रैंडर मैथ्यूज का कथन बहुत सही है—'कभी-कभी मोलियर भी स्वगत भाषण का प्रयोग उतने ही असंगत रूप में करते हैं जितना कि शेक्सपियर। दोनों ही नाटककारों ने चरित्र-चित्रण करनेवाले और कथानक के तथ्य बतलानेवाले स्वगत कथन में कोई अन्तर नहीं किया। फिर भी इन दोनों प्रयोजनों का, जिनके लिए स्वगत का प्रयोग होता है, अन्तर स्पष्ट होना चाहिए, भले ही मोलियर और शेक्सपियर न समझ पाए हों।'[16]

स्पष्टत: स्वगत अन्तर्जीवन की वाणी है और उसका उपयोग उसी रूप में किया जाना चाहिए। नाटक में यह वाणी महत्त्वपूर्ण पात्रों की हो, तभी नाट्य-रचना कलात्मक बन सकेगी। इससे प्रमुख पात्रों के चरित्रांकन में सहायता मिलेगी, उनका महत्त्व उभरकर सामने आएगा। फिल्म में जो महत्त्व क्लोज-अप का होता है, वही रेडियो नाटक में मुख्य पात्रों के स्वगत का।

नाटक में स्वगत का प्रयोग कहाँ और कैसे किया जाए, इस पर ध्यान रखना आवश्यक है। अनेक रेडियो नाटक दीर्घ स्वगत कथन से प्रारम्भ होते हैं, क्योंकि नाटककार वातावरण चित्रण, अपेक्षित सूचनाओं आदि के द्वारा नाटकीय घटनाओं की पृष्ठभूमि निर्मित करना चाहते हैं, पर प्रारम्भ में आया बड़ा स्वगत नाटक के आकर्षक प्रारम्भ की दृष्टि से बहुत आकर्षक हो सके, इसके लिए विशेष कौशल की अपेक्षा होती है। सामान्यत: प्रारम्भ के बड़े स्वगत उबाऊ होते हैं, और श्रोताओं में आगे की घटनाओं में रुचि जगाने में बहुत सक्षम नहीं हो पाते। प्रारम्भ में बड़े स्वगत नहीं आएँ, यही अच्छा है। छोटे भावात्मक स्वगत (सूचनात्मक स्वगत नहीं) आ सकते हैं—उन्हें किसी तरह की ऊब पैदा करने के पहले ही समाप्त हो जाना चाहिए। इसी तरह नाटक के अन्त का स्वगत भी बहुत देर तक नहीं चलना चाहिए। बीच-बीच में भावात्मक स्थलों पर उपयुक्त स्वगत के आते रहने से चरित्रांकन में सुविधा होती है, और नाटक की शक्ति बढ़ती है।

संवाद या स्वगत, कुछ भी हो, के प्रभावशाली लेखन के लिए आवश्यक है कि वक्ता पात्रों के साथ नाटककार तादात्म्य का अनुभव करे। वह समझे कि स्थिति विशेष में पात्रों की शाब्दिक प्रतिक्रियाएँ किस प्रकार की होंगी। तादात्म्य का यह अर्थ नहीं कि नाटककार पूरी तरह पात्र बन जाए, बल्कि यह कि उससे अलग रहते हुए भी उसके रागात्मक जीवन से अपने को जोड़ ले। पर्सिवल वाइल्ड ने बहुत सही लिखा है—'यदि संवाद को संवेगों की अभिव्यक्ति बनना है, तो नाटककार

को लिखते समय स्वयं उनसे प्रेरित प्रभावित होना चाहिए—उसमें यह क्षमता होनी चाहिए कि वह अपने पात्रों से कुछ समय के लिए तादात्म्य कर ले, जीवन को उसी तरह देखे जिस तरह वे देखते हैं, वही अनुभव करे जो वे अनुभव करते हैं।[17]

नैरेशन

रेडियो नाटक में भाषा का व्यवहार नैरेशन के रूप में भी होता है। नैरेशन से तात्पर्य उस अंश से है जिसमें कोई पात्र वही कार्य सम्पन्न करता है जो कहानीकार या उपन्यासकार संवादेतर भाषा-रूप से करता है। नैरेशन पात्रों का वार्तालाप नहीं है, एक व्यक्ति या पात्र का वक्तव्य है। इसके द्वारा देश-काल का परिचय दिया जाता है, आवश्यक सूचनाएँ दी जाती हैं, विवरण दिये जाते हैं, घटनाओं की शृंखला जोड़ी जाती है, उन पर टिप्पणियाँ की जाती हैं। दूसरे शब्दों में कहें, तो पाठ्य कहानी या उपन्यास का लेखक अपने शब्दों में जो कहता है, वही नैरेटर भी कहता है। नैरेटर को हिन्दी में नैरेटर, सूत्रधार, प्रवक्ता, वाचक, स्वर, पुरुष-स्वर, स्त्री-स्वर आदि कहा जाता है। रेडियो नाटक में नैरेशन का व्यवहार प्रारम्भ से ही विवाद का विषय रहा है। इसके पक्ष में कहा जाता है कि नाटक में जो काम संवाद के द्वारा नहीं हो पाते, उन्हें सम्पन्न करने के लिए नैरेशन के व्यवहार को उचित मानना चाहिए। दूसरी ओर से यह कहा जाता है कि नाटक में सभी प्रयोजनों को संवादों द्वारा सिद्ध नहीं कर पाना नाटककार की दुर्बलता है—नाटक कहानी या उपन्यास नहीं है जिसमें कथाकार दखल दे, नाटक की यही तो विशेषता है कि उसमें नाटककार स्वयं कहीं नहीं आता, उसे जो कुछ कहना होता है, पात्रों के माध्यम से कहता है और स्वयं कहीं पहचान में नहीं आता। नैरेशन के व्यवहार के विरोध में जो तर्क दिये जाते हैं, वे उचित लगते हैं। अब सामान्यत: रेडियो नाटक में नैरेटर का व्यवहार नहीं किया जाता, कहानी, उपन्यास आदि के रेडियो नाट्य रूपान्तरों में और रेडियो-रूपक यानी रेडियो-फीचर (यह 'रेडियो-नाटक' से भिन्न नाट्य-रूप है, और आगे इसका विवेचन विस्तार से किया जाएगा) में इसका व्यवहार किया जाता है। रेडियो नाटक में इसे पूर्णत: निषिद्ध मान लिया गया है, ऐसी बात नहीं हैं। यदि यह कोई कलात्मक प्रयोजन सिद्ध करे, तो इसके व्यवहार को सार्थक मानना चाहिए।

नैरेटर कितने प्रकार के होते हैं, और कैसे प्रयोजन सिद्ध करते हैं, इस पर विचार करना चाहिए। नैरेटर दो प्रकार के होते हैं—(1) पात्र-नैरेटर, जो नाटक के पात्र होते हैं और नाटक की घटनाओं से जिनके जीवन का अविच्छिन्न सम्बन्ध होता है। (2) तटस्थ नैरेटर, जिनके व्यक्तिगत जीवन का नाटक की घटनाओं से कोई सम्बन्ध नहीं होता, और जो कथाकार की तरह नाटक के क्रिया-कलापों के मात्र दर्शक और प्रवक्ता होते हैं।

पात्र नैरेटर को प्रवक्ता, वाचक, स्वर आदि नहीं कहा जाता, इसलिए उसे पहचानना कुछ कठिन होता है, और यही उसकी विशेषता है कि नैरेटर होते हुए भी वह नैरेटर नहीं मालूम होता। जीवन-चरितात्मक या आत्मचरितात्मक नाटक में इस पात्र-नैरेटर का व्यवहार बड़े सहज रूप में किया जा सकता है। उदाहरण के लिए, प्रसिद्ध मूर्तिकार और चित्रकार माइकेल एंजिलो के जीवन पर आधारित नाटक में एंजिलो स्वयं अपनी कहानी कहता है। नाटक उस क्षण से प्रारम्भ होता है, जब मृत्यु बिलकुल निकट है। अपनी परिचारिका से बातें करते हुए वह अपने विगत जीवन के प्रसंगों का स्मरण करता है, स्मृति-दृश्य आते-जाते हैं। प्रारम्भ का यह अंश पात्र नैरेटर के व्यवहार की दृष्टि से देखा जा सकता है :

एंजिलो : आह! आह!
परिचारिका : क्या है माइकेल?
एंजिलो : प्यास लगी है! पानी!
परिचारिका : अभी देती हूँ। *(पानी ढालने की आवाज़)*

[कुछ संवादों के बाद मुख्य नैरेशन शुरू होता है।]

परिचारिका : माइकेल एंजिलो, आप सोने की कोशिश कीजिए। आज आप बहुत बेचैन हैं।
एंजिलो : हाँ, आज मैं बहुत बेचैन हूँ। आज मेरी आँखों के सामने मेरी पूरी नाच रही है। वे आदमी जिनसे मेरी भेंट हुई थी, वे स्थान जिन्हें मैंने देखा था, वे मूर्तियाँ और चित्र जिन्हें मैंने बनाया था, आज सबके सब मेरी आँखों के सामने तस्वीरों की तरह नाच रहे हैं। लगता है, आज इस मरने की घड़ी में अपनी गुजरी हुई जिन्दगी एक बार फिर जी रहा हूँ।
परिचारिका : डॉक्टर ने मना किया है। आप इतना न बोलें, शान्त रहें।
एंजिलो : *(हल्की हँसी)* मैं शान्त रहूँ? मुझे छोड़कर सब चले गए। मेरे गुरु, मेरे शिक्षक लारेंजो लारेंजो महान्। तुमने देखा था उन्हें कभी?
परिचारिका : नहीं, मैंने तो कभी नहीं देखा था।
एंजिलो : नहीं देखा था? कितने अच्छे थे वे। कितने प्रेम से उन्होंने मुझे चित्र और मूर्ति कला की शिक्षा दी थी। उस समय मैं सोलह वर्ष का था।

[एक स्मृति दृश्य प्रारम्भ। छेनी-हथौड़ा की आवाज। इस दृश्य में एंजिलो की आवाज किशोरावस्था की है।]

लारेंजो : क्यों माइकेल, मूर्ति बन गई?

एंजिलो : जी हाँ, यह देखिए।

लारेंजी : *(हँसते हुए)* अरे, तुमने तो इसके दाँत तोड़ दिये हैं।

एंजिलो : आपने ही तो कहा था?

लारेंजो : कितने भोले हो तुम! मैंने तो मजाक में कहा था। खैर, इससे क्या हुआ, यह टूटा हुआ दाँत भी अच्छा ही लगता है। सचमुच तुम बहुत प्रतिभावाले हो, तुम बहुत बड़े कलाकार होगे। मैं तुम्हारे पिता लुडोविको से कहूँगा कि वह तुम्हें मेरे साथ, मेरे घर पर रहने दें। मैं तुम्हें कलाओं के बारे में बहुत सारी बातें बतलाऊँगा। रहोगे मेरे यहाँ?

एंजिलो : जी हाँ।

लारेंजो : मैं आज ही तुम्हारे पिता से बातें करूँगा।

[संक्षिप्त संगीत से दृश्य परिवर्तन।]

इसी तरह के दो संक्षिप्त दृश्यों के अन्त में :

लारेंजो : जो काम तुम कर रहे हो, करते जाना। मुझे विश्वास है कि तुम इसमें सफल होगे। तुम संसार के सबसे बड़े कलाकार बनोगे। आह! अब मैं चला!

[करुण वाद्य संगीत से स्मृति-दृश्य समाप्त]

एंजिलो : *(हल्की, करुण हँसी)*

परिचारिका : क्या है माइकेल एंजिलो? आप इस तरह क्यों हँस रहे हैं? इस तरह आँखें फाड़-फाड़कर क्या देख रहे हैं?

एंजिलो : *(हँसते हुए)* अपनी बीती हुई जिन्दगी देख रहा हूँ। कैसे सब लोग मुझे छोड़-छोड़ कर चलते गए। मेरे शिक्षक लारेंजो महान् मुझे अकेला छोड़कर चले गए, और फिर मुझे अपने घर लौट जाना पड़ा।[18]

पात्र-नैरेटर मूलतः एक पात्र होता है, इसलिए उसके औचित्य के सम्बन्ध में कोई प्रश्न नहीं उठता। कुछ नाटकों में विशेष स्थलों पर कुछ पात्र नैरेटर का काम करते हैं—नाटक के कार्य-व्यापारों और घटनाओं का विवरण 'आँखों देखा हाल' की तरह सुनाते हैं। इस तरह का एक उदाहरण पहले दिये गए 'मृत्यंजय' के रूपान्तर के उस अंश में देखा जा सकता है जिसमें शोण रंगभूमि में कौरव-पांडव कुमारों के करतब का विवरण सुनाता है। पात्र नैरेटर का व्यवहार प्रसंगानुसार किया जाए, तो उसकी उपयोगिता और औचित्य में सन्देह नहीं किया जा सकता।

विवाद का विषय तटस्थ नैरेटर ही है। वह नाटक में कथाकार की भूमिका निभाता है। वह इस तरह विवरण देता है जैसे वह सर्वज्ञ हो, नाटक की सभी घटनाओं से परिचित हो। यह सही है कि उसके आने से नाटक की घटनाओं की गति में बाधा पड़ती है, पर कुछ नाटकों में वह आवश्यक मालूम पड़ता है। संवादों के माध्यम से जो बातें नहीं कही जा सकतीं, उन्हें वह कहता है। इसलिए उसके सम्बन्ध में सबसे महत्त्वपूर्ण बात यही है कि उसे नाटक में अनिवार्य होना चाहिए। उसके बिना काम नहीं चलनेवाला हो, तभी उसे रखना चाहिए। कहानी-उपन्यास के रूपान्तरों और रूपकों में इसकी अनिवार्यता हो सकती है। अनिवार्यता की बात को एक उदाहरण द्वारा समझा जा सकता है। 'आषाढ़ का एक दिन' के रेडियो-रूपान्तर में तीन स्थलों पर नैरेशन आया है—

1. प्रारम्भ में पुरुष-स्वर : आज से चौदह सौ वर्ष पहले हिमालय का एक छोटा-सा गाँव, एक साधारण-सा घर (वर्षा और मेघगर्जन का शब्द विलीन होने के साथ-साथ छाज में धान फटकने का शब्द उभरता है।)
2. रंग-नाटक में जहाँ दूसरा अंक प्रारम्भ होता है, वहाँ-पुरुष-स्वर : और कुछ वर्षों के अनन्तर वही गाँव, वही घर।
3. रंग-नाटक में जहाँ तीसरा अंक प्रारम्भ होता है, वहाँ पुरुष-स्वर : और कुछ और वर्षों के अनन्तर फिर वही गाँव फिर वही घर...और वैसा ही आषाढ़ का बरसता हुआ दिन।

क्या ये नैरेशन अनिवार्य हैं? 'चौदह सौ वर्ष पहले' की बात पात्र अपने संवादों में नहीं कह सकते थे, पर और सभी बातें नाटक में स्वत: आ जाती हैं, आ सकती हैं। वाद्य संगीत द्वारा समय बीतने की व्यंजना भी की जा सकती है। केवल समय की सूचना के लिए नैरेशन का व्यवहार आवश्यक नहीं लगता। समय की सूचना और उसके साथ ही नाटक की संवेदना पर एक संक्षिप्त टिप्पणी प्रारम्भिक उद्‌घोषणा में दी जा सकती थी। आवश्यक होने पर कभी-कभी उद्‌घोषणा से भी नैरेशन का काम लिया जाता है।[19]

तटस्थ नैरेटर नाटक में अनेक प्रयोजन सिद्ध करता है। प्रसिद्ध लेखकों के नाट्य रूपान्तरों में वह मूल लेखक की भाषा-शैली का प्रयोग कर उन पर लेखकीय प्रतिभा की छाप बनाए रखता है, जैसे 'प्रसाद' की कहानी 'इन्द्रजाल' नाट्य-रूपान्तर में 'प्रसाद' की ही भाषा का इस्तेमाल करता हुआ नैरेटर कहता है—'गाँव के बाहर, एक छोटे-से बंजर में कंजरों का दल पड़ा था। वहीं कंजरों की झोंपड़ियों के पास ही पलास के छोटे-से जंगल में...।' नैरेटर आवश्यकतानुसार वातावरण प्रस्तुत करता है, पात्रों का परिचय देता है, कार्य-व्यापारों का वर्णन करता है, प्रसंगों की शृंखला जोड़ता है, शब्द आदि को श्रोताओं के लिए बोधगम्य बनाता है, आदि। इनमें से कई प्रयोजनों को एक साथ ही इस उद्धरण में देखा जा सकता है :

लुकना : ...हाट चलना है न?

मेंजो : हाट तो चलना ही है। अभी खाना पका कर तैयार हो जाता हूँ।

नैरेटर : यह हाट भी आदिवासियों के जीवन में क्या चीज है। प्राचीन ऋषि विभिन्न मार्गों द्वारा आनन्द की खोज करते आए हैं, ये आदिवासी लोग हाट के माध्यम से ही आध्यात्मिक आनन्द की प्राप्ति करते हैं। हाट में जरूरी सामान भी मिलते हैं, खेल-तमाशे भी होते हैं, मुर्गों की लड़ाई होती है। बड़ा आनन्द आता है इन सबसे। हाट जाने के लिए आदिवासी सज-धज कर तैयार होते हैं।

जिनकी : *(निकट आती हुई)* अरे लुकना, अभी तैयार नहीं हुआ?

नैरेटर : हाँ, जिनकी तैयार होकर आई है—सफेद पतली साड़ी, लाल ब्लाउज, कान में पीतल की मुरकी, गले में हिसिर, बाँह में टांड, कलाई में साकोम, और बालों में रंगीन चमकता फीता। बाल चप-चप तेल से सँवारा हुआ। जिनकी को सबसे अधिक नाज है अपने ब्लाउज पर—साटन का है, मुलायम है। परम्परानिष्ठ 'हो' महिलाएँ ब्लाउज नहीं पहनतीं।

मेंजो : *(निकट आती हुई)* अरे लुकना, चल न जल्दी।

नैरेटर : जी हाँ, यह मेंजो है—शरीर पर केवल मोटी साड़ी, यत्न से साफ की हुई। गले में लाल मूँगों का हार है। यत्नहीन केश बँधे हैं, उनमें सफेद गुच्छेदार फूल लगा है। अंग-अंग पुष्ट और सुडौल। आंखों में वन की पुंजीभूत मृदुता प्रतिबिम्बित है। इसकी सहजता ही इसका सौन्दर्य है।

[पृष्ठभूमि से गीत उभरता है, फिर मन्द हो जाता है, उस पर नैरेटर की अवाज सुनाई पड़ती है।]

स्त्री-स्वर (अनेक) : नायेर रे नेलायचिगो, दोया रे निलाय।
निया जूड़ी गाति एदो, काये नेलो नेलो॥

नैरेटर : सामने देखा, पीछे देखा, पर हाय, मेरा प्रेमी कहीं नजर नहीं आता।

पुरुष-स्वर (अनेक) : नायेर रे नेलायचिगो, दोया रे नेलाय।
निया जूड़ी गाति एदो, काये नेलो नेलो॥

नैरेटर : सामने देखा, पीछे देखा, पर हाय, मेरी प्रेमिका कहीं नजर नहीं आती।

[गीत पृष्ठभूमि में चलता रहता है।]

नैरेटर : हाट के लिए आदिवासी जनों की यात्रा चल रही है। पाँच मील की दूरी। बीच में कहीं कोई आबादी नहीं। छोटे-छोटे दलों में बँटे लोग गाते-नाचते चले जा रहे हैं। यह देखिए, जिनकी एकाएक बैठ गई।

लुकना : मेंजो बीमार थी, कोई देख-भाल नहीं कर रहा था। मैंने सोचा, जान-पहचान का आदमी ही तो काम आता है। मैं देवाँ के पास गया, उसने कहा, कोई उपाय नहीं है। तब मैंने सरना में एक सफेद और एक काली मुर्गी काटी, और देवाँ से प्रार्थना की, कोई उपाय तुम्हें बतलाना पड़ेगा।

नैरेटर : माफ कीजिएगा, मैं इस नाटक का नैरेटर हूँ। 'हो' जाति में 'देवाँ' कहते हैं ओझा को, और सरना कहते हैं वृक्षों के उस समूह को जो पूजा के लिए खास तरह से रख छोड़ा जाता है। तो, अभी यह लुकना बोल रहा था आपसे।

लुकना : देवाँ ने कहा, तुम दिरसुम ले आओ, तो मेंजो उस जड़ी से अच्छी हो जाएगी। दिरसुम ऊँचे पहाड़ की चोटी पर उपजती है। देवाँ ने कहा कि अँधेरी रात में मैं उसे ले आऊँगा, तभी वह कारगर होगी। मैंने तीन रात कोशिश की, घायल भी हुआ, मगर दिरसुम नहीं पा सका। चौथी रात मुझे मिली। मेंजो उस जड़ी से अच्छी हो गई। मुझे तो इसी की खुशी है।

मेंजो की माँ : तुमने हमारे लिए बहुत किया है, लुकना, बहुत किया है।

मेंजो : अब बातें पीछे करना, अभी लुकना को एक पूऊ डियांग पीने को दो। रात को नाच के समय इसकी बाँसुरी सुनोगी, तब कहोगी।

[बाँसुरी बजती है, माँदर बजता है, नृत्य और गीत की ध्वनियाँ]

नैरेटर : माघे परब की रात। चाँदनी फैली हुई है। माघ परब यानी उन्मत्तता का पर्व, मस्ती का पर्व, स्वच्छन्दता का पर्व।

[नगाड़े की आवाज। नृत्य, गीत, संगीत तेजी से उभरते हैं, फिर मन्द होकर आगे के नैरेशन की पृष्ठभूमि में चलते हैं]

नैरेटर : ज्योंही नगाड़े पर चोट पड़ी कि सभी के भीतर बिजली-सी दौड़ गई। किसी अज्ञात ने ललकारा। नर-नारियों का मन चंचल-अधीर हो उठा। चारों ओर हलचल मच गई। जो जहाँ था, उठ खड़ा हुआ, डियांग पीनेवालों ने हाथ से पूऊ गिरा दिये, और अखाड़े में नाच शुरू हो गया। वृत्त की परिधि पर औरतों का दल एक ओर खड़ा हुआ, मर्दों का दूसरी ओर, बीच में बजानेवाले। दोनों दल इस नगाड़े-मांदर की कक्षा में नक्षत्र की तरह घूमते हुए नाचने लगे, किसी अपरिहार्यता से, किसी अज्ञात शक्ति की सक्रियता से—अथक, विरामहीन।[20]

इसमें देखा जा सकता है कि जो बातें संवादों में नहीं आ सकती थीं, और जिनका आना नाटक में जरूरी था, उन्हें नैरेशन में रखा गया है। उपन्यास का उद्‌देश्य आदिवासी लोगों के रहन-सहन, सांस्कृतिक जीवन आदि का परिचय देना था, और रूपान्तर में नैरेशन के सहारे वह सब करने का प्रयत्न किया गया है। भाषा पर आंचलिक स्पर्श भी आवश्यक था, पर बोली के शब्दों के प्रयोग से दूसरे क्षेत्रों के लिए रचना की बोधगम्यता बाधित होती। उस कठिनाई को दूर करने का प्रयत्न भी नैरेटर ने किया है।

तटस्थ नैरेटर को प्रवक्ता, स्वर आदि न कहकर कभी-कभी कुछ नाम दे दिये जाते हैं, कभी एक के बदले दो नैरेटरों का इस्तेमाल किया जाता है। अमृतलाल नागर के 'सुहाग के नूपुर' में मन और कहानी को नैरेटर बनाया गया है :

कहानी : ना मन, यों न भूलो। सती के आँसुओं में डूबी हुई महानगरी के खंडहर अभी भी समुद्र की इन लहरों के नीचे सो रहे हैं।

मन : *(लापरवाही से)* सोने दो कहानी, जो बीत गया उसे भूल जाओ। समुद्र के गर्भ में विलीन कावेरीपूँपट्टणम की जगह इन दो हजार वर्षों में अनेक महानगर उठ खड़े हुए हैं। अपनी क्रीड़ा और तुम्हारे निवास के लिए मैं पल-छिन, नित नये महल बनाता हूँ रानी, फिर पुराने खंडहरों की परवाह क्यों करती हो?

मन और कहानी, दोनों मिलकर कोवलन, माधवी और कन्नगी की कहानी के लिए पृष्ठभूमि बनाते हैं, कहानी शुरू करते हैं, फिर बीच-बीच में आकर कहानी की कड़ियाँ जोड़ते हैं और घटनाओं पर टिप्पणी करते हैं। अन्त में कहानी कहती है—'राम करे जैसे और कहानियाँ पूरी होती हैं, वैसे ही मानवी असमानता की यह दुखभरी कहानी जल्दी ही पूरी हो।'[21]

पद्यनाटकों में भी नैरेटर का उपयोग कहानी कहनेवाले के रूप में किया जा सकता है, जैसे :

वाचक : इधर आओ बच्चो, कहानी सुनो।
अजब शै है यह, जिन्दगानी सुनो।
अलग बैठ जाओ इधर सब-के-सब,
इधर एक नाटक दिखाएँगे हम।
बहुत साल पहले किसी गाँव में,
गरीबों के घर पेड़ की छाँव में।[22]

अभी तक पात्र नैरेटर और तटस्थ नैरेटर पर विचार किया गया—पहला उत्तम पुरुष का नैरेटर होता है, दूसरा अन्य पुरुष का। पहला अपनी कहानी कहता है, दूसरा अन्य व्यक्तियों की। तटस्थ नैरेटर का एक प्रयोग मध्यम पुरुष के रूप में किया जा सकता है। उदाहरण के लिए, एक नाटक का प्रारम्भ प्रस्तुत है :

नैरेटर : तुम्हीं पाँचवीं बेटी हो?
शान्ता : जी हाँ, मैं ही तो हूँ।
नैरेटर : हमारे श्रोता तुम्हारी ही कहानी सुनना चाहते हैं।
शान्ता : मेरी कहानी सुनकर क्या करेंगे?
नैरेटर : कहानी सुनकर कोई क्या करता है? *(जरा रुककर)* लेकिन, इस सवाल से उलझने की जरूरत क्या है? अपना नाम बतलाओगी?
शान्ता : लोग मुझे शान्ता कहते हैं।
नैरेटर : शान्ता। नाम तो अच्छा है। उम्र क्या होगी?
शान्ता : *(जैसे चौंककर)* उम्र?
नैरेटर : हाँ-हाँ, उम्र ही पूछ रहा हूँ। संकोच की कोई बात नहीं है। मैं तो इस नाटक का नैरेटर मात्र हूँ। मुझे बतलाने में कोई हर्ज नहीं है। क्या उम्र है तुम्हारी?
शान्ता : तीस वर्ष।
नैरेटर : शादी हुई है?
शान्ता : *(हँसती हुई)* इसी की समस्या तो मुझसे उलझी है।
नैरेटर : समस्या तुमसे उलझी है? क्या मतलब? शादी नहीं हुई है अभी?
शान्ता : हुई रहती, तो क्या बात थी!
नैरेटर : क्यों, शादी करना चाहती हो न?
शान्ता : मैं इस सवाल का क्या जवाब दूँ?

नैरेटर : ठीक है, ठीक है। मैं सब समझता हूँ। अभी इतने परिचय से काम चल जाएगा।
शान्ता : धन्यवाद!
नैरेटर : और, आप?
आनन्द : मैं शान्ता का पिता हूँ।

पात्रों का परिचय, नाटक की समस्या आदि का संकेत नैरेटर के माध्यम से दे दिया जाता है, और नाटक शुरू हो जाता है। सब कुछ बेचकर बेटी की शादी करने के बाद जब पिता निराश्रय हो जाता है, तब विदा के क्षण में नैरेटर फिर आता है :

शान्ता : पिताजी, मैं आपको यहाँ इस तरह अकेला छोड़कर कैसे जाऊँगी? मैं आपको यहाँ बेसहारा छोड़कर वहाँ कैसे रहूँगी?
आनन्द : मैं कितना खुश हूँ बेटी, कि तुम अपने घर जा रही हो सुखी रहो, सदा सुखी रहो।
नैरेटर : *(निकट आता हुआ)* शान्ता!
शान्ता : कौन?
नैरेटर : मैं हूँ इस नाटक का नैरेटर। हमारा समय खत्म हो गया। अब तुम जा सकती हो।
शान्ता : पिताजी, मैं कैसे जाऊँ आपको अकेला छोड़कर?
नैरेटर : बस, बस। समय पूरा हो गया।
शान्ता : पिताजी!
आनन्द : शान्ता![23]

घनिष्ठ रूप से जुड़े दो व्यक्ति अलग नहीं होना चाहते, उन्हें जबरदस्ती नैरेटर द्वारा अलग करके दर्द पैदा किया जा सके, इसलिए इस नैरेटर का प्रयोग किया गया।

नैरेटर के बारे में सामान्य रूप से कहा जा सकता है कि उसे कोई-न-कोई नाटकीय प्रयोजन अवश्य सिद्ध करना चाहिए, विशेष रूप से उन्हीं प्रयोजनों को जो संवादों के द्वारा सिद्ध न हों। नाटकीय रचना में नैरेटर कम-से-कम आए, यही उचित है—जितना अनिवार्य हो, उतना ही, अन्यथा नाटक कहानी में बदल जा सकता है। नैरेशन का अधिक व्यवहार रेडियो रूपकों में होता है, और इसके उदाहरण 'रेडियो रूपक' के प्रसंग में देखे जा सकते हैं।

ध्वनि प्रभाव

ध्वनि प्रभाव अंग्रेजी के 'साउंड इफेक्ट' का हिन्दी अनुवाद है। इसका तात्पर्य बादल, वर्षा, तूफान, कार, टेलीफोन, हवाई जहाज, रथ, बम विस्फोट, पिस्तौल,

टैंक, मशीनगन आदि की ध्वनियों से है, जिनका व्यवहार रेडियो नाटक के प्रसारण के समय किया जाता है। रेडियो स्टेशनों में इनके रिकार्ड लाइब्रेरी में रहते हैं, और कुछ प्रभाव नाट्य प्रस्तुति के समय स्टूडियो में ही उत्पन्न किये जाते हैं। इनके उपयोग का काम तो नाटक के प्रोड्यूसर का होता है, लेकिन नाटक में अवकाश रहेगा, तभी इनका व्यवहार किया जा सकता है। नाटककार को इनके प्रयोजन और उपयोग से परिचित रहना आवश्यक है, तभी वह ध्वनि रूप में नाटक की कल्पना कर सकेगा, और सफल रेडियो नाटक लिख सकेगा। नाटककार को अपने आलेख में ध्वनि प्रभावों का यथास्थान उल्लेख कर देना पड़ता है। आवश्यक है कि निर्दिष्ट ध्वनि प्रभाव व्यावहारिक हों, उल्लेख सार्थक हों, प्रयोजनमूलक हों।

ध्वनि प्रभाव नाटक में अनेक प्रयोजन सिद्ध करते हैं। परिपार्श्व के निर्माण में इनकी महत्त्वपूर्ण भूमिका होती है। नाटक शून्य में नहीं घटित होकर ठोस धरातल पर, किसी विशेष देश-काल में घटित हो रहा है, श्रोताओं को इसका बोध कराना आवश्यक है। यथार्थवादी रंगमंच पर यह काम यवनिका, दृश्य-विधान, प्रकाश योजना के द्वारा होता है। अयथार्थवादी रंगमंच पर इतना तो दर्शक देखते ही हैं कि नाटक सामने हो रहा है, अपेक्षित परिवेश का संकेत संवादों और अभिनय के द्वारा कर दिया जाता है। टेलीविजन और फिल्म में तो नाटक इस तरह प्रस्तुत किया जाता है कि दर्शकों को लगता है, नाटक वास्तविक लगनेवाले परिवेश में नहीं, बल्कि वास्तविक परिवेश में ही हो रहा है। रेडियो नाटक में इस परिवेश को ठोस आधार देने का काम ध्वनि प्रभाव करते हैं। दरवाजे बजते हैं, टेलीफोन की घंटी सुनाई पड़ती है, तो लगता है, यह कोई घर है, या दफ्तर है। चिड़ियों की चहचहाहट से घर के बाहर का परिवेश सामने आता है, झींगुरों की आवाज़ आ जाए या कुत्तों के भूँकने की आवाज़ सुनाई पड़े, तो मौसम का भी संकेत मिलता है, समय का भी संकेत मिल सकता है। ध्यातव्य है कि रेडियो नाटक पूरा चित्र नहीं दे सकता, केवल संकेत कर सकता है, इसलिए अपेक्षित है कि वातावरण के निर्माण के लिए बहुत सारे ध्वनि प्रभावों का प्रयोग न कर कुछेक ऐसे प्रभावों का ही व्यवहार किया जाए, जो वातावरण को संकेतित करने में सक्षम हों।

ध्वनि प्रभावों के द्वारा नाटकीय कार्यव्यापारों को सूचित करने, उनकी गति व्यंजित करने, उसे घटाने-बढ़ाने, और इसी कार्य-व्यापार के विभिन्न पक्षों को प्रस्तुत करने का काम लिया जाता है। पैरों की गति से मालूम होगा कि पात्र चल रहे हैं या दौड़ रहे हैं या एक-दूसरे का पीछा कर रहे हैं। युद्ध-ध्वनियों के द्वारा यहाँ कार्य-व्यापार की गतिशीलता संकेतित की गई है :

प्रवक्ता : अर्जुन वभ्रुवाहन को अश्वमेध का निमंत्रण देकर आगे चलते हैं। अश्वमेध का अश्व बढ़ता है, बढ़ता जाता है।

[घोड़े और रथों के चलने की आवाज़ पृष्ठभूमि में चलती रहती है। 'महावीर अर्जुन की जय' की ध्वनियाँ गूँजती हैं।]

प्रवक्ता : पथ में अनेक देश आते हैं। युद्ध होते हैं। शंखनाद और रणभेरी से आकाश गूँज उठता है।

[युद्ध-ध्वनियाँ]

प्रवक्ता : बंग। *(युद्ध-ध्वनियाँ)*
प्रवक्ता : मगध। *(युद्ध-ध्वनियाँ)*
प्रवक्ता : पुंड्र। *(युद्ध-ध्वनियाँ)*
प्रवक्ता : काशी, कोशल, किरात, तेंगन, दशार्ण...अनेक देश...[24]

चरित्रांकन में भी उपयुक्त ध्वनि प्रभाव सहायक होता है। कुछ विशेष ध्वनियों से पात्रों के व्यक्तित्व का परिचय मिल सकता है। हरिश्चन्द्र खन्ना ने अपने एक नाटक के सन्दर्भ में ध्वनि प्रभाव के इस उपयोग का उल्लेख किया है—'मेरे नाटक 'इनसान और कानून' में केवल पदचाप द्वारा ही क्रियान के क्रूर व्यक्तित्व के प्रभाव की पुष्टि की गई थी। मैंने आरम्भ में भारी-भरकम पग-ध्वनि को क्रियान के दृढ़ बल्कि क्रूर निश्चय के प्रतीक के रूप में प्रयुक्त किया। आगे चलकर इस विशेष ध्वनि प्रभाव की आवृत्ति से कई प्रभावास्पद स्थितियों का विधान हो सका। ऐसे प्रयोग में पग-ध्वनि एक विशेष भाव संकेत (मोटिफ) के रूप में प्रयुक्त होती है।[25]

ध्वनि प्रभावों से अनेक शिल्पगत प्रयोजन सिद्ध किये जा सकते हैं। उदाहरण के लिए, दृश्य परिवर्तन के लिए ध्वनि प्रभाव का प्रयोग हो सकता है :

मेयर्स : ...हमें सबसे पहले उसे गिरफ्तार करना होगा। हम खुद चलेंगे, इसके लिए। हम आर्म्ड फोर्स लेकर जाएँगे, और बिरसा को गिरफ्तार करेंगे।

[मिलिट्री मार्च]

दारोगा : यही बिरसा मुंडा का घर है हुजूर।
मेयर्स : ठीक है, इसे चारों ओर से घेर लो।

[कुछ संवादों के बाद]

बिरसा : नहीं, मैं अपने हाथों में हथकड़ी नहीं पड़ने दूँगा, नहीं पड़ने दूँगा। भाइयो, ये लोग मुझे पकड़ने आए हैं।

मेयर्स : इस रात के सन्नाटे में तुम्हारी आवाज कोई नहीं सुनेगा। चलो चलो हमारे साथ। लगा दो हथकड़ियाँ।

[हथकड़ियों की आवाज। मिलिट्री मार्च।]

डी. सी. : *(अंग्रेज)* तुम्हारा नाम?
बिरसा : बिरसा मुंडा।
डी. सी. : बाप का नाम?
बिरसा : सुगना मुंडा।[26]

ऊपर संवादों के संकेत और ध्वनि प्रभावों के द्वारा दो बार दृश्य परिवर्तित हुए हैं। इसी तरह यह प्रसंग भी द्रष्टव्य है जिसमें ध्वनि प्रभाव परिपार्श्व का भी काम करता है, और दृश्यान्तर का भी :

[पृष्ठभूमि में ट्रेन की आवाज सुनाई पड़ती है।]

बूढ़ा : आखिर हम पहुँचेंगे कब?
रहमत : अब तो जब ट्रेन पहुँचे।
बूढ़ा : सुबह तक पहुँच जाएँगे?
रहमत : जरूर पहुँच जाएँगे।

[ट्रेन की आवाज उभरती है, फिर विलीन हो जाती है। लोहे की खट्-खट् आवाज से दृश्यान्तर होता है।]

सुक्खा : इस ट्रेन से जो जा रहे हैं, यह उनकी आखिरी रात होगी।
टाइगर : होगी, तो होगी। तुम्हें इसे याद करने की क्या जरूरत?[27]

सामान्यतः नाटक का प्रारम्भ और अन्त संगीत से किया जाता है, पर प्रभावशाली ध्वनि प्रभाव से भी यह काम किया जा सकता है। यह उदाहरण देखा जा सकता है जिसमें ध्वनि प्रभावों से नाटक का प्रारम्भ तो किया ही गया है, नाटक की मूल चेतना का संकेत भी उससे मिल जाता है : जैसे ही उद्घोषणा समाप्त होती है—अब सुनिए नाटक 'एक चीख : एक प्रश्न' :

[एक ओर से ज़ोर से चीखने या 'आह' की आवाज आती है, दूसरी ओर से अट्टहास सुनाई पड़ता है। उसके बाद पिस्तौल से गोली छूटने की आवाज आती है।]

टाइगर : *(डाँटने के स्वर में)* यह क्या कर रहे हो तुम?

सुक्खा : जरा देख रहा था, पिस्तौल ठीक तो है।[28]

नाटक का अन्त भी ध्वनि प्रभाव से हो सकता है। इसी नाटक के अन्त में :

[दूर से आती ट्रेन की आवाज पृष्ठभूमि में सुनाई पड़ती है।]

टाइगर : क्या हम लोग इस दुर्घटना को रोक नहीं सकते?

सुक्खा : नहीं, अब वह हमारे हाथ से बाहर हो चुकी है।

टाइगर : सचमुच यह हमारे हाथ से बाहर हो चुकी है? सचमुच? क्या इस ट्रेन को हम दुर्घटना से नहीं बचा सकते? मैं इस दुर्घटना को रोकना चाहता हूँ सुक्खा, मैं इस दुर्घटना को रोकना चाहता।

[ट्रेन की आवाज क्रमशः निकट आती सुनाई पड़ती है, श्रौर उसी से समाप्ति।]

यह प्रयोग कुछ उसी प्रकार का है, जैसा फिल्म में दूर से क्रमशः निकट आती हुई किसी गतिशील चीज़ को क्लोज-अप में लाकर दृश्य को समाप्त कर दें। इसके विपरीत क्रमशः दूर जाती किसी ध्वनि को शून्य में विलीन करके भी नाटक समाप्त किया जा सकता है। 'तीसरी कसम' के नाट्य रूपान्तर में ध्वनि प्रभाव का इस तरह का प्रयोग किया गया है :

[गाड़ी के चलने का स्वर ऊपर उभरता है। मैदानों में लहलहाते खेतों पर से भटकती हवा...सूना उदास वातावरण.. और उसी उदासी में हिरामन का दर्द से बोझिल स्वर उभरता है]

हिरामन : *(गाते हुए)* अजी हाँ मारे गए गुलफाम अजी हाँ।

[उदासी के वातावरण में स्वर डूबता जाता है गाड़ी की आवाज भी उसी के साथ विलीन हो जाती है।][29]

इस विवेचन से स्पष्ट है कि ध्वनि प्रभाव एक शक्तिशाली साधन के रूप में रेडियो नाटक में प्रयुक्त होते हैं। इनके प्रयोग के सम्बन्ध में कुछ बातों पर ध्यान रखना आवश्यक है। अनेक ध्वनि प्रभाव स्वतः स्पष्ट नहीं रहते, उनकी स्पष्टता के लिए संवादों के सहयोग की आवश्यकता होती है। ध्वनि प्रभाव से किसी ट्रेन, कार आदि की गति तो मालूम होती है, पर उसकी दिशा का बोध नहीं होता। नाटकीय प्रयोजन की दृष्टि से यदि आवश्यक हो, तो संवादों में इसे कहना पड़ेगा। इसी प्रकार

पानी ढालने की आवाज से किसी द्रव पदार्थ के ढालने का पता तो चलेगा, पर वह पानी है, दवा है, जहर है, इसका बोध कराने के लिए इसे शब्दों द्वारा कहना पड़ता है। इस बात पर भी ध्यान रखना आवश्यक है कि नाटक में कम-से-कम ध्वनि प्रभावों का व्यवहार किया जाए। बार-बार दरवाजा खोलने बन्द करने या बार-बार पदचाप से नाटक की शक्ति में वृद्धि नहीं होती। उन्हीं ध्वनि प्रभावों को लाना चाहिए जो व्यावहारिक तो हों ही, किसी-न-किसी दृष्टि से नाटकीय प्रयोजन के लिए सार्थक हों। संवादों की पृष्ठभूमि में चलनेवाले ध्वनि प्रभावों को इतना तेज नहीं होना चाहिए कि वे संवादों को ही दबा दें, उनकी श्रव्यता में बाधक बनें, पर यह काम तो नाटक के प्रोड्यूसर का है, फिर भी नाटककार को ध्यान में इस बात को तो रखना ही चाहिए कि किन प्रभावों को दूर तक पृष्ठभूमि में रखना अनिवार्य है।

संगीत

रेडियो नाटक की प्रस्तुति में संगीत एक महत्त्वपूर्ण उपकरण है। संगीत शास्त्र में संगीत को व्यापक रूप में देखा गया है, और इसके अन्तर्गत नृत्य, गीत और वाद्य, तीनों आते हैं, पर रेडियो नाटक के सन्दर्भ में जब 'संगीत' का व्यवहार किया जाता है, तब इसका अर्थ मुख्यत: वाद्य संगीत होता है। भावात्मक अभिव्यक्ति की क्षमता के कारण संगीत प्रारम्भ से ही नाट्य प्रस्तुति का प्रभावशाली अंग रहा है। प्रस्तुतीकरणात्मक पद्धति के नाटक इसे प्रारम्भ से ही महत्त्व देते रहे हैं, लोक नाटकों का तो यह अनिवार्य अंग है। यथार्थवादी नाटक ने इसके महत्त्व को कम करके देखा, पर उसने भी इसका व्यवहार किया। फिल्मों ने तो इसे नाटक के लिए अनिवार्य ही मान लिया है, इस हद तक कि लोगों को उनमें संगीत की अतिशयता की शिकायत होती है। मात्र श्रव्यता के कारण संगीत श्रव्य नाटक के सर्वाधिक अनुकूल पड़ता है। नाट्य प्रस्तुति के समय इसका व्यवहार प्रोड्यूसर ही करता है, पर नाटककार को ध्वनि प्रभावों के प्रयोजन आदि की तरह इसके सम्बन्ध में भी समुचित जानकारी चाहिए।

रेडियो नाटक में संगीत का व्यवहार दो रूपों में होता है—स्वतंत्र रूप में, और संवादों की पृष्ठभूमि के रूप में।

संगीत का स्वतंत्र रूप में किया गया व्यवहार नाटक के प्रारम्भ और अन्त में भी होता है, बीच-बीच में दृश्य परिवर्तन करते समय भी प्रारम्भ का संगीत नाटक की मूल संवेदना और भावात्मक विषयवस्तु का प्रतीक होता है। हास्य नाटक का प्रारम्भिक संगीत स्वभावत: उल्लसित और तेज स्वरों का होगा, गम्भीर मनोवैज्ञानिक नाटक का उससे बिलकुल भिन्न। यह प्रारम्भिक संगीत आगे आनेवाली घटनाओं के लिए पृष्ठभूमि निर्मित करता है, और नाटक के प्रति श्रोताओं की उत्सुकता जगाता

है। अन्त का संगीत नाटक की समाप्ति की सूचना देता है, और उससे नाटक की पूर्णता का बोध होता है। दृश्यान्तर करनेवाला संगीत भी प्रसंगानुसार होता है। यह प्रस्तुतकर्ता की प्रतिभा पर निर्भर है कि वह किस स्थान के लिए कैसे संगीत का चुनाव करता है। नाटककार के लिए अपेक्षित संगीत का केवल उल्लेख कर देना पर्याप्त होता है। प्रारम्भ, अन्त और दृश्यान्तर का वाद्य संगीत बहुत कम कम समय के लिए, कुछेक सेकेंडों के लिए ही होता है, पर महत्त्वपूर्ण कार्य सिद्ध करता है। इससे नाटक और उसके विभिन्न अंशों के मूड और वातावरण का तो परिचय मिलता ही है, इससे काल विशेष का संकेत भी मिलता है। प्राचीन काल के परिवेश को सूचित करनेवाला संगीत हमारे समसामयिक परिवेश को बतलाने वाले संगीत से भिन्न प्रकार का होगा, काल्पनिक लोक को संकेतित करनेवाला संगीत वास्तविक जगत के सूचक संगीत से भिन्न होगा। यह भी ध्यातव्य है कि संगीत से समय बीतने की व्यंजना भी की जा सकती है।

पृष्ठभूमि संगीत नाटक की घटनाओं के लिए परिपार्श्व प्रस्तुत करता है, ध्वनि प्रभावों की तरह इससे भी नाटक को एक ठोस आधार मिलता है, और नाटक में सघनता आती है। संगीत में भावोद्दीपन की अद्‌भुत शक्ति है, और संवादों की पृष्ठभूमि में चलनेवाले संगीत से रागात्मक प्रभाव को तीव्र बनाया जा सकता है। द्वन्द्व की तीव्रता के साथ क्रमश: तीव्र होते संगीत के प्रभाव की कल्पना निम्नांकित सन्दर्भ में की जा सकती है :

प्रबोध : क्यों वह मेरे बिना तड़पती थी? क्यों उसके पत्रों में उसके हृदय की कराहट छिपी रहती थी? क्यों...क्यों आखिर? *(संगीत उभरता है, धीमा पड़ता है)* क्यों का जवाब जानना चाहते हो...सुनो, वह मेरी ओर इसलिए खिंच रही थी क्योंकि उसे अपने पति से वह कुछ नहीं मिला था जो वह चाहती थी, उसकी इच्छाएँ पूरी न हो पाई थीं और वह उन्हें पूरा करना चाहती थी। वह मुझसे प्रेम नहीं करती थी...वह मुझसे प्रेम नहीं करती थी *(उतना ही आवेश)* नहीं करती थी। *(पृष्ठभूमि में संघर्ष-संगीत)*

करती थी।
नहीं करती थी।
करती थी।
नहीं करती थी।

करती थी। *(संगीत तेज होकर बन्द होता है। क्षणिक शान्ति। फिर धीरे-धीरे बोलता है)* यह मुझे क्या हो गया? मैं इतना

भी नहीं समझता कि वह मुझे प्रेम करती थी या नहीं करती थी।[30]

कार्य-व्यापार की व्यंजना भी संगीत से की जा सकती थी। रेडियो में कार्य-व्यापार दिखला तो नहीं सकते, पर उनकी व्यंजना करनी पड़ती है। ऐसे कार्य-व्यापार होते हैं जिन्हें ध्वनि प्रभाव व्यंजित नहीं कर सकते। दानी कर्ण अपने शरीर से कवच-कुंडल छीलकर इन्द्र को दे देता है, तो इस कार्य से कोई ध्वनि नहीं उत्पन्न होती—यहाँ तीव्र संगीत का व्यवहार किया जा सकता है :

कर्ण : मैं जानता हूँ, इन कवच-कुंडलों के साथ मैं अजेय हूँ, फिर भी जब आपने दान माँगा है, तो इन्हें दूँगा। यही समझ में नहीं आता, कैसे निकालूँ इन्हें? इन पर शस्त्र नहीं चल सकता। हाँ, मेरे मुख में कवच नहीं है, यही वह जगह है जहाँ तलवार काम कर सकेगी। मैं यहीं से शुरू करता हूँ। मैं आपको दान दूँगा देवराज, मैं आपको निराश नहीं करूँगा।

[पृष्ठभूमि का संगीत सहसा तीव्र हो जाता है। उसी से दृश्यान्तर।]

कर्ण : देवराज ने कवच-कुंडल ले लिये, और उनके बदले दिया यह वैजयन्ती अस्त्र—एक ही बार छूटेगा लेकिन निष्फल नहीं होगा।[31]

संगीत से चमत्कारपूर्ण कार्य-व्यापारों की भी व्यंजना की जा सकती है। इस उदाहरण से उसके प्रभाव का अन्दाज मिल सकता है :

[लोगों के कोलाहल के बीच गोली की बाँसुरी सुनाई पड़ती है]

ठाकुर : क्यों जी, तुम्हारी स्त्री कोई खेल नहीं करती क्या?
गोली : करती है सरकार।
ठाकुर : लेकिन वह अपना घूँघट ऊँचा नहीं करती।
गोली : इससे क्या हुआ सरकार, मैं इसके खेल दिखलाऊँगा। लेकिन सरकार, *(बाँसुरी बजाता है)* यह देखिए, एक बड़ा भारी दैत्य आकाश में आ गया है। *(संगीत उभरकर बिलकुल मन्द हो जाता है।)* मैं उससे लड़ने जाता हूँ। मेरी स्त्री की रक्षा आप लोग कीजिएगा। जा री रस्सी, आसमान में। *(इसी के साथ तेज संगीत)*

[लोगों की हलचल]

ठाकुर : अरे, नट की डोरी सीधी तन गई।
एक आदमी : आश्चर्य। नट उस पर चढ़ता जा रहा है। *(संगीत इसके साथ चलता है।)* चढ़ता जा रहा है। वह देखो गायब हो गया।

[फिर तेज संगीत][32]

शीघ्रता से बदलनेवाले दृश्यों के साथ चलकर संगीत गतिशीलता को व्यंजित करता है। इससे घटनाओं की शृंखला भी जोड़ी जाती है। आवेशपूर्ण कार्यों को व्यंजित करने की प्रभावशाली क्षमता है संगीत में। उदाहरण के लिए, यदि कोई भावावेश में किसी को खोज रहा हो, दौड़ता हो, रुक जाता हो, फिर दौड़ता हो, तो इन कार्यों को संगीत सूचित कर सकता है।

स्थान-स्थान पर प्रतीकात्मक संगीत का भी उपयोग किया जा सकता है। प्रतीकात्मक संगीत से तात्पर्य है वह संगीत जो किसी विशेष स्थान, व्यक्ति या कार्य का प्रतीक हो। शहनाई की एक धुन सुनाई पड़ती है, और विवाह सूचित हो जाता है। महात्मा गांधी पर लिखे किसी रूपक या नाटक में 'रघुपति राघव राजा राम' की धुन से गांधी जी की उपस्थिति का बोध कराया जा सकता है।

विशेष प्रभावों की सृष्टि के लिए संगीत का व्यवहार रेडियो नाटक में हमेशा ही किया जाता है। अतिकल्पनाओं में विशेष प्रकार के वातावरण के लिए इसका प्रयोग होता है। स्मृति-दृश्यों और स्वप्न-दृश्यों की अवतारणा में संगीत का महत्त्वपूर्ण योगदान होता है। नाटक की चरमसीमा पर जब भावावेग उत्कर्ष की ओर बढ़ने लगता है, तब सामान्यतः संगीत के प्रयोग से उसके प्रभाव की अभिवृद्धि की जाती है।

नृत्य और संगीत से सम्बद्ध के व्यक्तियों के जीवन पर लिखे नाटकों में तो संगीत और भी सहज रूप से प्रयुक्त होता है। वह तो उन व्यक्तियों के जीवन का अविच्छिन्न अंग होता है। वहाँ ध्यातव्य यही है कि संगीत नाटक की सीमा में रहे—इतना प्रमुख न हो जाए कि नाटकीयता ही समाप्त हो जाए। इससे यह निष्कर्ष निकलता है कि किसी भी रेडियो नाटक में संगीत की अतिशयता नहीं होनी चाहिए। उसे नाटक के अनिवार्य अंग के रूप में मात्र प्रयोजनसिद्धि के लिए आना चाहिए। उसका अपने में कोई मूल्य नहीं होता। जैसा कि लुई मैकनीस ने कहा है, संगीत कितना भी उत्कृष्ट और महत्त्वपूर्ण तत्त्व क्यों न हो, उसे पूर्णतः प्रयोजनमूलक होना चाहिए—समग्र नाटकीय प्रयोजन के अधीन। संगीत को प्राथमिक स्थान ग्रहण करने का प्रयत्न नहीं करना चाहिए जिससे पूरी चीज ही संगीतगोष्ठी में बदल जाए।[33]

संगीत और ध्वनि प्रभाव, दोनों ही रेडियो नाट्य प्रस्तुति के शक्तिशाली साधन हैं, और इनके समुचित उपयोग की धारणा नाटककार के मन में रहनी चाहिए। ऐसा कोई बन्धन

या नियम नहीं है कि दोनों का अलग-अलग ही व्यवहार किया जाए। आवश्यकतानुसार दोनों का समन्वय किया जा सकता है। अब तक जो बातें कही गई हैं, वे संकेत मात्र हैं और उनके आधार पर प्रतिभासम्पन्न नाटककार नये-नये प्रयोग कर सकता है।

पाद-टिप्पणियाँ

1. 'ऐन इंट्रोडक्शन टु दि स्टडी ऑफ लिटरेचर' : हडसन, पृ. 127
2. 'कर्तव्य' : सेठ गोविन्ददास, पृ. 16
3. 'शिव धनुष' : डॉ. चन्द्रशेखर
4. 'रात बीतने तक और अन्य ध्वनि-नाटक' : मोहन राकेश, पृ. 98
5. 'विश्व वेदना' : ब्रजवल्लभ मिश्र, पृ. 50-51
6. 'रात बीतने तक और अन्य ध्वनि-नाटक' : मोहन राकेश, पृ. 98
7. 'चक्करदार सीढ़ियाँ और अँधेरा' : अमृतलाल नागर, पृ. 105-6
8. वही, पृ. 103-4
9. 'मेंजो-लुकना' : योगेन्द्रनाथ सिन्हा के उपन्यास 'वन के मन में' का रेडियो-नाट्य रूपान्तर : सिद्धनाथ कुमार
10. 'आधी रात का सबेरा' : हँसकुमार तिवारी, पृ. 94-95
11. 'रंग और रूप' संकलन में 'विजेता' : सिद्धनाथ कुमार
12. 'आदमी है, नहीं है' : सिद्धनाथ कुमार
13. 'आधी रात का सबेरा' : हँसकुमार तिवारी, पृ. 115-16
14. 'ए क्रैफ्टमैनशिप ऑफ वन ऐक्ट प्ले' : वाइल्ड, पृ. 134
15. एक उदाहरण :

    मुमताज : *(एकाएक जैसे किसी पत्थर से टकराकर गिरता है, सँभलता है और फिर अपने आप बड़बड़ाता है)* उफ्! किससे टकरा गया!
    शायद खून निकल आया। बहुत चोट लगी। जाने बीच रास्ते में क्या फेंक रखा है। या अल्लाह! या अल्लाह! यह तो एक बहुत बड़ा पत्थर है। रात के अँधेरे में दिखाई ही नहीं दिया। *(एकाएक चौंककर)* ऐं! वह कौन है? इतनी रात गए गली में कौन है? शायद कोई गुंडा होगा। बहुत से गुंडे इस तरह औरत का भेष बनाकर यहाँ, वहाँ दंगा करते फिरते हैं। फिर भी फिर भी ...हाँ, माचिस जलाकर ही देखूँ। *(माचिस जलाने की आवाज)* कौन? *(विराम)* अरे, तू कौन है?

    'रेडियो नाटक : एक संकलन' में 'कठफुला' : सैयद अब्दुल मलिक
16. 'नाटक साहित्य का अध्ययन' : ब्रैंडर मैथ्यूज (अनु. इन्दुजा अवस्थी), पृ. 77
17. 'दि क्रैफ्टमैनशिप ऑफ वन-ऐक्ट प्ले' : पर्सिवल वाइल्ड, पृ. 338
18. 'रंग और रूप' : सिद्धनाथ कुमार
19. एक उदाहरण :

    [प्राकृतिक सुन्दरता को व्यंजित करनेवाली कोई आदिवासी लोकगीत की धुन...उसी की पृष्ठभूमि पर आगे की उद्घोषणा।]

एनाउंसर : वन की मनमोहक सुषमा। संगीतमयी चंचल सरिताएँ। आनन्द से झूमते हुए वृक्ष। गह्वरों की सुषुप्त शान्ति। वर्षा ऋतु में पहाड़ों की जादुई नीलिमा। और इन सबके बीच बसनेवाली आदिवासी जातियों का जीवन। ये भी मनु की सन्तानें हैं, और इनके मन में भी तरह-तरह की भावनाएँ हिलोरें मारती हैं—प्रेम की, ईर्ष्या की, संघर्षों से जूझने की, आदर्शों पर मर-मिटने की। ये वनों में रहते हैं, इसी से इनके राग-विरागों का महत्त्व कम नहीं होता। इन्हीं को आधार बनाकर बिहार के अवकाशप्राप्त मुख्य वन संरक्षक श्री योगेन्द्रनाथ सिन्हा ने आंचलिक उपन्यास लिखा है—'वन के मन में'। उसी का नाट्य रूपान्तर सुनिए—'मेंजो लुकना'।

[पृष्ठभूमि की लोकधुन उभरती है, उसी के साथ बाँसुरी का मधुर स्वर सुनाई पड़ता है—उभरकर आता है, फिर रुक जाता है।]

20. वही,
21. 'चन्दनवन' संकलन में 'सुहाग के नूपुर' : अमृतलाल नागर
22. 'हमीं सो गए' संकलन में 'सुनो मेरे बच्चे' : हरि मेहता
23. 'वे अभी भी क्वाँरी हैं' संकलन में 'पाँचवीं बेटी' : सिद्धनाथ कुमार
24. उसी संकलन में 'अश्वमेध' : सिद्धनाथ कुमार
25. 'रेडियो नाटक' : हरिश्चन्द्र खन्ना, पृ. 150
26. 'जंगल जाग उठा' : सिद्धनाथ कुमार
27. 'एक चीख : एक प्रश्न' : सिद्धनाथ कुमार
28. वही
29. 'लहर लौट गई' संकलन में 'तीसरी कसम' का नाट्य रूपान्तर : कमलेश्वर
30. 'बारह एकांकी' संकलन में 'धुआँ' : विष्णु प्रभाकर
31. 'मृत्युंजय' (शिवाजी सावंत का नाट्य रूपान्तर) : सिद्धनाथ कुमार
32. 'इन्द्रजाल' (प्रसाद का नाट्य रूपान्तर) : सिद्धनाथ कुमार
33. 'दि डार्क टावर' की प्रस्तावना : लुई मैकनीस

रेडियो नाटक का स्थापत्य

उद्देश्य और विषय

रेडियो नाटक के स्थापत्य पर विचार करने के पहले उसके उद्देश्य और विषय की चर्चा कर लेना उचित लगता है। स्थापत्य का प्रश्न तो बाद में आता है, वह भी नाटक के उद्देश्य और चेतना से निर्दिष्ट होकर। पहला प्रश्न तो नाटक-लेखक के मन में यही आता है कि वह किस उद्देश्य से लिखे और किस विषय पर लिखे। साहित्य और नाटक के सामान्य उद्देश्य से रेडियो नाटक का उद्देश्य भिन्न नहीं होता, पर अपनी विशेष प्रकृति के कारण इसे विषय चयन में कुछ सतर्कता बरतनी पड़ती है। पहले हम उद्देश्य की बात करें। जनसमुदाय से सीधे जुड़नेवाले सभी साहित्य-रूपों का पहला उद्देश्य दर्शकों श्रोताओं को आनन्द देना होता है। आनन्द न मिले तो कोई नाटक क्यों सुने या देखे? आनन्द को कुछ अंश तक मनोरंजन भी कह सकते हैं। ब्रेश्ट ने रंगमंच के सम्बन्ध में जो कहा था, वह रेडियो नाटक के लिए भी अक्षरशः सत्य है—'प्रारम्भ से ही रंगमंच का काम लोगों का मनोरंजन करना रहा है, वैसे ही जैसे दूसरी सभी कलाओं का। यही कार्य उसे विशिष्ट महत्ता प्रदान करता है। अगर यह है, तो उसे और किसी पासपोर्ट की ज़रूरत नहीं, लेकिन इसे होना ही चाहिए।'[1] मनोरंजन की अनिवार्यता में सन्देह नहीं किया जा सकता, पर यह मनोरंजन स्वस्थ और शिष्ट होना चाहिए। रेडियो और टी. वी. हमारे घरों में अपरिचित मेहमान बनकर आते हैं, और उनकी किसी हरकत से घरवालों को परेशानी नहीं होनी चाहिए। कोई रेडियो नाटक अगर शिष्ट तरीके से श्रोताओं का मनोरंजन कर देता है, तो अपनी एक महत्त्वपूर्ण भूमिका निभा देता है।

ब्रेस्ट ने नाटक में मनोरंजन की जो बात कही थी, तो उसने उसे व्यापक अर्थ में लिया था। उसने मनोरंजन को नाटक का अन्तिम लक्ष्य नहीं माना था, केवल साधन माना था—किसी महत् उद्देश्य की पूर्ति का साधन। जो नाटक मात्र मनोरंजन के स्तर पर रुक या चुक जाता है, वह हमारे दैनिक जीवन में उपलब्ध मनोरंजन

के अन्यान्य साधनों से भिन्न नहीं कहा जा सकता। जो नाटक इस स्तर से ऊपर उठता है और किसी बड़े उद्देश्य से जुड़ता है, वह साहित्य का स्तर प्राप्त करता है। महत् नाटक जिस प्रकार रंगमंच पर प्रस्तुत जीवन को उसके बाहर के व्यापक सामाजिक परिवेश से जोड़ता है, उसकी समस्याओं से लोगों को परिचित कराता है, उनके समाधान के लिए लोगों को चिन्तित करता है, लोगों को जीवन-दृष्टि देता है, उसी प्रकार रेडियो नाटक भी ये सब काम कर सकता है। यहीं किसी विशेष नीति, मतवाद, विचारधारा, कार्य आदि के प्रचार का प्रश्न उठता है। क्या रेडियो नाटक को इन सबका प्रचार करना चाहिए? इनके प्रति स्पष्ट आग्रह दिखलाना चाहिए? इस सम्बन्ध में ध्यातव्य है कि प्रोपोगेंडा और स्पष्ट प्रचार से लोगों को अरुचि होती है और इसीलिए सबसे अच्छा प्रचार वही कहा जाता है जो प्रचार नहीं मालूम हो। प्रचार की गन्ध न मिले, और नाटककार का कथ्य सहज ही श्रोताओं तक सम्प्रेषित हो जाए, इसी में कलात्मकता भी है। दहेज विरोधी नाटक में शब्दतः यह कहीं कहा न जाए कि दहेज बुरी प्रथा है, फिर भी नाटक का समग्र प्रभाव इस अर्थ को व्यंजित कर दे, इससे नाटककार की प्रतिभा और कौशल की पहचान होती है।

नाटक के उद्देश्य की बात की जा रही थी, तो प्रसिद्ध नाट्य समीक्षक एमिल जोला ने आधुनिक नाटक के सम्बन्ध में कहा था—'रंगमंच का उद्देश्य मनोरंजन प्रदान करना नहीं, बल्कि मनुष्य जैसे हैं, उन्हें वैसे ही दिखलाना है।'[2] 'मनोरंजन प्रदान करना नहीं' कहना बहुत उचित नहीं है, बल्कि यह कि रोचकता के साथ मनुष्य को चित्रित करना। रेडियो नाटक के लिए यह उद्देश्य भी कम महत्त्वपूर्ण नहीं है। यह कहा जा चुका है कि रेडियो नाटक मनुष्य के अन्तर्जीवन को चित्रित करने में विशेष सक्षम है—वह मनुष्य के उस रूप को कुशलता से चित्रित कर सकता है जो उसका वास्तविक रूप है, बाहर से जैसा दिखाई पड़ता है मात्र वैसा ही नहीं। पारस्परिक क्रिया-प्रतिक्रिया के फलस्वरूप मनुष्य के जो रूप उभरकर सामने आते हैं, उनके आपसी जीवन-सम्बन्ध जैसे बनते-बिगड़ते हैं, उन्हें दिखलाना भी नाटककार का उद्देश्य हो सकता है। यह उद्देश्य रेडियो नाटक की प्रकृति के अनुकूल है, और इसीलिए रेडियो में मनोवैज्ञानिक नाटकों के लिए अधिक अवकाश रहता है।

उद्देश्य के इस विवेचन से स्पष्ट है कि रेडियो नाटक मात्र मनोरंजन के लिए भी लिखा जा सकता है, अपने परिवेश (पारिवारिक, सामाजिक और राष्ट्रीय) की समस्याओं को रेखांकित करने और उनके प्रति लोगों में जागरूकता उत्पन्न करने के लिए भी लिखा जा सकता है, चरित्रों के मनोवैज्ञानिक चित्रण के लिए भी। उद्देश्य ही नाटक के विषयगत रूप की ओर संकेत करता है कि वह पारिवारिक है, सामाजिक है, पौराणिक है, ऐतिहासिक है, रोमेंटिक है, जीवनचरितात्मक है, मनोवैज्ञानिक है या प्रचारात्मक है। हर नाटक को मनोवैज्ञानिक होना चाहिए, इस

दृष्टि से, इस नाम से नाटक के वर्गीकरण का कोई औचित्य नहीं है, पर सभी नाटक ऐसे नहीं होते, फलतः जिन नाटकों में मनोवैज्ञानिक चित्रण का विशेष आग्रह रहता है, उन्हें मनोवैज्ञानिक कहा जाता है। नाटक का उद्देश्य ही उसके चेतनागत साहित्य रूप का भी संकेत करता है कि वह गम्भीर नाटक है, प्रहसन है, मेलोड्रामा यानी अतिरंजना नाटक है, ट्रेजेडी है या कामेडी है।

रेडियो नाटककार किसी विषय को आधार बनाकर नाटक लिख सकता है, पर माध्यम, श्रोता और प्रसारण संस्था द्वारा उसकी जो सीमाएँ बँध जाती हैं, उन्हें ध्यान में रखकर ही विषय का चयन करना चाहिए। सबसे पहले श्रव्य माध्यम की सीमा को लें। कुछ विषय ऐसे होते हैं जिनमें ध्वनियों के लिए कम अवकाश रहता है और ऐसे विषय श्रव्य माध्यम के उपयुक्त नहीं होते। यदि किसी कलाकार के जीवन पर नाटक लिखना हो, तो कलाकार को या तो कवि होना चाहिए, गायक या वादक होना चाहिए या मूर्तिकार होना चाहिए। चित्रकार के जीवन को आधार बनाने पर ध्वनि के माध्यम से उसकी चित्रकला के सौन्दर्य को नहीं दिखलाया जा सकता—शब्दों द्वारा उसके कथन से नाटक में वर्णनात्मकता अधिक आने की आशंका है। चित्रकार के जीवन के किसी अन्य पहलू (चित्रकला से भिन्न को लेकर नाटक लिखा जाए, तो उसमें चित्रकार का वैशिष्ट्य नहीं आएगा। तात्पर्य यह कि विषय का चुनाव करते समय श्रव्य ध्वनियों की सम्भावनाओं का ध्यान रखना आवश्यक है। दूसरी सीमा श्रोताओं के कारण बनती है। इसे रंगनाटक के सन्दर्भ में समझा जा सकता है। रंगनाटक का दर्शक यह जानकर रंगशाला में जाता है कि नाटक उसकी रुचि के विषय का होगा। बहुत लोग हैं जो धार्मिक नाटक नहीं देखने जाते, बहुत लोगों को राजनीतिक विषयों में कोई रुचि नहीं। रेडियो नाटक विभिन्न रुचियों के लोग विभिन्न स्थानों पर सुनते हैं। यदि नाटककार चाहता है कि उसकी कृति अधिक-से-अधिक लोगों तक पहुँच सके, तो उसे ऐसा विषय लेना चाहिए जो अधिकाधिक लोगों के लिए ग्राह्य हो सके! जिस वर्ग के लोगों के लिए नाटक हो, उसके जीवन से जुड़े विषयों और समस्याओं को नाटक का आधार बनाया जाए, तो वह अधिक लोगों द्वारा प्रशंसित होगा। यह बात विशेष रूप से ध्यातव्य है कि विषय से अधिक महत्त्व विषयवस्तु (थीम) और उसकी प्रस्तुति का है। विषय धार्मिक, सामाजिक या कुछ भी हो सकता है, पर उन सबके भीतर एक ही थीम देखी जा सकती है, जैसे : सत्य की विजय होती है। स्पष्टतः एक ही विषय के अन्तर्गत कई तरह की विषयवस्तु देखी जा सकती है। इसकी प्रस्तुति भी कई प्रकार से हो सकती है—बुद्धि और विचार के धरातल पर, चरित्रों के कार्य एवं अनुभव के धरातल पर, संवेगों के धरातल पर। यदि नाटककार चाहता है कि उसका नाटक अधिकाधिक लोगों को प्रभावित करे, तो उसे विषयवस्तु की प्रस्तुति उस धरातल पर करनी होगी जहाँ सभी व्यक्ति समान हैं। यह धरातल रागात्मकता का ही हो सकता

है, बौद्धिकता का नहीं। बुद्धि के क्षेत्र में सभी असमान हैं, रागों के क्षेत्र में सभी समान हैं। सभी सुख में हँसते हैं, दुख में रोते हैं। यदि नाटककार मूल राग-विरागों को अपना आधार बनाए, तो वह जाति, धर्म, मतवाद आदि की सीमाओं को तोड़कर सबको समान रूप से प्रभावित कर सकेगा। साहित्य की सभी उत्कृष्ट रचनाएँ इसी संवेगात्मक धरातल पर प्रस्तुत की गई हैं। रामायण और महाभारत की कथाएँ इसी धरातल पर हैं और जब उनकी नाट्य प्रस्तुति इसी पक्ष पर ध्यान देकर की जाती है, तो वे सबको समान रूप से प्रभावित करती हैं। रेडियो नाटक की तीसरी सीमा प्रसारण संस्था की नीतियों से निर्धारित होती है। जहाँ रेडियो शासन द्वारा नियंत्रित है, वहाँ व्यवस्था-विरोधी किसी विषय या विषयवस्तु या विचारधारा के लिए अवकाश नहीं बनता। अपने देश में आकाशवाणी के लिए नाटक लिखनेवालों को यह सीमा स्वीकार करके चलना चाहिए।

नाटक का बीज

किसी विषय पर नाटक लिखे जा सकते हैं, पर नाटककार कहाँ से अपने नाटक का बीज प्राप्त करे? यहीं नाटकीय प्रतिभा का प्रश्न आता है। नाटककार में वह प्रतिभा अपेक्षित है जो किसी विचार, घटना, कार्य, व्यक्ति आदि के द्वारा उसे आन्दोलित कर सके। प्रत्येक साहित्यिक कृति बाह्य स्थितियों, घटनाओं आदि के दबाव से उत्पन्न आन्तरिक प्रतिक्रिया है। क्रौंचवध के आघात की प्रतिक्रिया में ही आदिकवि वाल्मीकि की वाणी से ही 'मा निषाद प्रतिष्ठाम्' की कविता फूटी थी। स्पष्टत: नाटककार में संवेदनशीलता अपेक्षित है। इसके साथ ही उसका अनुभव-क्षेत्र भी विस्तृत होना चाहिए। इसीलिए नाट्य लेखन बतलानेवाली एक पुस्तक में कहा गया है, नाटककार के लिए आवश्यक है कि वह खूब पढ़े—कहानियाँ, उपन्यास, छोटे-बड़े नाटक आदि, और इनके साथ ही विज्ञान, इतिहास, दर्शन, मनोविज्ञान आदि की पुस्तकें भी, जिससे उसके मानसिक क्षितिज का विस्तार हो सके, वह जीवन के विविध पक्षों के प्रति प्रतिक्रियाशील हो सके। इससे उसके विचारों की समृद्धि भी होगी।[3] यह सब इसलिए आवश्यक है कि नाट्य-लेखन के लिए (किसी भी सृजनात्मक लेखन के लिए) कल्पना अपेक्षित है, और कल्पना निराधार नहीं होती—जो कुछ देखा, सुना और अनुभव किया जाता है, उसी के आधार पर नई कल्पना की जा सकती है। सम्बन्धों और सम्पर्कों से ही कल्पना का जन्म होता है। सृजनात्मक प्रेरणा बौद्धिक शून्यता से उत्पन्न नहीं होती—उसे अनुभव की उर्वर धरती चाहिए। यह तो नाटककार की प्रतिभा, संवेदनशीलता, अनुभव, कल्पना और प्रेरणा की बात हुई, उसके भीतर की बात हुई, यह प्रश्न शेष रह जाता है कि बाहर वह नाटक का बीज कहाँ प्राप्त करे?

सैमुएल सेल्डन ने मुख्य पाँच प्रेरणा-स्रोतों का उल्लेख किया है—कोई मूड या मनोदशा, कोई सत्य, कोई स्थिति, कोई कहानी और कोई चरित्र।[4] नाटककार किसी पहाड़ी इलाके की तूफानी रात या किसी पार्क-उपवन में फैली चाँदनी रात के वातावरण से प्रभावित हो सकता है, किसी निर्जन प्रदेश, अकेलापन, आशंकित भय आदि का अनुभव कर सकता है। इनकी गहराई में जाकर जब उसकी कल्पना काम करेगी, तो चलते-फिरते सजीव चरित्र उनसे उभर सकते हैं। नाटककार मानव जीवन के किसी सत्य से टकरा जा सकता है कि दुख की घड़ी में शत्रु भी सहायक बन सकता है या चोरी-बेईमानी करनेवाले की भी कोई अपरिहार्य विवशता हो सकती है, और इन अनुभवों को वह कुछ चरित्रों के माध्यम से उद्घाटित करने और लोगों को दिखलाने की बात सोच सकता है। नाटककार कुछ ऐसी स्थितियों का स्वयं सामना कर सकता है या दूसरों को सामना करते हुए देख सकता है जिनसे कोई द्वन्द्व जन्म लेता है और निर्णय की अपेक्षा रखता है। ऐसी स्थितियाँ जीवन में बहुधा आती हैं। उदाहरण के लिए, माता-पिता किसी नवयुवक का विवाह ऐसी लड़की से करा देते हैं जो उसे पसन्द नहीं है। क्या करे नवयुवक? इस लड़की के साथ जीवन भर बँधा रहना भी मुश्किल है, माँ-बाप के सुख-सन्तोष को देखते हुए उस सम्बन्ध को तोड़ना भी मुश्किल है। नाटककार सुनी हुई या पढ़ी हुई कहानियों से भी प्रेरणा ग्रहण कर सकता है—ऐसी कहानियों से केवल सूत्र लिए जा सकते हैं, पूरी की पूरी कहानी नहीं ली जा सकती, क्योंकि उसमें मौलिकता, लेखकाधिकार आदि से सम्बद्ध कई खतरे हैं। नाटककार अपने आसपास के व्यक्तियों और उनके चरित्रों से भी नाटक के सूत्र प्राप्त कर सकता है। कुछ व्यक्ति अपने काम करने के ढंग से, अपने बोलने के ढंग से, हँसने के ढंग से, अपने हाव-भाव से हमें प्रभावित करते हैं, और ऐसे व्यक्ति के जीवन की गहराइयों में जाने पर अनेक कहानियाँ मिल जा सकती हैं। किसी बूढ़े व्यक्ति को देखते हैं, उदास बैठा हुआ, कहता है—'जीकर क्या होगा?', और आप सोचना शुरू कर सकते हैं—यह व्यक्ति दुखी क्यों है? हताश क्यों है? इसके परिवार में कोई नहीं है क्या? है, तो कौन-कौन हैं? परिवार के किसी सदस्य ने इसे दुख पहुँचाया है क्या? आदि-आदि। इस तरह उससे जुड़े अनेक व्यक्तियों के चित्र आँखों के सामने आ जाते हैं। इनमें से कुछ को लेकर कहानियाँ बन सकती हैं, कुछ को लेकर नाटक लिखे जा सकते हैं।

अभी जिन प्रेरणा-स्रोतों की चर्चा की गई, उनमें सबसे महत्त्वपूर्ण है चरित्र—मानवीय चरित्र। सृष्टि में सर्वाधिक महत्त्वपूर्ण मनुष्य ही है, यह बात बार-बार कही जाती हैं। मनुष्य ही है जो किसी वस्तु या विषय को अर्थ देता है। तूफान में मछुआरों की खाली नौकाएँ समुद्र में बह जाएँ, तो मछुआरों को थोड़ी चिन्ता भले ही हो, और किसी को चिन्ता नहीं होगी, पर उन नौकाओं में कुछ मछुआरे भी बैठे हुए दिखाई पड़ें, तो वे सबकी चिन्ता के विषय होंगे। मेरेन एलवुड ने बहुत

सही लिखा है—'वास्तव में नाटक के दो ही स्रोत हैं : अपने परिवेश से मनुष्य का सम्बन्ध, और मनुष्य से मनुष्य का सम्बन्ध। लेकिन, पहला निःशेष होनेवाला है, और लेखक को नये-नये परिवेश खोजने की आवश्यकता पड़ती है, जबकि दूसरा अक्षय है, क्योंकि मनुष्य से मनुष्य के सम्बन्धों में अनन्त वैविध्य है।'[5] प्रश्न है कि कैसे मनुष्य को नाटक का विषय बनाया जाए? मेरेन एलवुड का कहना है, 'संघर्षरत मनुष्य सदा से ही लेखक के लिए नाटकीय उपजीव्य रहा है।'[6] किसी ने सही लिखा है—अधिकतम विरोध के सम्मुख चरित्र की अधिकतम आकांक्षाओं को अधिकतम तीव्रता के साथ प्रस्तुत करने की परिणति है अधिकतम नाटक। 'यह अन्तिम वाक्य नाटककार के लिए विशेष रूप से ध्यातव्य है। पाश्चात्य नाट्य-सिद्धान्त में संघर्ष या द्वन्द्व को जो इतना महत्त्व दिया गया है, उसका सूत्र इसमें छिपा हुआ है। सचमुच संघर्षरत मनुष्य के चरित्र में नाटक का बीज सहज ही मिल सकता है—यह संघर्ष अपने आपसे हो, परिवार से हो, सामाजिक कुरीतियों से हो, व्यवस्था से हो या किसी भी अन्य बाहरी शक्ति से हो, कुछ नाट्य समीक्षकों ने संघर्ष पर विशेष ध्यान देते हुए मानवीय चरित्र के दूसरे पक्षों को नाटकीयता की दृष्टि से महत्त्वपूर्ण माना है। सैमुएल सेल्डन के अनुसार, 'नाटक के बीज विचार के लिए चरित्र के इन दो तत्त्वों पर ध्यान देना चाहिए : (अ) एक बेचैनी, परिवर्तन की आकांक्षा, और (ब) सामंजस्य के लिए होनेवाला संघर्ष क्षणिक न हो, उसमें कुछ दूर तक चलने की सम्भावना हो।'[7] यदि संघर्ष तुरन्त समाप्त हो जाए, तो नाटक क्या होगा?

नये नाटककार के लिए सिद्धान्तों और सूत्रों की अपेक्षा व्यावहारिक अनुभव अधिक उपयोगी हो सकते हैं। हिन्दी नाटककारों के अनुभव इस बिन्दु पर उपलब्ध नहीं हैं कि उन्होंने किस नाटक का बीज कहाँ पाया और किस प्रकार नाटक की रचना की। नये नाटककारों को ध्यान में रखकर इन पंक्तियों का लेखक अपने कुछ अनुभवों का उल्लेख करना चाहेगा कि नाटक के बीज किन स्रोतों से मिले और मिल सकते हैं :

1. अध्ययन के क्रम में ऐसी अनेक बातें मिलती हैं जो मन को छूती हैं और विचारों को उत्तेजित करती हैं। रवीन्द्रनाथ ठाकुर के निबन्ध 'काव्य की उपेक्षिताएँ' में पढ़ने को मिला कि शकुन्तला तो विवाह के बाद पति के घर चली गई, पर उसकी समवयस्का सखियों अनुसूया और प्रियंवदा का क्या हुआ, इसे कालिदास ने नहीं लिखा। मन ने तत्काल उत्तर दिया—'वे अभी भी क्वाँरी हैं।' इस सूत्र ने उन दोनों की आकांक्षाओं और मार्मिक वेदना को अभिव्यक्त करने की प्रेरणा दी, और उस फैंटेसी की रचना हुई। इसी तरह विशाखदत्त के 'मुद्राराक्षस', डी. एल. राय के 'चन्द्रगुप्त' और जयशंकर प्रसाद के 'चन्द्रगुप्त' को पढ़ते समय लगा कि चाणक्य के प्रभावशाली चरित्र को इन तीनों नाटककारों ने अपने-अपने ढंग से

चित्रित किया है, पर किसी ने अपने नाटक का नाम चाणक्य नहीं रखा, जबकि नाटकों में सर्वाधिक महत्त्वपूर्ण भूमिका उसी की है। इसकी प्रेरणा से 'इतिहास का धूमकेतु' की रचना हुई। इसी प्रकार महाभारत पढ़ते समय अश्वत्थामा के सम्बन्ध में जानकारी मिली—उसने ऐसे ब्रह्मास्त्र का प्रयोग किया था जिसे लौटाने की क्षमता उसमें नहीं थी, फलतः उसे तीन हजार वर्षों तक निर्जन प्रदेशों में भटकते रहने का शाप मिला था। मन को लगा कि तीन हजार वर्ष बीत गए हैं, और मनुष्यों से उसकी भेंट हो सकती है—भेंट होने पर उस काल के और आज के मूल्यों की टकराहट दिखलाने का अवकाश मिलेगा। आज के युग में युद्ध का कोई नियम नहीं है, और ऐसे अस्त्र ही छोड़े जाते हैं जिन्हें लौटाने की क्षमता किसी में नहीं है। इस प्रेरणा और चिन्तन ने 'अभिशप्त' अति-कल्पना को जन्म दिया।

2. कभी-कभी दुनिया की घटनाओं से प्रेरित होकर कुछ विचार मन में कौंध जाते हैं, और सोचने को विवश करते हैं। विश्व-इतिहास को देखते हुए लगा कि पहले महायुद्ध के बाद लीग ऑफ नेशन्स की स्थापना हुई और विश्व नेताओं ने कहा—'अब युद्ध नहीं।' लेकिन, फिर दूसरा विश्व-युद्ध हुआ—शान्ति के लिए। क्या विडम्बना है—शान्ति के लिए युद्ध संयुक्त राष्ट्र संघ के बनने के बाद भी यही आवाज बार-बार सुनाई पड़ती है। यदि फिर युद्ध हुआ, तो वह होगा सृष्टि को पूर्णतः विनष्ट करनेवाला। लगा कि जब तक मनुष्य के हृदय में प्रभुत्व की आकांक्षा है, ईर्ष्या है, द्वेष है, तब तक युद्ध रुकनेवाले नहीं हैं। 'सृष्टि की साँझ' काव्य-नाटक लिखा गया। इसी चिन्तन ने 'अश्वमेध' को भी जन्म दिया, जिसमें कुरुक्षेत्र युद्ध में विनाश देखकर दुखी युधिष्ठिर मन की शान्ति के लिए अश्वमेध करते हैं जिसमें फिर अनेक युद्ध होते हैं।
3. अपने समाज की समस्याओं का सामना हर एक व्यक्ति को करना पड़ता है। बहुत सारी ऐसी समस्याएँ हैं, जिनका समाधान नहीं सूझता, नहीं दीखता। ऐसी समस्याओं को सबके सामने ले आने की एक बेचैनी मन में होती है, ताकि लोग उन पर सोच सकें। इस बिन्दु पर इब्सन के विचार स्मरण आते हैं कि नाटककार का काम प्रश्न पूछना है, उत्तर देना नहीं। ऐसी अनेक समस्याओं ने नाटकों के बीज दिये हैं। कुछ समस्याओं का उल्लेख यहाँ किया जा सकता है। एक समस्या मन में कौंधती रही है कि अपने समाज के मध्यवित्त परिवार के उस पिता की क्या स्थिति होगी जिसे केवल पुत्रियाँ ही हैं, एक नहीं, अनेक, जिसे देखनेवाला कोई नहीं हैं, और जिसकी सारी सम्पत्ति पुत्रियों की शादी करते-करते शेष हो

जाती है? पाँचवीं बेटी की रचना हुई जिसमें पुत्रहीन पिता अपनी पाँचवीं पुत्री का विवाह करने के बाद सड़क पर निराश्रय भटकने के लिए रह जाता है। इसी प्रकार अपने समाज में संयुक्त परिवार टूट रहा है, और परिवार का अर्थ हो गया है पति-पत्नी और उनकी सन्तानें। पिता ने अपने पुत्रों को पढ़ाने-लिखाने और बनाने में जो खर्च किया है, जो त्याग किया है, उसका कोई मूल्य नहीं है। यदि किसी पिता के सेवा-निवृत्त हो जाने के बाद भी उसकी कोई पुत्री अविवाहिता रह जाती है, तो वह पिता का दायित्व है, पुत्रों का नहीं, और प्रश्न होता है, पुत्रों पर सब कुछ न्योछावर कर चुकनेवाला पिता इस दायित्व को कैसे पूरा करे? यह प्रश्न 'दरकती दीवारें' नाटक को जन्म देता है, जिसमें असहाय पिता अपने घर से निकल जाता है—लक्ष्यहीन। इस नाटक के प्रसारण के बाद कई श्रोताओं ने पूछा था, उस बूढ़े आदमी का क्या हुआ? उत्तर रहता, तो नाटक में दे दिया गया रहता। समस्याओं से प्रेरित ऐसे नाटक बिना किसी समाधान के ही समाप्त हो जाते हैं। वे लोगों को सोचने के लिए उत्प्रेरित करते हैं, यहाँ उनकी सार्थकता है। यहाँ प्रश्न नाटक के बीज का है, और सामाजिक समस्याओं में बीज उपलब्ध हैं। सभी जागरूक लेखकों ने समस्याओं से प्रेरणा ग्रहण की है, और नाटक लिखे हैं।

4. अपने आस-पास के जीवन और सम्पर्क में आए व्यक्तियों से सभी नाटककार प्रेरणा ग्रहण करते हैं। एक व्यक्ति को दूर से देखने पर लगा कि आदमी है, पर निकट आने पर मात्र भौतिक सुख-समृद्धि के पीछे भागनेवाले उस हृदयहीन व्यक्ति को देखकर अनुभव हुआ कि यहाँ तो आदमी नहीं है, और उस व्यक्ति के चरित्र ने 'आदमी है, नहीं है' लिखने की प्रेरणा दी। इसी तरह एक नजदीकी परिचित को देखने का अवसर मिला जिसने घर से भागने के बाद किसी लड़की से प्रेम विवाह किया, उससे बच्चे हुए, लेकिन उसने माँ-बाप के दबाव में आकर पहली पत्नी (?) को छोड़ दिया, दूसरा विवाह किया। मन में प्रश्न उठा, क्या हुआ होगा उस परित्यक्ता का? यह बीज ही अंकुरित-पल्लवित होकर 'कोई एक किरण' नाटक बना। ऐसे उदाहरणों की कमी नहीं। सभी नाटककारों के अनुभवों से इस विचार की पुष्टि होगी कि नाटक के बीज कहीं से मिल सकते हैं—अध्ययन से, अनुभव से, समाज को उद्वेलित कर रहे प्रश्नों से, आस-पास के जीवन से, सम्पर्क में आए व्यक्तियों से। ध्यातव्य है कि ये सब केवल नाटक का बीज दे सकते हैं, पूरा नाटक नहीं दे सकते—नाटक तो लेखक को बनाना पड़ता है। अध्ययन या समस्याओं से जो सूत्र मिलते हैं उन्हें. कथानक, चरित्र, संवाद आदि के माध्यम से

मूर्त रूप देना पड़ता है। सम्पर्क में आए व्यक्तियों से प्रेरित नाटक भी उन व्यक्तियों का जीवनचरित नहीं होता—उनके जीवन को हूबहू उतार देने से नाटक नहीं बनता, उसे काट-छाँट कर, तराश कर, उसमें कुछ जोड़कर कुछ घटा कर नाटक बनाना पड़ता है। यहीं लेखन और स्थापत्य का प्रश्न आता है।

रेडियो नाटक का स्थापत्य और कथानक

'रेडियो आलेख का सर्वप्रथम गुण उसका स्थापत्य है।'—लुई मैकनीस ने लिखा है।[8] स्थापत्य को उसके व्यापक अर्थ में समझना चाहिए। इसके अन्तर्गत नाटक की विभिन्न घटनाओं, प्रसंगों, कार्यव्यापारों आदि का कथानक के विभिन्न खंडों का पारस्परिक सम्बन्ध तो आता ही है, कथानक से सम्बद्ध सभी बातें आती हैं। कथानक की गति, दूसरे शब्दों में, नाटक की घटनाओं की गति मन्द है या क्षिप्र, नाटक के प्रारम्भ, विकास और अन्त के विभिन्न चरण, संघर्ष, संक्रान्ति और चरम सीमा की स्थितियाँ, दृश्य और सूक्ष्म प्रसंगों का अनुपात, घटनाओं और पात्रों का तथा पात्रों और संवादों का सम्बन्ध, और ऐसी ही सारी बातें जिनका सम्बन्ध नाटक की प्रभाव सृष्टि से होता है, स्थापत्य के अन्तर्गत आ जाती हैं। स्थापत्य से सम्बद्ध सभी विषयों का अपना-अपना महत्त्व है और उनमें पारस्परिक अविच्छिन्न सम्बन्ध भी है। यद्यपि स्थापत्य का स्वरूप व्यापक है, पर उसका मूल आधार है कथानक। कथानक घटनाओं और कार्यव्यापारों का वह संगठन है जिस पर नाटक की रचना होती है। वह दर्शकों और श्रोताओं की रुचि का दिशा-निर्देश करता है, पात्रों की आकांक्षाओं द्वारा निर्दिष्ट होता है (होना चाहिए) और उनके चरित्र को प्रकाशित करता है, नाटक के कथ्य को दर्शकों-श्रोताओं तक सम्प्रेषित करता है। हमें देखना चाहिए कि रेडियो नाटक में इसका क्या महत्त्व है, और नाटककार को इसका निर्माण कैसे करना चाहिए।

रेडियो नाटक भी नाटक है—केवल नाट्य प्रस्तुतीकरण के माध्यम में अन्तर हो गया है। किसी सफल नाट्य-कृति के लिए अपेक्षित विशेषताओं का इसमें भी रहना आवश्यक है। जैसा कि मार्जोरी बोल्टन ने लिखा है, एकाग्रता, कथानक, चरित्र-चित्रण आदि से सम्बन्धित सभी नाट्य-नियम रेडियो नाटक पर भी समान रूप से लागू हैं।[9] फिर भी माध्यम के वैशिष्ट्य को देखते हुए कुछ बातों पर ध्यान देना आवश्यक है। रेडियो नाटक में ऐसे कथानक की आवश्यकता होती है जो श्रोताओं की जिज्ञासा जगाकर उसे अन्त तक बनाए रखे। नाटक का घटनाक्रम सुसम्बद्ध हो, उसमें कहीं ढीलापन न हो। रंगनाटक में कुछ ढीलापन रहे, तब भी काम चल जा सकता है—दृश्य तत्त्वों का अपना आकर्षण होता है और उनसे कुछ

सीमा तक कथात्मक शिथिलता की क्षतिपूर्ति की जा सकती है, पर रेडियो नाटक में ऐसा सम्भव नहीं। इसकी अवधि सीमित होती है—रेडियो नाटक सामान्यत: पन्द्रह मिनट से साठ मिनट के होते हैं। (15 मिनट, 30 मिनट, 45 मिनट और 60 मिनट की प्रसारण अवधि के नाटक आकाशवाणी के उपयुक्त समझे जाते हैं।) दूसरी बात यह कि इसके पात्र अदृश्य होते हैं। ऐसी स्थिति में रेडियो नाटक के कथानक का बहुत आकर्षक होना आवश्यक है। इसके कथानक को इतना शृंखलाबद्ध होना चाहिए कि नाटकीय प्रभाव इधर-उधर बिखरे नहीं। रेडियो नाटक में अप्रासंगिक और अवान्तर कथाओं के लिए अवकाश नहीं। कथानक में एकाग्रता और अन्विति आवश्यक हैं। जिन कथानकों में घटनाओं और कार्यव्यापारों की बहुलता और प्रधानता होती है, उनमें भी अन्विति चाहिए कि सभी घटनाएँ एक ही प्रभाव-सृष्टि की दिशा में अग्रसर हों, और जिनमें बाहरी घटनाओं पर ज़ोर नहीं होता उनमें भी प्रभावान्विति चाहिए। नाटककार को इन दो प्रकार के कथानकों की जानकारी होनी चाहिए जिससे वह समझता रहे कि उसका नाटक कैसे कथानक को लेकर चल रहा है। कुछ नाटक ऐसे होते हैं जिनमें घटनाएँ एक के बाद एक घटती चली जाती हैं, और कुछ नाटक ऐसे होते हैं जिनमें बाहरी घटनाएँ बहुत कम होती हैं। घटनाप्रधान कथानक में गतिशीलता अधिक रहती है, जबकि दूसरे प्रकार के कथानक में मानसिक चित्रण की प्रधानता होती है। दूसरे प्रकार के कथानक से स्थिर स्थितियों के नाटक बनते हैं। जयशंकर प्रसाद के 'चन्द्रगुप्त' या 'स्कन्दगुप्त' में बहुत सारी घटनाएँ घटती हैं, जबकि बेकेट के 'वेटिंग फॉर गोडो' में घटनाएँ नहीं के बराबर हैं—इसमें तो बस एक ही स्थिति है कि दो दुखी आवारा व्यक्ति किसी मुक्तिदाता गोडो की प्रतीक्षा करते रहते हैं, घटनाएँ इतनी ही हैं कि पोजो और लकी बातचीत करते आते हैं, चले हैं, और एक लड़का गोडो के नहीं आने का संवाद देकर चला जाता है। रेडियो नाटक दोनों प्रकार के कथानकों को लेकर लिखे जा सकते हैं। पहले प्रकार के नाटक में बाहरी घटनाओं की गतिशीलता के कारण श्रोताओं को बाँध रखने की क्षमता होगी, दूसरे प्रकार में राग-विरागों की गतिशीलता के कारण यह गुण होगा। दूसरे प्रकार के नाटक के लिए नाटककार से विशेष प्रतिभा एवं कौशल की अपेक्षा होगी।

नाटक के कथानक के लिए कोई नाटकीय स्थिति जरूरी है। प्रश्न है कि नाटकीय स्थिति क्या है? इसकी व्याख्या नाट्य-शास्त्रियों ने अपनी-अपनी दृष्टि से की है, पर सबकी दृष्टि इस बात से निर्दिष्ट होती रही है कि स्थिति में दर्शकों-श्रोताओं की रुचि को कुछ समय तक बाँध रखने की क्षमता होनी चाहिए। जीवन की सामान्य स्थितियों में यह क्षमता नहीं होती। सामान्य स्थिति तो यही है कि आदमी खाता-पीता है, सोता-जागता है, नौकरी करता है, आदि-आदि। किसी के जीवन की सामान्य स्थितियों को देखने के लिए हम सड़क पर नहीं रुकते। कोई दुर्घटना हो जाए, तो

सीमा तक कथात्मक शिथिलता की क्षतिपूर्ति की जा सकती है, पर रेडियो नाटक में ऐसा सम्भव नहीं। इसकी अवधि सीमित होती है—रेडियो नाटक सामान्यतः पन्द्रह मिनट से साठ मिनट के होते हैं। (15 मिनट, 30 मिनट, 45 मिनट और 60 मिनट की प्रसारण अवधि के नाटक आकाशवाणी के उपयुक्त समझे जाते हैं।) दूसरी बात यह कि इसके पात्र अदृश्य होते हैं। ऐसी स्थिति में रेडियो नाटक के कथानक का बहुत आकर्षक होना आवश्यक है। इसके कथानक को इतना शृंखलाबद्ध होना चाहिए कि नाटकीय प्रभाव इधर-उधर बिखरे नहीं। रेडियो नाटक में अप्रासंगिक और अवान्तर कथाओं के लिए अवकाश नहीं। कथानक में एकाग्रता और अन्विति आवश्यक हैं। जिन कथानकों में घटनाओं और कार्यव्यापारों की बहुलता और प्रधानता होती है, उनमें भी अन्विति चाहिए कि सभी घटनाएँ एक ही प्रभाव-सृष्टि की दिशा में अग्रसर हों, और जिनमें बाहरी घटनाओं पर ज़ोर नहीं होता उनमें भी प्रभावान्विति चाहिए। नाटककार को इन दो प्रकार के कथानकों की जानकारी होनी चाहिए जिससे वह समझता रहे कि उसका नाटक कैसे कथानक को लेकर चल रहा है। कुछ नाटक ऐसे होते हैं जिनमें घटनाएँ एक के बाद एक घटती चली जाती हैं, और कुछ नाटक ऐसे होते हैं जिनमें बाहरी घटनाएँ बहुत कम होती हैं। घटनाप्रधान कथानक में गतिशीलता अधिक रहती है, जबकि दूसरे प्रकार के कथानक में मानसिक चित्रण की प्रधानता होती है। दूसरे प्रकार के कथानक से स्थिर स्थितियों के नाटक बनते हैं। जयशंकर प्रसाद के 'चन्द्रगुप्त' या 'स्कन्दगुप्त' में बहुत सारी घटनाएँ घटती हैं, जबकि बेकेट के 'वेटिंग फॉर गोडो' में घटनाएँ नहीं के बराबर हैं—इसमें तो बस एक ही स्थिति है कि दो दुखी आवारा व्यक्ति किसी मुक्तिदाता गोडो की प्रतीक्षा करते रहते हैं, घटनाएँ इतनी ही हैं कि पोजो और लकी बातचीत करते आते हैं, चले हैं, और एक लड़का गोडो के नहीं आने का संवाद देकर चला जाता है। रेडियो नाटक दोनों प्रकार के कथानकों को लेकर लिखे जा सकते हैं। पहले प्रकार के नाटक में बाहरी घटनाओं की गतिशीलता के कारण श्रोताओं को बाँध रखने की क्षमता होगी, दूसरे प्रकार में राग-विरागों की गतिशीलता के कारण यह गुण होगा। दूसरे प्रकार के नाटक के लिए नाटककार से विशेष प्रतिभा एवं कौशल की अपेक्षा होगी।

नाटक के कथानक के लिए कोई नाटकीय स्थिति जरूरी है। प्रश्न है कि नाटकीय स्थिति क्या है? इसकी व्याख्या नाट्य-शास्त्रियों ने अपनी-अपनी दृष्टि से की है, पर सबकी दृष्टि इस बात से निर्दिष्ट होती रही है कि स्थिति में दर्शकों-श्रोताओं की रुचि को कुछ समय तक बाँध रखने की क्षमता होनी चाहिए। जीवन की सामान्य स्थितियों में यह क्षमता नहीं होती। सामान्य स्थिति तो यही है कि आदमी खाता-पीता है, सोता-जागता है, नौकरी करता है, आदि-आदि। किसी के जीवन की सामान्य स्थितियों को देखने के लिए हम सड़क पर नहीं रुकते। कोई दुर्घटना हो जाए, तो

मूर्त रूप देना पड़ता है। सम्पर्क में आए व्यक्तियों से प्रेरित नाटक भी उन व्यक्तियों का जीवनचरित नहीं होता—उनके जीवन को हूबहू उतार देने से नाटक नहीं बनता, उसे काट-छाँट कर, तराश कर, उसमें कुछ जोड़कर कुछ घटा कर नाटक बनाना पड़ता है। यहीं लेखन और स्थापत्य का प्रश्न आता है।

रेडियो नाटक का स्थापत्य और कथानक

'रेडियो आलेख का सर्वप्रथम गुण उसका स्थापत्य है।'—लुई मैकनीस ने लिखा है।[8] स्थापत्य को उसके व्यापक अर्थ में समझना चाहिए। इसके अन्तर्गत नाटक की विभिन्न घटनाओं, प्रसंगों, कार्यव्यापारों आदि का कथानक के विभिन्न खंडों का पारस्परिक सम्बन्ध तो आता ही है, कथानक से सम्बद्ध सभी बातें आती हैं। कथानक की गति, दूसरे शब्दों में, नाटक की घटनाओं की गति मन्द है या क्षिप्र, नाटक के प्रारम्भ, विकास और अन्त के विभिन्न चरण, संघर्ष, संक्रान्ति और चरम सीमा की स्थितियाँ, दृश्य और सूक्ष्म प्रसंगों का अनुपात, घटनाओं और पात्रों का तथा पात्रों और संवादों का सम्बन्ध, और ऐसी ही सारी बातें जिनका सम्बन्ध नाटक की प्रभाव सृष्टि से होता है, स्थापत्य के अन्तर्गत आ जाती हैं। स्थापत्य से सम्बद्ध सभी विषयों का अपना-अपना महत्त्व है और उनमें पारस्परिक अविच्छिन्न सम्बन्ध भी है। यद्यपि स्थापत्य का स्वरूप व्यापक है, पर उसका मूल आधार है कथानक। कथानक घटनाओं और कार्यव्यापारों का वह संगठन है जिस पर नाटक की रचना होती है। वह दर्शकों और श्रोताओं की रुचि का दिशा-निर्देश करता है, पात्रों की आकांक्षाओं द्वारा निर्दिष्ट होता है (होना चाहिए) और उनके चरित्र को प्रकाशित करता है, नाटक के कथ्य को दर्शकों-श्रोताओं तक सम्प्रेषित करता है। हमें देखना चाहिए कि रेडियो नाटक में इसका क्या महत्त्व है, और नाटककार को इसका निर्माण कैसे करना चाहिए।

रेडियो नाटक भी नाटक है—केवल नाट्य प्रस्तुतीकरण के माध्यम में अन्तर हो गया है। किसी सफल नाट्य-कृति के लिए अपेक्षित विशेषताओं का इसमें भी रहना आवश्यक है। जैसा कि मार्जोरी बोल्टन ने लिखा है, एकाग्रता, कथानक, चरित्र-चित्रण आदि से सम्बन्धित सभी नाट्य-नियम रेडियो नाटक पर भी समान रूप से लागू हैं।[9] फिर भी माध्यम के वैशिष्ट्य को देखते हुए कुछ बातों पर ध्यान देना आवश्यक है। रेडियो नाटक में ऐसे कथानक की आवश्यकता होती है जो श्रोताओं की जिज्ञासा जगाकर उसे अन्त तक बनाए रखे। नाटक का घटनाक्रम सुसम्बद्ध हो, उसमें कहीं ढीलापन न हो। रंगनाटक में कुछ ढीलापन रहे, तब भी काम चल जा सकता है—दृश्य तत्त्वों का अपना आकर्षण होता है और उनसे कुछ

स्पष्टत: पात्र के जीवन की। एक नहीं, अनेक व्यक्तियों के जीवन की। कथानक और पात्र परस्पर अविच्छिन्न रूप से जुड़े हुए हैं। दोनों में अधिक महत्त्व किसका है, यह पुराना प्रश्न है, पर इसका सीधा-सा उत्तर है कि पात्र रहेंगे तभी कथानक बनेगा, और कहीं कोई कथानक होगा तो उसमें पात्र रहेंगे ही। सैद्धान्तिक दृष्टि से दोनों का महत्त्व है, और होना चाहिए, पर व्यवहारत: कभी एक का महत्त्व हो जाता है, कभी दूसरे का। जब नाटककार मानवीय चरित्रों की सृष्टि करता है, तब उनकी आकांक्षाओं के भीतर से घटनाओं का जन्म होता है, और कथानक रूप ग्रहण करता है। जब नाटककार स्वयं कथानक गढ़ता है और चरित्रों को उसमें फिट कर देता है, तब चरित्र का महत्त्व कम होता है और निर्मित पात्र मानवीय नहीं रह जाते। मानवीय चरित्र ही नाटक को जीवन्त बनाते हैं, यह नाट्येतिहास का सर्वस्वीकृत सत्य है। ऐसे चरित्रों की अवतारणा किस तरह की जाए, और किस तरह उनके माध्यम से कथानक निर्मित हो, यह एक महत्त्वपूर्ण प्रश्न है, जिस पर विचार किया जाना चाहिए।

रेडियो नाटक और चरित्र

व्यावहारिक नाट्य-लेखन के प्रसिद्ध ज्ञाता और शिक्षक लैजॉस एग्री ने लिखा है—'किसी भी प्रस्तुतीकरण माध्यम के लिए आप नाट्य लेखन कर रहे हों, आपको अपने पात्रों को पूरी तरह जानना ही चाहिए। आपको उन्हें जानना चाहिए उसी रूप में नहीं, जिसमें वे आज हैं, बल्कि उस रूप में भी जिसमें वे कल या वर्षों बाद होंगे।'[11] स्पष्टत: पात्रों को पूरी तरह जानने का अर्थ है उनकी मूल प्रवृत्तियों को, उनके संस्कारों को, उनकी सभी चरित्रगत दुर्बलताओं और विशेषताओं को जानना, जिनसे उनके सभी कार्य-कलाप निर्दिष्ट हो रहे हैं, और भविष्य में भी होंगे। सभी बड़े नाटककार अपने पात्रों को अच्छी तरह जानते रहे हैं—पहले के नाटककार मात्र अपनी सहज प्रतिभा से, और आधुनिक नाटककार प्रतिभा और सहज अध्ययन से। इब्सन ने अपने बारे में लिखा है—'इसके पहले कि मैं एक शब्द लिखूँ, मुझे पात्र को अपने मन में पूरी तरह रखना है। मुझे उसकी आत्मा की आखिरी झुर्री तक को देखना होता है। मैं हमेशा व्यक्ति से शुरू करता हूँ।'[12] उसने बतलाया है कि जब वह अपनी सामग्री की पहली रूपरेखा बनाता है, तब उसे लगता है कि वह अपने पात्रों से सामान्य रूप से परिचित है, जैसे ट्रेन यात्रा के दौरान उनसे भेंट हुई हो, इधर-उधर की बातें हुई हों। दूसरी रूपरेखा के क्रम में वह उन्हें बहुत अच्छी तरह जानता है, जैसे कुछ सप्ताह किसी के साथ रहने पर कोई किसी को जानता हो। नाटककार उनकी छोटी-छोटी विचित्रताओं और विशेषताओं को भी जानता है, फिर भी उसे लगता है कि उन्हें चित्रित करने में गलती हो सकती है। तीसरी

उसे देखने के लिए रुकते हैं। सुबह-शाम करते जिन्दगी यों ही गुज़र जाती है, तो यों ही गुज़र जानेवाली जिन्दगी में कोई आकर्षण नहीं होता—आकर्षण के लिए कोई विशेष स्थिति चाहिए। उस विशेष स्थिति को पकड़ना और उसे नाटक में दिखलाना नाटककार का काम है। उस स्थिति को पकड़ने में सुविधा हो, इसलिए नाट्य समीक्षकों के कुछ विचारों का उल्लेख किया जा सकता है।

इस विचार का संकेत पहले किया गया है कि नाटक के मुख्य पात्र के व्यक्तित्व में बेचैनी जरूरी है—कुछ करने की, कुछ होने की, कुछ पाने की, कुछ बदलने की बेचैनी। इस बेचैनी के भीतर से ही नाटक विकसित होता है। इस बेचैनी को जन्म देनेवाली स्थिति ही नाटकीय है। जहाँ कहीं मनुष्य का कुछ-न-कुछ—सम्पत्ति, सुख, अधिकार, स्वास्थ्य, सम्मान, जीवन आदि—दाँव पर होता है, खतरे में होता है, वहाँ नाटकीय स्थिति होती है। नाट्य समीक्षक कहते हैं कि यह खतरे की स्थिति ही संक्रान्ति की स्थिति है—नाटक भाग्य या परिस्थितियों से उत्पन्न संक्रान्ति से जन्म लेता है। दूसरे विचारक कहते हैं, इसे संक्रान्ति नहीं, संघर्ष कहना चाहिए, द्वन्द्व कहना चाहिए। मनुष्य कुछ चाहे, उसे पाने के लिए प्रयत्नशील हो, दूसरी शक्तियाँ उसकी इच्छापूर्ति में बाधक हों, फलतः संघर्ष हो—यही नाटकीय स्थिति है। एक लड़का हो और एक फल हो, तो यह नाटकीय स्थिति नहीं है, लेकिन दो लड़के हों और एक फल हो, तो यह नाटकीय स्थिति है। इसी के विभिन्न रूपान्तरों पर न जाने कितने नाटक लिखे गए हैं—एक स्त्री और दो पुरुप, एक कुर्सी और दो दावेदार। एक विचारक कहता है, कथानक दबाव और प्रतिक्रिया का अंकन है—दबाव बाहरी शक्तियों एवं परिस्थितियों की और प्रतिक्रिया पात्रों की, या दबाव पात्रों की और प्रतिक्रिया विरोधी शक्तियों की।[10] नाटकीयता की दृष्टि से ये सभी विचार अपने में महत्त्वपूर्ण हैं—इनको आधार बनाकर नाटक भी लिखे गए हैं, नाटकों की समीक्षाएँ भी की गई हैं। इनसे भिन्न विचार भी हैं, और हो सकते हैं। जैसे, जहाँ कहीं बड़ी आशंकाएँ और खतरे हों, और उनसे आक्रान्त होनेवाले लोगों को उनका पता न हो, पर दर्शक और श्रोता इसे जानते हों, वहाँ नाटकीय स्थिति है—ट्रेन चली आ रही है, आगे लाइन टूटी है या तोड़ी जा रही है, दुर्घटना होनेवाली है, बहुत सारे निर्दोष लोगों की हत्या होनेवाली है, पर वे लोग इसे नहीं जानते—उनके लिए श्रोताओं के मन में चिन्ता का होना स्वाभाविक है। सामान्य रूप से स्थितियों के सम्बन्ध में नाटककार को यही स्मरण रखना है कि जीवन के दुख-दर्द को, उसके संघर्ष को, उसके सौन्दर्य और माधुर्य को, उसके हास-उल्लास को प्रस्तुत करनेवाली कोई भी रोचक, आकर्षक या मार्मिक स्थिति नाटकीय बन सकती है।

कथानक और नाटकीय स्थितियों के सन्दर्भ में पात्रों का उल्लेख बार-बार होता आ रहा है, इसी से स्पष्ट है कि पात्रों के बिना इनकी कल्पना नहीं की जा सकती। दुख-दर्द किसके? कार्यव्यापार किसके? घटनाएँ किसके जीवन की?

रूपरेखा में, 'मैं अपनी जानकारी की सीमा पर होता हूँ। मैं अपने लोगों (पात्रों) को जानता हूँ, जैसे वे मेरे बहुत नजदीकी हों और लम्बे समय से सम्पर्क में रहे हों—वे मेरे अन्तरंग मित्र हैं।'[13] इब्सन का अनुभव नाटक में पात्र की महत्ता को रेखांकित करता है। सजीव चरित्र-सृष्टि का जो रहस्य इब्सन ने बतलाया है, उससे बहुत कुछ सीखा जा सकता है।

सजीव पात्रों की यह विशेषता होती है कि वे विश्वसनीय होते हैं, और विश्वाससृष्टि में सक्षम होते हैं। नाटक में स्वाभाविकता से अधिक महत्त्वपूर्ण यही है कि पात्र अपने में हमारा विश्वास जगा सकें और उसे बनाए रख सकें। यह तभी सम्भव है, जब पात्रों के कार्यों, संवादों, स्थितियों, संवेगों, प्रतिक्रियाओं आदि में हमेशा पारस्परिक सामंजस्य बना रहे। इसका अर्थ यह हुआ कि विशेष स्थिति में किसी पात्र की जैसी प्रतिक्रियाएँ हो सकती हों—कार्यव्यापारों, भाव-भंगिमाओं, संवादों आदि के माध्यम से—वैसी ही हों। एक ही स्थिति में चार व्यक्ति हों, तो चारों की प्रतिक्रियाएँ एक ही तरह की नहीं होंगी, अलग-अलग होंगी। उनकी विभिन्नताएँ उनके अपने-अपने संस्कारों के कारण होंगी, और संस्कार परिवेश के विभिन्न प्रभावों द्वारा निर्दिष्ट होते हैं। जन्म के क्षण से ही व्यक्ति अपने परिवार और समाज के बीच जो कुछ देखता-सुनता है, अनुभव करता है, सीखता है, शिक्षा प्राप्त करता है, उन सबसे उसका संस्कार बनता है, उसका व्यक्तित्व निर्मित होता है। इसीलिए लेजास एग्री का कहना है कि नाटककार को अपने पात्र के व्यक्तित्व को त्रिआयात्मक रूप में देखना चाहिए।[14] हर वस्तु के तीन आयाम होते हैं—लम्बाई, चौड़ाई और मोटाई या गहराई। मनुष्य के तीन आयाम और होते हैं—शारीरिक, सामाजिक और मनोवैज्ञानिक। शरीर से व्यक्ति कैसा है—लम्बा है, नाटा है, सुन्दर है, कुरूप है, विकलांग है, आदि-आदि—उसका प्रभाव उसकी जीवन-दृष्टि पर, सोच-समझ पर पड़ता है। बीमार आदमी जीवन के बारे में जिस तरह सोचता है, उसी प्रकार स्वस्थ आदमी नहीं सोचता। समाजशास्त्रीय पक्ष को देखें, तो व्यक्ति समृद्धि में पला है या निर्धनता में, गाँव का है या शहर का, शिक्षित है या अशिक्षित, और ऐसी ही बहुत सारी बातों का प्रभाव व्यक्तित्व को विशेष रूप देता है। शारीरिक और सामाजिक आयामों से ही जन्म लेता है तीसरा आयाम—मनोविज्ञान। व्यक्ति किस तरह सोचता है, उसकी कैसी संवेगात्मक प्रतिक्रियाएँ जन्म लेती हैं, यह सब उसके व्यक्तित्व पर निर्भर है जो शरीर और सामाजिक परिवेश द्वारा बना है। इन तीनों पक्षों पर ध्यान देने पर जीवन्त चरित्र कथाकृति में आ सकते हैं। यदि किसी नाटक में कोई चरित्र हमें प्रभावित नहीं करता, उसकी प्रतिक्रियाएँ अस्वाभाविक लगती हैं, उसके संवाद सतही मालूम होते हैं, तो इसका अर्थ है कि उसके व्यक्तित्व में किसी आयाम की कमी है। यह बात सब प्रकार के नाटकों के लिए सही है, रेडियो नाटक के लिए भी।

रेडियो नाटक में अलग से पात्र की शारीरिक रूपरेखा, शिक्षा-दीक्षा आदि का विवरण नहीं देना पड़ता, पर यदि उसे सजीव बनना है, तो नाटककार के मन में इन सबकी स्पष्ट धारणा होनी चाहिए और किसी हिन्दी नाटककार का अनुभव उपलब्ध नहीं है, इसलिए अपने ही एक नाटक के नोट्स से उद्धरण दूँ, तो उसमें अंकित है—सन् 1970 में नाटक लिखा गया था, उस हिसाब से : पिता की उम्र 58, 1942 के आन्दोलन में जेल गया था, बी. ए. पास करने के बाद सरकारी नौकरी में था उस समय आदर्शवादी था, अब आजादी के बाद व्यापारी हो गया है, किसी तरह पैसे कमाना चाहता है, बड़े-बड़े नेताओं और अफसरों से जान-पहचान है, आजादी की लड़ाई में लड़े दूसरे लोगों को धन-सम्पन्न होते देख उसके मन में उन्हीं की तरह बनने की इच्छा है। पत्नी : 55 वर्ष, कम पढ़ी-लिखी है, पति के सभी काम पसन्द नहीं आते, वह विरोध नहीं करती (क्यों? इसके मनोवैज्ञानिक कारण?), आदि। पुत्र : 28 वर्ष, आजादी के वर्ष में ही जन्मा था। लॉ का छात्र है, कुछ-कुछ आदर्शवादी है, पिता के गलत कामों की लोगों द्वारा आलोचना होने पर विक्षुब्ध होता है, आदि। इसी तरह अन्य पात्रों के बारे में उम्र, शिक्षा, प्रवृत्ति आदि की चर्चा है। वे इसी तरह क्यों हैं, इसके कारणों के सम्बन्ध में सूत्रात्मक टिप्पणियाँ हैं। यहाँ कहने का तात्पर्य यह कि नाटक में पात्रों की शिक्षा, उम्र आदि के बारे में कहीं कुछ नहीं कहा गया, पर इन सबकी जानकारी रहने से लगा कि पात्र शून्य में नहीं हैं, किसी वास्तविक परिवेश में हैं। श्रोताओं को भी ऐसा लगना चाहिए। यदि नहीं लगता, तो मानना चाहिए कि उनके त्रिआयात्मक व्यक्तित्व में कहीं कोई कमी है।

ऊपर पात्रों के बारे में जो संकेत हैं, वे वह पात्रों से लेखक का परिचय मात्र हैं। उनसे कोई कहानी अभी नहीं बनी है। कहानी कैसे बनती है और कैसे बने? यह प्रश्न नाटककार के सामने बार-बार आता है।

कथानक का निर्माण

कथानक-निर्माण के क्रम में पहले प्रश्न आता है—कहाँ से प्रारम्भ करें? किस स्थिति से? किस घटना से? किस पात्र से? इन सब पर नाट्यशास्त्रियों द्वारा अनेकानेक विचार प्रस्तुत किये गए हैं, पर यहाँ उन सबके विशद विवेचन की आवश्यकता नहीं है। एक नाट्य-चिन्तक कहता है, संक्रान्ति में पड़े किसी व्यक्ति को पकड़ो और कहानी शुरू करो—कैसी संक्रान्ति है। किन कारणों से हैं? मुख्य पात्र की समस्या क्या है? क्यों वह इसमें पड़ा है? वह क्या करे इस स्थिति में? उसके कार्यों की परिणति क्या होगी? इन प्रश्नों पर सोचने से और इनके विस्तार में जाने से अवश्य ही कहानी बन जाएगी। पर, इसका प्रभाव कैसा पड़ेगा, नहीं कहा जा सकता। यदि नाटकीय स्थिति का चुनाव किया जाए, उपयुक्त पात्रों की प्रतिष्ठा की जाए, उसमें

तो अन्त में कोई-न-कोई प्रभाव पड़ेगा ही। यह प्रश्न अवश्य ही होगा कि संक्रान्ति का अन्त किस रूप में होगा? होगा भी या नहीं? दोनों प्रकार के कथानक बन सकते हैं—एक में संक्रान्ति समाप्त हो जाएगी, दूसरे में संक्रान्ति बनी रहेगी। एक में ऋणग्रस्त व्यक्ति या तो जेल जाएगा या अपने प्रयत्न से, कानूनी दाँव-पेच से या किसी की सहायता से मुक्ति पा जाएगा। दूसरे कथानक में संक्रान्ति ज्यों-की-त्यों बनी रहेगी। एक में अनचाहे विवाह सम्बन्ध से असन्तुष्ट और दुखी स्त्री अन्त तक जाते-जाते सम्बन्ध-विच्छेद का निर्णय ले सकती है, दूसरे में वह स्त्री कोई रास्ता न देखकर उसी तरह घुटती-मरती दिखाई पड़ सकती है। यह पहले कहा जा चुका है कि दूसरे प्रकार के कथानक में श्रोताओं के लिए आकर्षण बनाए रखने का काम कुछ कठिन है। लेजॉस एग्री ऐसे लेखन को प्रशंसनीय नहीं मानते—'किसी कहानी या उपन्यास या नाटक के अन्त में चरित्र की वही स्थिति रह जाए जो प्रारम्भ में थी, तो वह कहानी, उपन्यास या नाटक निकृष्ट है।[15] यह मत पूर्णत: स्वीकार नहीं किया जा सकता, क्योंकि ऐसी अनेक उत्कृष्ट कृतियाँ लिखी गई हैं जिनमें जो प्रारम्भ की स्थिति है, वही अन्त में बनी रह जाती है। मोहन राकेश का 'आधे-अधूरे' इसका उदाहरण है जिसमें नाटक जिस स्थिति से प्रारम्भ होता है, वही स्थिति अन्त में भी बनी रहती है। ऐसे नाटक गतिशील स्थितियों के नहीं, स्थिर स्थिति के नाटक होते हैं—अधिक उचित यह कहना होगा कि ऐसे नाटक प्रवहमान धारा के नहीं, भँवर के होते हैं, और भँवर का भी अपना आकर्षण होता है। ऐसे नाटकों में नाटककार को छोटे-छोटे ऐसे प्रसंगों की योजना करनी चाहिए जो मुख्य स्थिति को भले ही न बदलें, स्वयं गतिशील हों, पात्रों की अनुभूतियों-भावनाओं को व्यंजित करें, और अन्त तक आकर्षण बनाए रखें। ऐसे नाटक संवादों की गतिशीलता और अभिव्यक्ति-भंगिमा में परिवर्तनों के द्वारा आकर्षण बनाए रख सकते हैं।[16] ऐसे नाटक रंगमंच की अपेक्षा रेडियो के अधिक उपयुक्त होते हैं।

बात कथानक-निर्माण की हो रही थी, तो लेजॉस एग्री ने नाटक को गत्यात्मक कला मानते हुए कथानक-निर्माण का जो सूत्र दिया है, वह व्यावहारिक है, और नया नाटककार उससे लाभ उठा सकता है। एग्री का तो मानना है कि उसने जो नियम दिये हैं वे द्वन्द्वात्मक विकास के शाश्वत प्राकृतिक नियम पर आधारित हैं। परिवर्तनशीलता सृष्टि का नियम है—दुनिया में हर चीज परिवर्तनशील है, सिर्फ अपरिवर्तनशील है परिवर्तन का नियम। नाटक की स्थिति और पात्रों को अन्त तक जाते-जाते बदलना ही चाहिए। ध्यातव्य है कि सजीव पात्र ही बदल सकते हैं। प्रसिद्ध नाटकों का विश्लेषण करके उसने निष्कर्ष निकाला है कि सभी नाटकों के कथानक किसी-न-किसी प्रतिज्ञा-सूत्र पर आधारित हैं। जिसे दूसरे समीक्षक थीम, बीज-विचार, मुख्य विचार, लक्ष्य, उद्देश्य आदि कहते रहे, उसे अस्पष्ट और अपर्याप्त मानते हुए एग्री ने प्रतिज्ञा-सूत्र की प्रस्तावना की है। उसकी मान्यता है कि प्रतिज्ञा-सूत्र से

कथानक सहज रूप में निर्मित होगा, उसमें संघर्ष का तत्त्व आएगा, जीवन्त पात्रों की भी सृष्टि होगी। शेक्सपियर के 'मैकबेथ' का प्रतिज्ञा-सूत्र है—क्रूर महत्त्वाकांक्षा आत्मविनाश करती है। 'रोमियो और जूलियट' का प्रतिज्ञा-सूत्र है—महान प्रेम मृत्यु की भी परवाह नहीं करता। प्रत्येक सफल नाटक में एक प्रतिज्ञा-सूत्र रहता है। एग्री का कहना है कि मात्र प्रतिभा के बल पर संयोग से ही अच्छे नाटकों की रचना होती है, प्रतिज्ञा-सूत्र को आधार बनाने पर संयोग का प्रश्न नहीं रह जाता—'हमारा उद्देश्य संयोग और आकस्मिकता को समाप्त करना है। हमारा उद्देश्य ऐसा रास्ता दिखलाना है जिस पर कोई भी व्यक्ति जो लिख सकता हो, चले, और अन्ततः नाटक का सही तरीका जान ले। इसलिए, पहली बात यह है कि आपके पास एक प्रतिज्ञा-सूत्र होना चाहिए, और यह प्रतिज्ञा-सूत्र इस प्रकार शब्दबद्ध हो कि जिस रूप में उसे नाटककार समझता है उसी रूप में उसे कोई भी समझ सके। अस्पष्ट प्रतिष्ठा-सूत्र उतना ही बेकार है जितना उसका नहीं होना।[17] यह प्रतिज्ञा-सूत्र लेखक की मान्यताओं और विश्वास से जन्म लेता है, और कथानक की सुनिश्चित रूपरेखा को निर्दिष्ट करता है। इसके तीन खंड होते हैं—पहला-खंड नाटक के चरित्र और प्रारम्भ को संकेतित करता है, दूसरा खंड नाटक के अन्त और परिणति का, और तीसरा खंड (यानी उसमें प्रयुक्त क्रिया) कथानक में निहित संघर्ष का। 'मैकबेथ' के सन्दर्भ में देखें, तो क्रूर महत्त्वाकांक्षा से ऐसे चरित्र या चरित्रों का संकेत मिलता है जिनमें महत्त्वाकांक्षा इतनी प्रबल है कि वह लक्ष्य की प्राप्ति के लिए पात्रों को क्रूर कर्मों में प्रवृत्त करती है : मैकबेथ और लेडी मैकबेथ पद प्राप्ति के लिए हत्याओं का सहारा लेते हैं, और उनकी अन्तिम परिणति है आत्मविनाश।

वर्तमान सामाजिक सन्दर्भ का कोई नाटक प्रतिज्ञा-सूत्र से किस प्रकार बन सकता है, उसे उदाहरण द्वारा देखें। मान लीजिए, प्रतिज्ञा-सूत्र है—स्वार्थपरता आत्मिक मूल्यों को नष्ट करती है। इसका अर्थ हुआ कि मुख्य पात्र में स्वार्थपरता होनी चाहिए, और उसकी परिणति होगी किसी आत्मिक मूल्य के विनाश में। कौन सा आत्मिक मूल्य? सत्य, प्रेम, कृतज्ञता, ईमानदारी आदि किसी को ले सकते हैं—इसमें जिसे लेंगे, उसके अनुसार कथानक होगा, यानी प्रत्येक को लेकर एक-एक नाटक होगा। मान लीजिए, हम ईमानदारी की बात को लेकर चलते हैं। इसका मतलब है कि कोई ईमानदार व्यक्ति है जो अन्त तक आते-आते बेईमान हो जाता है। इस ईमानदार व्यक्ति को स्वार्थपरता बेईमान बनाती है। इस ईमानदार व्यक्ति को किस परिवेश में रखा जाए? वह किस पेशे का हो? ऐसे पेशे में जिसमें बेईमानी की विश्वसनीय गुंजाइश हो। वह व्यक्ति सरकारी नौकर भी हो सकता है, प्राइवेट संस्थान में भी हो सकता है, व्यापारी भी हो सकता है। प्रत्येक को लेकर अलग-अलग नाटक होंगे। वर्तमान सामाजिक स्थिति को देखते हुए नाटक के मुख्य पात्र को सरकारी अफसर बनाना अधिक प्रभावशाली होगा। वह ईमानदार

व्यक्ति (वह ईमानदार क्यों है, इसके लिए हम उसके आदर्शवादी पिता, धार्मिक प्रवृत्ति की माँ आदि की बातें अलग से सोचेंगे) बेईमानी की ओर क्यों झुकता है, उसमें स्वार्थपरता क्यों आती है? स्थितियों के दबाव से—पारिवारिक दबाव सबसे ज्यादा जोरदार हो सकता है। पत्नी का दबाव है (पत्नी घूसखोर सम्पन्न परिवार से आई हुई है), वह अगल-बगल के सम्पन्न लोगों की तरह शान-शौकत से रहना चाहती है; अभी बच्चों को अच्छे महँगे स्कूलों में पढ़ाना है, दो लड़कियों की शादी करनी है, दो लड़कों को इंजीनियर, डॉक्टर बनाना है। बेईमान होने का (इस सन्दर्भ में रिश्वत लेने का) मौका कहाँ आता है? किसी सेठ का काम उसके यहाँ अटका हो सकता है या उसने अपने कुछ अधीनस्थ कर्मचारियों को किसी अपराध में (अपराध का स्वरूप निश्चित कर लेंगे) रंगे हाथों पकड़ने पर निलम्बित कर दिया हो वे और किसी तरह पैसे देकर छूट जाना चाहते हों। ईमानदार आदमी का एकाएक बेईमान हो जाना सम्भव नहीं है (ऐसे ही बिन्दुओं पर कुछ लेखक पात्रों को जबर्दस्ती सहसा परिवर्तित करा देते हैं), स्वाभाविक भी नहीं लगेगा। नायक पर दबाव पड़ते हैं, पर वह झुकने को तैयार नहीं होता। लेकिन, उसके बदले पत्नी ही रिश्वत की राशि ले ले, तब वह क्या करेगा? इतने वर्षों का वैवाहिक सम्बन्ध तो नहीं तोड़ सकता, सिर्फ पत्नी नहीं, बच्चे भी हैं। (सम्बन्ध तोड़ दे, तो वह अलग नाटक हो जाएगा, पर वह प्रतिज्ञा-सूत्र के मेल में नहीं होगा। सम्बन्ध तोड़ दे और ईमानदारी पर टिका रह जाए, तो वह आत्मिक मूल्यों की प्रतिष्ठा हो जाएगी। वैसा तब होता, जब प्रतिष्ठा-सूत्र होता—आत्मिक मूल्य भौतिक दबावों से नहीं टूटता। यहाँ तो प्रतिज्ञा-सूत्र के अनुसार, आत्मिक मूल्य को 'टूटना है, चाहे जैसे टूटे—टूटने के मूल में स्वार्थपरता होनी चाहिए।) मुख्य पात्र को झुकना पड़ता है, और वह किसी-न-किसी रूप में बेईमानी को स्वीकार करता है। प्रतिज्ञा-सूत्र का तो निर्देश है कि इस व्यक्ति में भी प्रारम्भ से ही स्वार्थपरता दिखलाई जाए। यदि ऐसा नहीं होता और वह व्यक्ति केवल पारिवारिक दबावों से टूट जाता है, तो इसका अर्थ हुआ कि प्रतिज्ञा-सूत्र है—पारिवारिक विवशता आत्मिक मूल्यों को तोड़ती है।[18] विस्तार से यह उदाहरण दिया गया जिससे ज्ञात हो सके कि किस प्रकार प्रतिज्ञा-सूत्र का विस्तार करके कोई कथानक निर्मित किया जा सकता है। इस तरह के कथानक में गतिशीलता बनी रहती है, और प्रारम्भ की स्थिति अन्त तक बदल जाती है। यह नाटककार पर है कि वह अपने विश्वास या मान्यता को व्यक्त करने के लिए किस प्रतिज्ञा-सूत्र को अपनाआधार बनाता है।

जिस पद्धति से बने, कथानक-निर्माण नाट्य-लेखन के लिए अनिवार्य है। नाटककार को पता होना चाहिए कि वह नाटक के अन्त द्वारा श्रोताओं पर क्या प्रभाव डालना चाहता है, और उसी के अनुसार उसे नाटक का कथानक बनाना है। एक नाट्य-चिन्तक कहता है कि अन्त से शुरू करो और प्रारम्भ तक चले आओ,

और तब प्रारम्भ से लिखना शुरू करो। बात सही है। कहानी प्रारम्भ से चलकर किसी बिन्दु पर समाप्त हो जा सकती है, उसमें बीच-बीच में इधर-उधर भटकने के लिए अवकाश भी है, पर रेडियो नाटक की सीमित अवधि में इसके लिए छूट नहीं है—उसे तो एक निश्चित अवधि में एक निश्चित बिन्दु पर पहुँचना ही है।

कथानक-निर्माण के बाद

नाटककार की धारणा स्पष्ट हो, और उसे अपने गंतव्य का तथा सही रास्ते का पता हो, इसके लिए आवश्यक है कि वह अपने नाटक के कथ्य, विषयवस्तु या प्रतिज्ञा-सूत्र को लिखित रूप में सामने रखे—केवल एक वाक्य में। जब अपना कथ्य स्पष्ट रहेगा, तभी वह एक वाक्य में लिखा जा सकेगा। इसके बाद कथानक की संक्षिप्त रूपरेखा को शब्दबद्ध कर लेने से नाटक लिखने में सुविधा होगी। रूपरेखा में केवल मुख्य घटनाओं का लिखा जाना पर्याप्त है। उसमें पूरी कहानी नहीं लिखनी है, और दृश्यों के वातावरण (कमरा, पार्क, रेलवे स्टेशन आदि का वर्णन) के विवरण की आवश्यकता नहीं। केवल मुख्य घटनाओं और प्रसंगों का उल्लेख होने से पता चलता रहेगा कि कार्यव्यापार का विकास किस दिशा में हो रहा है। कथानक की रूपरेखा सुलझी हुई और स्पष्ट होनी चाहिए।

कथानक की रूपरेखा के बाद प्रसंगों के दृश्यानुसार विभाजन का प्रश्न आता है। यह विभाजन प्रसंग के महत्त्व के अनुसार होता है कि नाटक के सभी अंगों का अनुपात बना रहे। अनुपात किसी भी कलाकृति का अनिवार्य गुण है। जैसे शरीर में सभी अंगों का अनुपात बना हुआ है, वैसे ही नाटक के विभिन्न दृश्यों में उनके महत्त्व की दृष्टि से अनुपात बना रहना चाहिए। इस विभाजन में यह उल्लेख रहेगा कि किस दृश्य में कौन-कौन से पात्र रहेंगे, किस बिन्दु से उनका संवाद प्रारम्भ होगा और किस बिन्दु तक चलेगा, तथा उस दृश्य को कितने मिनट का समय देना उचित होगा। उदाहरण के लिए, 'पहला दृश्य : पति-पत्नी—तीसरी पौत्री के जन्म के संवाद से प्रारम्भ, अपनी अन्तिम पुत्री के विवाह और उसके लिए दहेज के चालीस हजार रुपये जुटाने की चिन्ता के साथ समाप्त : 3 मिनट।'

विभाजन में ही इस बात का उल्लेख होता जाएगा कि कहाँ स्मृति-दृश्य होंगे, कहाँ स्वप्न-दृश्य होंगे आदि, और अनुमानतः कितने-कितने मिनट के होगे। यह हमेशा ही ध्यातव्य है कि सृजनात्मक लेखन पूर्वनिश्चित सीमाओं में बँधकर बिलकुल नपे-तुले ढंग से नहीं चलता—लेखन के क्रम बहुत सारी नई चीजें आती-जाती हैं, कहीं-कहीं दृश्यों का क्रम भी बदलता है, पर नाटक के अन्तिम बिन्दु का ज्ञान रहने पर और कथानक की प्रस्तावित रूपरेखा सामने होने पर नाटककार इधर-उधर अधिक भटकने के लिए स्वच्छन्द नहीं रहता—रूपरेखा हमेशा उसका दिशा-निर्देश

करती रहती है। यह अन्तिम लक्ष्य ही बतलाएगा कि 'तुम मुझसे प्रेम नहीं करते?' प्रश्न का उत्तर दूसरा पात्र क्या देता है—'तुमने कैसे समझा, मैं प्रेम नहीं करता?' या 'यह मुझे तुमसे कहना पड़ेगा?' या 'करता हूँ' या 'नहीं' या 'तुमसे मैं प्रेम करूँगा?' या 'तुमसे कौन प्रेम करेगा?' या 'मैं तुमसे घृणा करता हूँ।' हर उत्तर नाटक को एक विशेष दिशा में ले जाएगा। रूपरेखा मालूम रहे, तो अन्तिम लक्ष्य को देखते हुए संवाद विशेष दिशा में चलेंगे, कार्य-व्यापार उसी दिशा में गतिशील होंगे। रूपरेखा नाटककार को बाँधने के लिए नहीं होती, रास्ता दिखाने के लिए होती है। सृजनात्मक प्रतिभा उसमें ऐसे संशोधन करती चलती है जो नाटकीय प्रयोजन की दृष्टि से अनिवार्य होते हैं। इस प्रतिभा ने चरित्र-सृष्टि और कथानक-निर्माण एवं दृश्य-विभाजन के समय ही सही रूप में काम किया हो, तो लेखन के समय अधिक संशोधन की आवश्यकता नहीं रह जाती।

दृश्य-संयोजन

कथानक-निर्माण के विवेचन के क्रम में कथा के दृश्यानुसार विभाजन की बात कही गई है। इस सम्बन्ध में कुछ बातों को ध्यान में रखना आवश्यक है। रेडियो नाटक में दृश्यों की संख्या का कोई बन्धन नहीं है—एक दृश्य का भी नाटक हो सकता है और सौ दृश्यों का भी। दृश्य छोटे-छोटे भी हो सकते हैं बड़े-बड़े भी—दो-चार संवादों के भी, चालीस-पचास संवादों के भी। किसी दृश्य में दस सेकेंड लग सकते हैं, किसी में पाँच मिनट। यह सब नाटकीय प्रयोजन और कथावस्तु की गति द्वारा निर्दिष्ट होता है। पहले अध्याय की पाद-टिप्पणियों में दिये गए उदाहरणों से दृश्यों की संख्या और अवधि के सम्बन्ध में व्यावहारिक जानकारी मिल सकती है। वहाँ दृश्य परिवर्तन की पद्धतियों के भी उदाहरण दिये गए हैं। इसी क्रम में इस बात का उल्लेख किया जा सकता है कि रेडियो नाटक के छोटे रूप को देखते हुए कुछ लोग इसे 'रेडियो एकांकी' कहते हैं, जबकि रेडियो नाटक में अंक का कोई प्रश्न ही नहीं उठता।

रेडियो नाटक में स्मृति-दृश्यों और स्वप्न-दृश्यों के संयोजन में कुछ बातें ध्यान में रखने की हैं। रेडियो नाटक के स्थापत्य के ये दोनों ही महत्त्वपूर्ण अंग बनते हैं। इनका सम्बन्ध मन की सहज गति से है और मन की सहज गति की अभिव्यक्ति के लिए रेडियो का अदृश्य माध्यम बहुत उपयुक्त पड़ता है। स्वप्न-दृश्य यानी फ्लैशबैक और स्वप्न-दृश्य रेडियो नाटक में हों ही, यह आवश्यक नहीं, पर प्रसंगानुसार इनकी योजना सहज ही की जा सकती है। ध्यातव्य यही है कि इनके पहले और बाद के संवादों में ऐसे संकेत हों कि ये प्रारम्भ हो रहे हैं या समाप्त हो रहे हैं (जैसे, किसी स्मृति-दृश्य के प्रारम्भ में पात्र कहता है—मुझे याद है वह दिन)। यह भी ध्यातव्य

है कि स्मृति दृश्य देखनेवाला व्यक्ति जब उसका द्रष्टा या भोक्ता हो यानी उसने अतीत में उसे स्वयं देखा हो या वह स्वयं उसमें शामिल रहा हो, तभी स्मृति-दृश्य स्वाभाविक कहा जाएगा। तभी यह लगेगा कि उसका अन्तर्मन अतीत की ओर चला गया है। यदि वनवास के बाद अयोध्या लौटी हुई सीता अपनी किसी सखी से कहती है—'मेरे वियोग में श्रीराम वन-वन भटकते फिरे, फिर उन्होंने सुग्रीव से मित्रता की', और यहाँ स्मृति-दृश्य में राम-सुग्रीव का प्रसंग आता है, तो इसे स्मृति-दृश्य का सही प्रयोग स्मृति-दृश्य नहीं कहा जाएगा। ऐसा करने पर सीता नाटक का पात्र न होकर एक नैरेटर हो जाएगी। स्मृति-दृश्य का द्रष्टा कोई पात्र होता है और उस दृश्य को सिर्फ वही देखता है (उसके माध्यम से दर्शक/श्रोता देखते हैं, यह बात अलग है) दूसरा कोई पात्र नहीं देखता। पहले और बाद के संवादों से इस बात का स्पष्ट संकेत मिलता है। स्वप्न दृश्यों के लिए भी ये ही बातें कही जाएँगी। स्वप्न-दृश्य भी कोई व्यक्ति ही देखता है, दूसरे पात्रों को इसका पता नहीं रहता। कभी-कभी पूरा नाटक ही स्वप्न या दिवास्वप्न के रूप में प्रस्तुत किया जाता है। उदाहरण के लिए, 'चन्द टुकड़े औरत' में मधु को अपनी ससुराल के जिन सदस्यों से शिकायत है उन्हें कटघरे में खड़ा करके उन पर केस चलाती है और यह सारा का सारा मुकदमा एक प्रकार से दिवास्वप्न में ही दिखलाया जाता है और अन्त में :

अरुण : *(प्रवेश करते हुए)* क्या बात है?—घर में और कोई नहीं है क्या?

मधु : नहीं—क्यों?

अरुण : इतनी देर से दरवाजा खटखटा रहा हूँ कोई सुनता ही नहीं। तुम क्या कर रही थीं?

मधु : मैं-मैं?—कुछ भी तो नहीं—बस यूँ ही बैठी थी। *(अस्फुट स्वर में)* कर ही क्या सकती हूँ?[19]

इस अन्त से यह संकेत मिल जाता है कि सब कुछ मधु के मन में ही घटित हो रहा था।

रेडियो नाटक को प्रभावपूर्ण बनाने के लिए कभी-कभी संयुक्त दृश्यक्रम यानी मोन्ताज का प्रयोग किया जाता है। यह फिल्मों में व्यवहृत दृश्य-संयोजन की एक पद्धति का ही रेडियो में प्रयोग है। संयुक्त दृश्यक्रम में छोटे-छोटे दृश्यों या संवादों या संगीत या ध्वनि प्रभाव या इनमें से कुछ के मिश्रण को इस प्रकार जल्दी-जल्दी संयोजित किया जाता है कि वे अपने संयुक्त रूप से नये प्रभाव की सृष्टि करें। रेडियो नाटक में इससे कई तरह के प्रयोजन सिद्ध किये जा सकते हैं। इससे पात्रों के मनोवैज्ञानिक चित्रण में सहायता ली जा सकती है। क्षण विशेष में किस व्यक्ति के मन में कैसी बेचैनी है, इसे उसके अतीत से सम्बद्ध विभिन्न व्यक्तियों के स्वरों

को बारी-बारी से एक साथ रखकर व्यंजित किया जा सकता है। 'टूटा हुआ आदमी' नाटक के प्रारम्भिक अंश से एक उदाहरण पहले दिया गया है, जिसमें इंटरव्यू से निराश होकर लौटे एक बेकार नवयुवक के मन में माँ और मित्रों के गूँजते हुए स्वर सुनाई पड़ते हैं। इसमें केवल स्थानों या समय के जल्दी-जल्दी उल्लेख और संगीत या ध्वनि प्रभाव के समुचित व्यवहार द्वारा घटनाओं और कार्यव्यापारों की गतिशीलता व्यंजित की जा सकती है। इसके उदाहरण पहले आ चुके हैं। बढ़ती हुई आबादी के कारण भविष्य में लोगों को किस प्रकार की परेशानियाँ होंगी, इसे कुछेक स्वरों द्वारा संयुक्त दृश्यक्रम के माध्यम से बतलाया जा सकता है :

स्वर 1 : रहने को जगह चाहिए।
स्वर 2 : जगह खाली नहीं है।
स्वर 1 : नौकरी चाहते हैं।
स्वर 2 : जगह खाली नहीं है।
स्वर 1 : स्कूलों में बच्चों का दाखिला चाहिए।
स्वर 2 : जगह खाली नहीं है।
स्वर 1 : रोगियों को अस्पताल में जगह चाहिए।
स्वर 2 : जगह खाली नहीं है।
कई स्वर : *(गूँजती हुई ध्वनियाँ)* जगह खाली नहीं है, जगह खाली नहीं है।

इसी तरह दिखलाया जा सकता है कि एक ही घटना की समाज में समानान्तर प्रतिक्रियाएँ किस रूप में हुई हैं। किसी महान व्यक्ति के निधन पर विभिन्न क्षेत्रों के लोगों की प्रतिक्रियाओं को बारी-बारी से एक के बाद एक रखकर उसकी लोकप्रियता या उसके गुणों को दर्शाया जा सकता है। प्रतिक्रियाओं का संक्षिप्त होना आवश्यक है, अन्यथा प्रभाव में शिथिलता आने की आशंका हो सकती है। संयुक्त दृश्यक्रम की विशेषता उसकी गतिशीलता में है। मनोवैज्ञानिक चित्रण वाले संयुक्त दृश्यक्रम आत्मपरक होते हैं और उन्हें स्मृति-दृश्य या स्वप्न दृश्य की तरह केवल एक व्यक्ति देखता है। बाहरी घटनाओं, स्थितियों, सूचनाओं आदि को प्रस्तुत करनेवाले दृश्यक्रम मुख्यतः रेडियो-फीचर में प्रयुक्त होते हैं। दृश्य-संयोजन में नये प्रयोग भी किये जा सकते हैं। अपने कथ्य को प्रभावशाली बनाने के लिए नाटकीय प्रयोजन की माँग पर प्रयोगों की कोई सीमा नहीं है। सामान्यतः एक दृश्य में एक ही स्थान पर दो या अधिक पात्रों की बातचीत होती है, पर ऐसे अतिकल्पनामूलक दृश्य की योजना की जा सकती है जिसमें विभिन्न स्थानों के व्यक्ति किसी अदृश्य तार से जुड़े हुए हों और आपस में बातें कर रहे हों या एक स्थान के व्यक्तियों की बातों पर दूसरे स्थान के व्यक्ति अपनी प्रतिक्रिया व्यक्त कर रहे हों। उदाहरण,

'एक चीख : एक प्रश्न' की चर्चा पहले की गई है। उसमें ट्रेन में यात्रा कर रहे व्यक्ति आपस में बातें कर रहे हैं और उनसे दूर रेल लाइन उखाड़ने और वहाँ बम रखने के काम में लगा एक आतंकवादी अपनी प्रतिक्रिया व्यक्त करता है :

बूढ़ा : दवा क्या आराम देगी? अब तो सब अल्लाह के हाथ में है।
रहमत : अल्लाह ज़रूर आपको अच्छा कर देगा। हम वहाँ पहुँचकर आपको बड़े डॉक्टर से दिखलाएँगे।
सुक्खा : अब अल्लाह के यहाँ पहुँचकर दिखलाइएगा।
बूढ़ा : आखिर हम पहुँचेंगे कब? कब से तो चल रहे हैं।
सुक्खा : अब आप कभी नहीं पहुँचिएगा।

[संक्षिप्त संगीत]

प्रतिभा : घर से चलते समय देवरजी ने ट्रेन में चढ़ा दिया था, वहाँ दिल्ली में मेरे पति स्टेशन पर आ जाएँगे।
सुक्खा : अब वे स्टेशन पर नहीं आएँगे, आने के पहले ही उन्हें मालूम हो जाएगा।
प्रतिभा : शादी?
माया : अभी नहीं हुई है, होनेवाली है। उसी के लिए जा रही हूँ।
सुक्खा : अब आपकी शादी नहीं होगी, कभी नहीं होगी।

दृश्य-संयोजन से दृश्य और सूच्य प्रसंगों का प्रश्न भी गम्भीरता से जुड़ा हुआ है। इस पर सामान्यतः ध्यान नहीं दिया जाता, पर यह नाट्य लेखन एवं प्रस्तुतीकरण की दृष्टि से बहुत ही महत्त्वपूर्ण है। संस्कृत नाट्यशास्त्र में वस्तु का एक विभाजन दृश्य और सूच्य के रूप में किया गया है। कुछ प्रसंगों को दृश्य रूप में प्रस्तुत किया जाता है, कुछ को सूच्य रूप में कह दिया जाता है। नाटक में प्रश्न दोनों के अनुपात का होता है। सूच्य की तुलना में दृश्य का अनुपात अधिक होना ही चाहिए, यही नाटक का वैशिष्ट्य है। रेडियो नाटक में दृश्य प्रसंगों का प्रश्न नहीं उठता, पर इसमें भी अधिकांश प्रसंगों को घटनाओं, कार्यव्यापारों और संवादों के माध्यम से सीधे प्रस्तुत करना चाहिए, कुछ प्रसंगों को तो सूच्य रूप में प्रस्तुत करना ही पड़ेगा, क्योंकि किसी भी नाटक में सभी प्रसंगों को प्रत्यक्ष रूप में नहीं प्रस्तुत किया जा सकता। प्रश्न यह है कि किन प्रसंगों को प्रत्यक्ष रूप में प्रस्तुत करें और किन्हें सूच्य रूप में? पहले इन दोनों को समझ लें। यदि राधा और कृष्ण आपस में इस तरह से बातें करते हैं कि उनका प्रेम व्यंजित हो जाता है, तो इसे प्रत्यक्ष रूप से प्रस्तुत प्रसंग, रंगनाटक की शब्दावली में दृश्य प्रसंग, कहेंगे, लेकिन अगर कोई तीसरा पात्र कहता है कि राधा और कृष्ण ने आपस में बहुत देर तक प्रेम की बातें

कीं, तो यह सूच्य प्रसंग होगा। हम जानते हैं कि प्रत्यक्षता में जो शक्ति है, वह मात्र सूचना में नहीं। किसी पात्र के क्रोध का जो प्रभाव श्रोता पर पड़ेगा, वह इस सूचना से सम्भव नहीं कि उसने क्रोध किया। स्पष्टत: नाटक में जो महत्त्वपूर्ण प्रसंग हो, यह दृश्य यानी प्रत्यक्ष रूप में ही प्रस्तुत किया जाना चाहिए। कवि कालिदास के प्रसिद्ध नाटक 'शकुन्तला' के रेडियो-रूपान्तर में एक लेखक ने मूल नाटक के पाँचवें अंक को रूपान्तर से बिलकुल निकाल दिया। उसमें मूल नाटक के चतुर्थ अंक के अन्तिम अंश के आधार पर शकुन्तला को सम्बोधित कण्व का संवाद है—'पर्णकुटी के द्वार पर तुम्हारे हाथों से लगाये नीवार में जब तक कोंपलें आती रहेंगी, तब तक तुम्हें किस तरह भूल सकूँगा बेटी! अच्छा, जाओ, शिवास्ते सन्तु पन्थान:।' और, अगले दृश्य के प्रारम्भ में दुष्यन्त कहते हैं—'आह! जब उस मृगनयनी ने बार-बार अपने प्रणय की याद तो दिलाई, तब तो, ओ मेरा हृदय, तू सोया रहा और, जब उसे पा नहीं सकता, सन्ताप भोगने के लिए जागृत हो गया है।' स्पष्टत: लेखक ने पाँचवें अंक के मुख्य प्रसंग की सूचना एक वाक्य में दे दी है। मूल नाटक के पाँचवें अंक के प्रारम्भ में दुष्यन्त की प्रेमवंचिता रानी हँसमती का उपालम्भ है जो दुष्यन्त के चरित्र की ओर संकेत करता है, फिर दुष्यन्त को अनुभव होता है कि सुन्दर रूप और मधुर गीत से किस प्रकार मनुष्य को भूली हुई प्रीति का स्मरण हो आता है, और उसके बाद प्रिय-मिलन के सपने सँजोये शकुन्तला आती है, दुष्यन्त की पिछली भेंट और उसके प्रणय की याद दिलाने की बहुत कोशिश करती है, पर दुष्यन्त उसे पहचान नहीं पाता और प्रणय-दान के स्थान पर उसे अपमानित करता है। नाटक का यह अंश बहुत ही नाटकीय और मार्मिक है। इसे किसी भी नाट्यलेख से निकाला नहीं जा सकता।

नाटक प्रत्यक्ष चित्रण का काव्य है, और उसे ऐसे राग-प्रधान दृश्य से वंचित करना उचित नहीं कहा जा सकता। दर्शक केवल कथा सुनने के लिए प्रेक्षागृह में नहीं जाता, रेडियो का श्रोता भी केवल कहानी जानने के लिए नाटक सुनने नहीं बैठता, इसके लिए तो वह कहानी-उपन्यास पढ़ ही सकता है। वह नाटक को देखते-सुनते समय जीवन को उसके मूल राग-विरागों के साथ प्रत्यक्ष देखना चाहता है। यही प्रत्यक्षता नाटक की शक्ति है, इसकी अपनी विशेषता है। नाटक की यह शक्ति बनी रहे, इसके लिए आवश्यक है कि नाटककार अपने कथानक के मार्मिक स्थलों को पहचाने और उन्हें कुशलता से नाटक में चित्रित करे, उन्हें सूच्य बना देने से नाटक की शक्ति कम होती है। नाट्यशास्त्री धनंजय ने कहा था कि जो वस्तु मधुर अर्थात् चित्ताकर्षक हो, उदात्त हो और पूर्ण रूप से रस तथा भाव से भरी हुई हो, उसी का अभिनय रंगमंच पर करना चाहिए—जो वस्तु रसहीन हो उस विस्तृत वस्तु को केवल सूचित करना चाहिए। यह बात रेडियो नाटक पर भी लागू है। रेडियो नाटककार को दृश्य सूच्य प्रसंगों के चुनाव में सावधानी और कुशलता बरतनी चाहिए।

रेडियो नाटक का प्रारम्भ, विकास और अन्त

शिल्पगत ज्ञान के बाद मुख्य प्रश्न नाटक-लेखन का आता है, और नाटककार को सोचना पड़ता है कि वह कहाँ से नाटक प्रारम्भ करे। सामान्यत: नाटक वाद्य संगीत से प्रारम्भ होता है, और यह प्रोड्यूसर का काम है कि वह कैसे संगीत का चुनाव करता है। संगीत के बाद नाटक शुरू होता है। नाटककार पहले किसी कार्यक्रम को सुन चुके (नाटक के पहले कोई कार्यक्रम अवश्य ही प्रसारित हुआ होगा।) श्रोता का ध्यान किस तरह आकृष्ट कर ले कि वह नाटक सुनने लगे, स्विच ऑफ न करे। श्रोता की रुचि को तत्काल बाँध लेने की चुनौती को स्वीकार करके उसे अपना नाटक प्रारम्भ करना होता है। यह प्रारम्भ कैसा हो? निश्चित रूप से इसे नाटकीय होना चाहिए, कथात्मक नहीं। नाटकीय प्रारम्भ होता है घटना-क्रम के बीच से सहसा, आकर्षक रूप में, और कथात्मक प्रारम्भ होता है कहानी को पृष्ठभूमि देकर, घटनाक्रम के बिलकुल प्रारम्भ से। कहानी का नाटकीय प्रारम्भ है :

'बन्दी!'
'क्या है? सोने दो।'
'मुक्त होना चाहते हो?'
'अभी नहीं—निद्रा खुलने पर, चुप रहो।'[20]

कथात्मक प्रारम्भ है—'उस पुराने घर में न जाने कितने परिवारों का निवास है। उन्हीं में से एक घर में सीताराम रहता है। सारा घर बिलकुल सड़ियल है।'[21]

जैसे कुछ कहानियों के नाटकीय प्रारम्भ होते हैं, वैसे ही कुछ नाटकों के कथात्मक प्रारम्भ। कहने की आवश्यकता नहीं कि नाटकीय प्रारम्भ में अधिक आकर्षण होता है, आगे के प्रसंगों के लिए सहृदयों में जिज्ञासा जगाने की अधिक क्षमता रहती है। प्रश्न है कि नाटकीय प्रारम्भ किस तरह किया जाए। नाटकीय प्रारम्भ घटना के प्रथम बिन्दु से नहीं होगा। एक नाट्य-समीक्षक ने बहुत सही लिखा है कि असफल नाटक लिखने का सबसे सरल तरीका है कि शुरू से शुरू करो और अन्त तक चले जाओ। नाटकीय प्रारम्भ घटना-क्रम के किसी मध्य बिन्दु से होगा, जब कुछ घटनाएँ बीत चुकी हों। इब्सन की इसलिए प्रशंसा की जाती है कि वह अपने नाटकं उस बिन्दु से शुरू करता है, जब बहुत सारी घटनाएँ घट चुकी रहती हैं। यह बीच का बिन्दु कौन सा हो? वह बिन्दु जिसमें हमें लगे कि पात्र हमारे सामने किसी कारणवश आ रहे हैं। सिर्फ इसलिए नहीं कि नाटककार उनके माध्यम से कोई कहानी कहना चाहता है। पात्रों में कोई बेचैनी हो, कोई विवशता हो, कोई मनोवैज्ञानिक कारण हो, जिससे वे हमारे सामने आए हों। जैसा पहले कहा जा चुका है, वे कुछ होना, करना या बदलना चाहते हों—तीव्रता से, और वह भी जल्दी ही। नाटक में जब ऐसा पात्र प्रारम्भ में आता है, तब वह हमारे आकर्षण का केन्द्र बनता है, उसके कार्यों में

हमारी रुचि होती है, यदि वह तकलीफदेह स्थिति में पड़ने जा रहा हो, तो उसके लिए हमारे मन में चिन्ता शुरू होती है। अभी जो बात कही गई उसमें शीघ्र किसी आकांक्षा की पूर्ति का निश्चय करने की बात महत्त्वपूर्ण है। यदि कोई व्यक्ति तय करता है कि वह अपने पुत्र या पुत्रों के लिए पाँच-दस वर्षों में दो-चार लाख रुपये जमा कर देगा, तो इसमें हमारी कोई रुचि नहीं होगी, लेकिन वही अगर अपने बीमार पुत्र को मृत्यु से बचाने के लिए एक सप्ताह में पचास हजार रुपये जुटाने की बात सोचता है, तो आकर्षण का विषय बनता है—यदि वह रूपये नहीं जुटाता, तो उसके पुत्र की मृत्यु निश्चित है। जिस क्षण कोई पात्र अपनी किसी बाहरी आवश्यकता की पूर्ति का निर्णय लेता है, नाटक वहाँ से आकर्षक रूप में शुरू हो सकता है। यदि कोई व्यक्ति नहीं जानता कि वह क्या चाहता है, कहाँ जाना चाहता है, तो उसको आधार बनाकर लिखा गया पूरा नाटक ही कथात्मक हो जाएगा—वैसा पात्र क्या कहेगा? क्या करेगा? वह तो नाटककार के संकेत पर बोलेगा और काम करेगा, और वह दर्शकों-श्रोताओं के लिए आकर्षण का विषय नहीं रह जाता। पहले जिन स्थिर स्थितियों के नाटक की चर्चा की गई है, उसमें आकर्षण तभी होता है, जब पात्रों में कोई बेचैनी होती है—वे कुछ चाहते हैं जो उन्हें नहीं मिल पाता है। उदाहरण के लिए, 'आधे अधूरे' में प्रारम्भ की ही स्थिति अन्त में बनी रहती है, पर उसके पात्र लगातार एक बेचैनी की स्थिति में रहते हैं, वे बड़ी तीव्रता से अपनी मुक्ति चाहते हैं—अपने उस 'घर' के विषाक्त वातावरण से मुक्ति। ऐसा पूरा नाटक ही किसी संक्रान्ति की स्थिति का होता है और संक्रान्ति के बिन्दु से प्रारम्भ कोई भी नाटक आकर्षक होगा।

एग्री ने 'आडिपसं', 'हेडा गैब्लर', 'मैकबेथ' आदि अनेक नाटकों के विश्लेषण के आधार पर नाटक के प्रारम्भ के सम्बन्ध में जो विचार दिये हैं, उनसे लाभ उठाया जा सकता है।[22] उसका कहना है :

कोई नाटक ठीक उस बिन्दु से प्रारम्भ हो सकता है जब कोई द्वन्द्व संक्रान्ति को जन्म देता है।

कोई नाटक उस बिन्दु से प्रारम्भ हो सकता है जहाँ कम-से-कम एक पात्र अपने जीवन के एक नये मोड़ पर होता है।

नाटक किसी ऐसे निर्णय से शुरू हो सकता है जो संघर्ष को जन्म देनेवाला हो।

नाटक उस बिन्दु से प्रारम्भ हो सकता है जब किसी का कोई मूल्यवान और महत्त्वपूर्ण विषय दाँव पर होता है।

जिन बिन्दुओं से नाटक को शुरू करने की बात कही गई है, वे निश्चित रूप से नाटकों को आकर्षक प्रारम्भ देंगे। नाटकों को पढ़ते, देखते और सुनते समय ऊपर निर्दिष्ट दृष्टि से नाटकों के प्रारम्भ का अध्ययन किया जा सकता है।

ऐसे प्रारम्भ से नाटक के कार्यव्यापारों के विकास को स्वत: दिशा मिलती जाती है। एक घटना से दूसरी घटना अपने आप निकलती जाती है, एक संवाद से दूसरा

संवाद निकलता जाता है। नाटककार को देखना यह होता है कि नाटक में हमेशा तनाव बना रहे—जहाँ तनाव ढीला होगा, नाटक में शिथिलता आएगी, और उसमें श्रोताओं को बाँध रखने की क्षमता कम होगी। श्रोताओं की रुचि और जिज्ञासा को बनाए रखना जरूरी है। इसके लिए पात्र या पात्रों की इच्छापूर्ति में बाधक तत्त्वों को ले आना पड़ता है—उन्हें सहज रूप से आना चाहिए। इससे कथानक में जटिलताएँ आती हैं, और उनसे नाटक के बीच के अंशों का आकर्षण बढ़ता है। इसके लिए उपकथाओं की योजना करनी पड़ती है, पर ध्यातव्य है कि रेडियो नाटक की सीमित अवधि के कारण अधिक उपकथाओं के लिए इसमें अवकाश नहीं रहता—यदि उपकथाएँ आएँ, तो उन्हें मुख्य कथा से पूरी तरह जुड़ा हुआ होना चाहिए।

नाटक का अन्त कहाँ हो, इसके सम्बन्ध में सामान्य रूप से यही कहा जा सकता है कि नाटक का प्रारम्भ और विकास ही इसके निर्णायक हैं। इसका अर्थ हुआ कि अन्त को पहले के कार्यव्यापारों की सहज परिणति के रूप में आना चाहिए—जहाँ ऐसा नहीं होता, वहाँ अन्त आरोपित जैसा लगता है। ऐसे अनेक रेडियो नाटक भी मिलते हैं, रंग नाटक भी, जिनमें प्रारम्भ से क्रमशः विकसित होती आई घटनाएँ किसी आशावादी या सुखमय अन्त के लिए अवकाश नहीं देतीं, लेकिन नाटककार ऐसा करना चाहता है, फलतः घटनाओं को सहसा मोड़ देकर मनोनुकूल रूप से नाटक का अन्त कर देता है। ऐसा अन्त पात्रों द्वारा नहीं किया जाता, नाटककार द्वारा किया जाता है। इस तरह का अन्त प्रभावशाली नहीं हो, तो इसमें आश्चर्य की बात नहीं है। नाटककार यदि आशावादी अन्त करना ही चाहता है, तो वह अपना प्रतिज्ञा-सूत्र ही ऐसा बनाए, जो ऐसे अन्त का निर्देश करता हो, और नाटककार को ऐसे चरित्रों की ही सृष्टि करनी चाहिए जो नाटक को मनोवांछित परिणति तक ले जाएँ। नाटक का अन्त समाधान के रूप में भी हो सकता है, प्रश्न के रूप में भी। यह नाटककार के उद्‌देश्य पर निर्भर है कि वह क्या चाहता है, और नाटक से कैसा समग्र प्रभाव उत्पन्न करना चाहता है। जितना महत्त्व नाटक के प्रारम्भ का है, उससे कम महत्त्व उसके अन्तक का नहीं, और नाटककार से बड़ी सूझ-बूझ की अपेक्षा रखता है।

नाटक के शीर्षक की चर्चा इस विवेचन में अभी तक कहीं नहीं की गई, क्योंकि हर लेखक यह जानता है कि इसे नाटक की चेतना का व्यंजक, आकर्षक और जिज्ञासावर्धक होना चाहिए।

धारावाहिक नाटक

अभी तक जिन नाटकों का विवेचन किया गया वे अपने में पूर्ण और स्वतंत्र होते हैं। इनसे भिन्न धारावाहिक नाटक होते हैं, जो कई किस्तों में प्रसारित किए जाते हैं। नाटक सम्बन्धी जो बातें कही गई हैं वे इन पर भी लागू होती हैं, पर कुछेक

बातें इनके सम्बन्ध में अलग से कही जा सकती हैं। धारावाहिक नाटक दो प्रकार के होते हैं। पहला प्रकार उन नाटकों का है जिनमें शीर्षक एक ही रहता है, और मुख्य पात्र भी सबमें वही रहते हैं, पर स्थितियाँ और समस्याएँ बदलती जाती हैं। 'आइना', 'दर्पण', 'घर-बाहर' आदि नामों से इस तरह के नाटक प्रसारित होते रहते हैं। इस प्रकार के धारावाहिक नाटक की प्रत्येक कड़ी को एक स्वतंत्र नाटक समझना चाहिए, और स्वतंत्र नाटक की तरह उनमें वस्तु-विन्यास करना चाहिए। ध्यातव्य यही है कि चूँकि मुख्य पात्र सबमें एक ही रहते हैं, उनमें चारित्रिक वैशिष्ट्य की अन्विति रहनी चाहिए। ऐसा नहीं हो कि एक कड़ी में नायक दृढ़ संकल्प का व्यक्ति हो, और दूसरी में कमजोर पर निर्भर व्यक्ति। चरित्रसृष्टि की दृष्टि से ऐसा परिवर्तन विश्वसनीय हो, तो किया जा सकता है। किसी भी धारावाहिक की दो कड़ियों में पात्र वही रहें, पर उनके चरित्र बिल्कुल भिन्न हों, इसे प्रशंसनीय नहीं कहा जा सकता। प्रसिद्ध भोजपुरी धारावाहिक 'लोहा सिंह' की हर कड़ी में समस्या बदलती हैं, स्थिति बदलती है, पर लोहासिंह का विशिष्ट चरित्र सबमें वही रहता है—सोचने और बोलने का अपना विशेष ढंग, वही शब्दों को तोड़-मरोड़ कर प्रस्तुत करने की शैली, जिनके फलस्वरूप उस पात्र की अपनी पहचान बनी रहती है।

धारावाहिक नाटक का दूसरा प्रकार वह है जिसमें पहली कड़ी में शुरू हुई कहानी अन्तिम कड़ी तक चलती है। एक प्रकार से यह एक बड़ा नाटक होता है जो कई किस्तों में प्रसारित किया जाता है। इस धारावाहिक की हर कड़ी में एक स्वतंत्र नाटक नहीं होता, बल्कि हर कड़ी का नाटक बड़े नाटक का एक खंड होता है। कभी-कभी कोई बड़ा नाटक कई खंडों में प्रसारित किया जाता है, सामान्यत: दो-तीन खंडों में इस धारावाहिक की रचना रेडियो नाटक की सभी विशेषताओं को ध्यान में रखकर की जानी चाहिए, पर इसके सम्पूर्ण रूप की दीर्घ अवधि को देखते हुए एक बड़े नाटक की दृष्टि से इसकी परिकल्पना करनी चाहिए। इसका वस्तु विन्यास एक बड़े नाटक का होगा, और इसमें जटिलताओं एवं उपकथाओं के लिए अवकाश रहेगा। इसकी हर कड़ी के अन्त पर (यदि कोई नाटक दो या तीन खंडों में प्रसारित होता है, तो हर खंड के अन्त पर) विशेष ध्यान देने की आवश्यकता होती है। हर कड़ी को किसी प्रश्न या जिज्ञासा के बिन्दु पर समाप्त होना चाहिए जिससे आगे के प्रसंगों के लिए श्रोताओं में उत्कंठा बनी रहे। जैसे किसी बड़े नाटक के अंकों की समाप्ति के बारे में कहा जाता है कि जिस पात्र के बारे में दर्शक जानते हैं कि यह मर चुका है पर वास्तव में जो जीवित है, उसके सहसा प्रकट होने पर पर्दा गिरना चाहिए, वैसे ही रेडियो धारावाहिक की हर कड़ी का अन्त कौतूहलवर्धक बिन्दु पर होना चाहिए। हर कड़ी अपने में पूर्ण नहीं है, आगे के लिए संकेत है—वह बन्द दरवाजा नहीं, अधखुली खिड़की है।

पाद-टिप्पणियाँ

1. 'ले राइट्स आन प्लेराइटिंग' : सं. टाबी कोल, पृ. 74
2. 'मेकर्स आफ दि मॉडर्न थियेटर' : पी. एस. रामाराव, पृ. 13
3. 'ऐन इंट्रोडक्शन टु प्लेराइटिंग' : समुयल सेल्ङन, पृ. 3
4. वही, पृ. 7
5. 'कैरेक्टर्स मेक योर स्टोरी' : मेरेन एलवुड, पृ. 5
6. वही
7. 'एन इंट्रोडक्शन टु प्लेराइटिंग' : सैमुयल सेल्डन, पृ. 14
8. 'दि डार्क टावर' की प्रस्तावना : लुई मैकनीस
9. 'दि ऐनॉटमी ऑफ ड्रामा' : मार्जोरी बोल्टन, पृ. 25
10. इन सबका कुछ विस्तृत विवेचन लेखक की अन्य पुस्तकों 'हिन्दी एकांकी की शिल्पविधि का विकास' और 'प्रसाद के नाटकों का पुनर्मूल्यांकन' में किया गया है।
11. 'दि आर्ट ऑफ ड्रामेटिक राइटिंग' : लेजास एग्री, पृ. 60
12. 'प्लेराइट्स ऑन प्लेराइटिंग' : सं. टाबी कोल, पृ. 170
13. वही,
14. 'दि आर्ट ऑफ ड्रामेटिक राइटिंग' लेजॉस एग्री, पृ. 33
15. वही, पृ. 60
16. इस तरह का एक प्रयोग लेखक के 'रास्ता बन्द है' संकलन में 'जिन्दगी, तुम कहाँ हो?' नाटक में देखा जा सकता है।
17. 'दि आर्ट ऑफ ड्रामेटिक राइटिंग' : लेजॉस एग्री, पृ. 7
18. इस तरह के नाटक का एक उदाहरण लेखक के 'आदमी है, नहीं है' संकलन में देखा जा सकता है—'चेहरे और चेहरे'।
19. 'चन्द टुकड़े औरत' संकलन में इसी नाम का नाटक : गिरीश बख्शी
20. 'आकाशदीप' : जयशंकर प्रसाद
21. 'अवलम्ब' : राधाकृष्ण
22. 'दि आर्ट ऑफ ड्रामेटिक राइटिंग' : लेजॉस एग्री, पृ. 183

रेडियो रूपान्तर

रेडियो के लिए विशेष रूप से लिखित मौलिक नाटकों का प्रसारण तो किया ही जाता है, दृश्य एवं पाठ्य साहित्य रूपों को भी इस प्रकार रूपान्तरित किया जाता है कि वे रेडियो के मात्र श्रव्य माध्यम द्वारा प्रभावशाली रूप में प्रस्तुत किये जा सकें। सामान्यत: रंगनाटक, उपन्यास और कहानी के रेडियो रूपान्तर प्रसारित किये जाते हैं, कभी-कभी काव्य और यात्रा-वृत्तान्त के रूपान्तर का भी रेडियो द्वारा प्रसारण होता है। रूपान्तर का उद्‌देश्य होता है विभिन्न भाषाओं की रचनाओं को श्रव्य माध्यम द्वारा श्रोताओं तक पहुँचाना। हम देख चुके हैं कि प्रत्येक प्रस्तुतीकरण माध्यम का अपना वैशिष्ट्य होता है, और एक माध्यम की रचना अपने मूल रूप में किसी दूसरे माध्यम के उपयुक्त नहीं हो सकती। रंगनाटक दृश्य-श्रव्य होता है, और अपने मूल रूप में रेडियो से प्रसारित होने पर बोधगम्य नहीं हो सकता। इसी प्रकार जो रचना (कहानी, उपन्यास आदि) पढ़ी जाने के लिए होती है, वह श्रव्य रूप में प्रस्तुत होने पर प्रभावहीन हो जाएगी। इन सभी विधाओं के रूपान्तर की अलग-अलग समस्याएँ हैं, जिनसे परिचित रहना रूपान्तरकार के लिए आवश्यक है।

सबसे पहले 'रेडियो रूपान्तर' और 'रेडियो-नाट्य रूपान्तर' की चर्चा कर लेनी चाहिए। कभी-कभी ये दोनों नाम पर्याय के रूप में प्रयुक्त होते हैं, पर इनमें आपस में थोड़ा अन्तर है। रेडियो रूपान्तर का अर्थ है किसी रचना की भाषा, प्रस्तुति आदि में सामान्य परिवर्तन के द्वारा रेडियो प्रसारण के उपयुक्त बना देना। रचना में नाटकीयता का समावेश हो ही, यह आवश्यक नहीं। कुछ रचनाएँ कथात्मक होती हैं जिनमें वर्णनात्मकता अधिक रहती है और कथा का विकास सरल गति से होता है। कुछ रचनाओं में संघर्ष, कौतूहल-सृष्टि, जिज्ञासा-वृद्धि आदि नाटकीय तत्त्व रहते हैं। पहले प्रकार की रचनाओं का रूपान्तर मात्र प्रसारण-योग्य हो जाएगा, जबकि दूसरे प्रकार की रचनाओं में नाटकीयता का रहना अनिवार्य है। कहने की आवश्यकता नहीं कि श्रव्य माध्यम के उपयुक्त दूसरे प्रकार की रचनाएँ ही हो सकती हैं—किसी रचना का रेडियो से प्रसारित कर दिया जाना ही उसकी प्रसारण-उपयुक्तता सिद्ध

नहीं करता, क्योंकि उपयुक्तता का प्रश्न प्रसारणकर्ताओं से ही नहीं, श्रोताओं से भी जुड़ा हुआ है। ऐसी स्थिति में रेडियो रूपान्तर के लिए उन्हीं रचनाओं का चयन किया जाना चाहिए जिनमें नाटकीय तत्त्व निहित हों। सही रूप में ऐसी ही रचनाओं के रूपान्तर को रेडियो-नाट्य रूपान्तर कहना चाहिए, यह बात दूसरी है कि इनके लिए भी रेडियो रूपान्तर नाम का व्यवहार कर दिया जाता है।

रेडियो-रूपान्तर के कलात्मक औचित्य का प्रश्न भी महत्त्वपूर्ण है। कुछ लोगों के अनुसार, रेडियो-रूपान्तर किसी मौलिक साहित्यिक रचना की धुँधली छाया से अधिक कुछ नहीं हो सकता।[1] यह सही है कि कोई भी अनुवाद मूल रचना नहीं होता, पर सृजनात्मक रूप से किया गया अनुवाद अपने में ही एक साहित्यिक कृतित्व है, और उसका अपना महत्त्व है। रेडियो रूपान्तर भी अन्य माध्यमों की रचनाओं का रेडियो की भाषा में अनुवाद है। कोई अनुवाद मूल रचना के कथ्य और संवेदना को सहृदयों तक सम्प्रेषित कर सके, सहृदयों को प्रभावित और आनन्दित कर सके, यही उसकी सफलता है। रेडियो रूपान्तर के सम्बन्ध में भी यही बात कही जाएगी। रेडियो नाट्य-विशेषज्ञ मैकहवाइनी तो मानते हैं कि रूपान्तर किसी मूल आलेख पर किया गया एक प्रकार का समीक्षा-कार्य है, जिसमें किसी दूसरे माध्यम के लिए, किसी दूसरे रूप में लिप्यंतरण, व्याख्या और पुनर्कथन शामिल हैं।[2] रेडियो रूपान्तर के महत्त्व को अस्वीकार नहीं किया जा सकता, शर्त यही है कि रचना का मूल तत्त्व उसमें आए, और रूपान्तर प्रस्तुति-माध्यम के उपयुक्त हो।

अब हमें विभिन्न विधाओं के रेडियो रूपान्तर पर अलग-अलग विचार करना चाहिए।

रंगनाटक का रेडियो-रूपान्तर

रंगनाटक और रेडियो नाटक, दोनों ही नाटक हैं, इसलिए लग सकता है कि एक का दूसरे में रूपान्तर बहुत आसान काम है, पर बात ऐसी नहीं है। सी. सी. मेहता ने बहुत सही लिखा है—'कोई नाटककार रंगमंच के दृश्य संकेतों को काटकर और उनके स्थान पर ध्वनि संकेतों को रख देने मात्र से रेडियो-लेखक नहीं हो सकता। हमने अनेक रंगनाटकों को प्रसारित रूप में बर्बाद होते देखा है—अनुचित एवं अपर्याप्त प्रयोग के कारण।[3] रेडियो रूपान्तर का मतलब होता है किसी दृश्य-श्रव्य नाटक को मात्र श्रव्य रूप में कल्पित करना। इस क्रम में अनेक बातें हमारा ध्यान आकृष्ट करती हैं।

रंगनाटक का रेडियो रूपान्तर करते समय पहला प्रश्न उसे संक्षिप्त करने का होता है। रंगनाटक सामान्यत: डेढ़ घंटे से लेकर ढाई-तीन घंटे की अवधि का होता है, पर रेडियो नाटक अधिक-से-अधिक एक घंटे का होता है। रंगमंच के एकांकी

नाटक अवश्य ही कम अवधि के होते हैं—उनके रेडियो रूपान्तर में संक्षिप्तीकरण का प्रश्न नहीं उठता, पर माध्यम सम्बन्धी अन्य बातों का ध्यान रखना पड़ता है। पूर्णकालिक रंगनाटक की अवधि कम करते समय यह सोचना आवश्यक है कि किस अंश या अंशों को छोड़ा जाए और किन्हें रखा जाए। पहली बात तो यह आवश्यक है कि नाटक की मूल कथा और प्रासंगिक कथाओं को अलग-अलग समझा जाए और मूल कथा को ही अपना आधार बनाया जाए। प्रासंगिक कथाएँ केवल वे ही ली जाएँ, जो अनिवार्य ही नहीं, अपरिहार्य हों। कुछ नाटक बहुत बड़े होते हैं, और उनमें उपकथाएँ परस्पर इस तरह उलझी होती हैं कि उन्हें अलग-अलग कर पाना बहुत कठिन होता है। उदाहरण के लिए, जयशंकर प्रसाद का प्रसिद्ध नाटक 'चन्द्रगुप्त' देखा जा सकता है। इसका कथानक तीन मुख्य घटनाओं से जुड़ा है :

सिकन्दर का अभियान

1/1 भावी युद्ध-संकेत
1/6 सिन्धुतट पर यवन
1/8 गांधार और यवन
1/10 सिल्यूकस द्वारा चन्द्रगुप्त की रक्षा
1/11 दांड्यायन द्वारा भविष्यवाणी
2/1 यवनशिविर में चन्द्रगुप्त
2/2 चाणक्य की योजना
2/3 पर्वतेश्वर-सिकन्दर-युद्ध
2/6 युद्ध परिषद्
2/8 यवनदूत और सिंहरण
2/9 राक्षस और चाणक्य
2/10 युद्ध
3/3 सिकन्दर प्रस्थान

नन्द का नाश

1/2 नन्द : राक्षस की नियुक्ति
1/3 चाणक्य : पूर्व स्मृतियाँ
1/5 चाणक्य : शिखा-प्रसंग
1/7 बन्दी चाणक्य की मुक्ति
1/9 पर्वतेश्वर-चाणक्य
3/5 नन्द-सुवासिनी
3/6 चाणक्य की योजना
3/7 नन्द-सभा में वररुचि
3/8 जन-असन्तोष
3/9 नन्द-नाश

सिल्यूकस की पराजय

4/6 युद्ध की आशंका
4/7 कार्नेलिया : एलेग्जेंड्रिया में
4/8 तैयारी
4/9 सिल्यूकस-कार्नेलिया
4/10 युद्ध
4/11 बन्दी सिल्यूकस
4/12 सन्धि-प्रस्ताव

मुख्य कथानक से असम्बद्ध

1/4 कल्याणी-चन्द्रगुप्त
2/4 चन्द्रगुप्त-मालविका
2/5 पर्वतेश्वर-अलका
3/2 अनेक प्रसंग
3/4 फिलिप्स : द्वन्द्वयुद्ध-आमंत्रण
4/1 कल्याणी : आत्महत्या

4/13 चाणक्य का त्याग
4/14 चन्द्रगुप्त-कार्नेलिया-परिणय

4/2 राक्षस-सुवासिनी
4/3 चाणक्य सुवासिनी
4/4 मालविका : आत्महत्या
4/5 चन्द्रगुप्त-चाणक्य-मतभेद

इस विश्लेषण में अंकों-दृश्यों का उल्लेख किया गया है। उन्हें देखते हुए समझा जा सकता है कि कथानक किस तरह आपस में उलझा हुआ है। मूल रूप में यह नाटक कई घंटों का है। रेडियो रूपान्तर करते समय इसके किसी मुख्य प्रसंग को ही लेकर चलना पड़ेगा। इस नाटक का नायक चन्द्रगुप्त है, इसलिए केवल उससे सम्बद्ध प्रसंगों को ही रूपान्तर में रखना पड़ेगा। स्पष्टत: इस नाटक के रूपान्तर में बहुत सारे प्रसंगों को छोड़ना पड़ेगा। इस नाटक में छोटे-छोटे अनेक सुन्दर और आकर्षक प्रसंग हैं, और रूपान्तरकार को उन सबका मोह त्यागना पड़ेगा। तभी नाटक का ऐसा रेडियो रूपान्तर किया जा सकेगा जिसमें कथात्मक और प्रभावात्मक अन्विति बनी रहे। यदि रूपान्तरकार समझता है कि मूल नाटक के कथ्य और चेतना को बिना क्षति पहुँचाए किसी बड़े रंगनाटक को संक्षिप्त करके रेडियो नाटक की अवधि-सीमा में नहीं लाया जा सकता, तो उसका रूपान्तर और प्रसारण नहीं किया जाए, यही अच्छा हो।[4]

पूर्णकालिक रंगनाटक को संक्षिप्त करने का एक तरीका यह है कि उसके कई बड़े प्रसंगों को एक साथ समेटकर संक्षेप में प्रस्तुत किया जाए। इसमें भी गौण प्रसंगों को छोड़ना होगा, और मुख्य प्रसंगों के सूत्रों को ही पकड़कर आगे बढ़ना पड़ेगा। उदाहरण के लिए, रामवृक्ष बेनीपुरी के प्रसिद्ध नाटक 'अम्बपाली' को लिया जाए। इसके तीसरे अंक के प्रथम चार दृश्यों में अजातशत्रु की कथा है। उसमें दिखलाया गया है कि अजातशत्रु के हृदय में अम्बपाली के प्रति आसक्ति है, वह वैशाली पर आक्रमण करने के लिए अपने मंत्रियों से परामर्श करता है, कूटनीति के खेल खेलता है, वैशाली के नागरिकों में भेद-भाव के बीज बोता है, और अन्त में उस पर आक्रमण करके विजयी होता है। यह पूरी कथा अम्बपाली के चरित्र से केवल अन्त में जुड़ती है। यह पूरा प्रसंग डिमाई आकार के छब्बीस पृष्ठों में मुद्रित हुआ है। 'अम्बपाली' के रेडियो रूपान्तर में इसे संगीत और ध्वनि प्रभावों की सहायता से केवल दस-बारह संवादों में प्रस्तुत कर दिया गया है।[5]

संक्षिप्तीकरण के साथ ही दृश्य और सूच्य का प्रश्न भी जोड़ा जा सकता है। कभी सूच्य रूप में वर्णित किसी बड़े प्रसंग को दृश्य बनाकर (यह पहले कहा जा चुका है कि रेडियो नाटक के सन्दर्भ में 'दृश्य' का तात्पर्य प्रत्यक्ष प्रस्तुतीकरण से है) उसे संक्षिप्त किया जा सकता है, और कभी संक्षिप्त करने की आवश्यकता नहीं हो, तब भी कुछ सूच्य प्रसंगों को दृश्य बनाया जा सकता है। यह हम देख आए

हैं कि नाटकीय, आकर्षक और मार्मिक प्रसंगों को दृश्य रूप में ही प्रस्तुत किया जाना चाहिए। इससे नाटक की शक्ति बढ़ती है। अनेक रंगनाटकों में कई कारणों से विस्तृत सूच्य प्रसंग होते हैं। 'अम्बपाली' के प्रारम्भिक अंश में नाटककार ने दृश्य-विधान का विस्तृत निर्देश दिया है, जिसकी कुछ पंक्तियाँ हैं—'एक विस्तृत सघन अमराई—आम की हर डाली मंजरियों से लदी, झुकी, अमराई का मध्य—एक फैला हुआ आम का वृक्ष—उसकी एक मोटी डाल से एक झूला लटक रहा है, एक किशोरी झूलेवाले वृक्ष की ओर आती दिखाई पड़ती है।' अम्बपाली आती है, झूले पर झूलती है, गीत गाती है, उसकी सखी मधूलिका आती है, दोनों में हास-परिहास होता है, दोनों बातें करती हैं—रूप, सौन्दर्य और स्वप्न के बारे में। वहीं अम्बपाली अपनी सखी को अपना विचित्र सपना सुनाती है—'रात देखा, कहीं अजीब देश में पहुँच गई हूँ, जहाँ चारों ओर फूल-ही-फूल हैं। जिन्हें हम गूलर, पाकड़, पीपल कहते हैं, उनमें भी फूल लगे हैं—चम्पा के, गुलाब के, पारिजात के। जमीन पर घास-फूस की जगह फूलों की पंखड़ियाँ बिछी हैं और धूल की जगह पीत-पराग बिखरा है। हवा में अनहद संगीत—वातावरण में अजीब रंगामेजी। सामने एक तालाब देखा, जिसमें कमल के सहस्त्र-सहस्त्र फूल खिल रहे—लाल, श्वेत, पीत, नील। और, दर्पणोपम निर्मल नील जल! मुझे गरमी महसूस हो रही थी। क्यों न तालाब में नहा लूँ? इधर-उधर देखा, कोई नहीं। मैंने झटपट कंचुकी उतार दी, बाह्य परिधान खोलकर रख दिया। दौड़कर किनारे पहुँची। जल में कूदने के लिए झाँका, तो अपना सम्पूर्ण प्रतिबिम्ब देखा! (सिहरती हुई) अपना ही प्रतिबिम्ब! लेकिन उसे देखते ही, मधु, नसों में खून के एक अजीब ज्वार का अनुभव हुआ और आधी बेहोशी में ही अपने को पानी में फेंक दिया।' मधूलिका 'अजीब सपना!' कहकर अपना विस्मय प्रकट करती है, तब अम्बपाली सपने की बात आगे बढ़ाती है—'उसका अनोखापन तो अब आता है, रे! पानी में धँसकर मैं तैरने लगी और बढ़ी एक नील कमल की ओर। किन्तु यह क्या? यह तो कलंगीवाला राजकुमार है और मुझे अपनी ओर आते देख मुस्करा रहा है। मैं चकित हुई। दूसरे कमलों की ओर देखा, वैसे ही कलंगीवाले राजकुमार, हजार-हजार। और सबके सब मेरी ओर देखकर सिर्फ मुस्करा नहीं रहे, बल्कि ठठा-ठठा कर हँस रहे। मैं नंगी—उफ्, क्या करूँ, कहाँ जाऊँ, कैसे बाहर होऊँ? इससे तो डूब मरना अच्छा। डूब मरूँ—मरूँ—इसी उम्र में! तो? डुबकी मारकर शर्म छिपानी चाही—एक डुबकी, दूसरी डुबकी, तीसरी डुबकी में मालूम हुआ, साँस घुट रही है। अच्छा हुआ, नींद टूट गई। जगी तो पाया, पसीने-पसीने थी।'

मूल नाटक में यह प्रसंग डिमाई आकार के छह पृष्ठों में मुद्रित है। इसमें मुख्य बात सपने की है। रंगमंच पर भी स्वप्न-दृश्य प्रस्तुत किये जाते हैं, पर इसमें सपने में नग्नता को दिखलाने की बात है जो रंगमंच की सीमा की ओर संकेत करती है। चूँकि रंगमंच पर नग्नता को दिखलाना कठिन है, नाटककार ने पूरे सपने को सूच्य

रूप में विस्तार से वर्णित किया है। स्पष्टत: वर्णन सुनने से मन पर वह प्रभाव नहीं पड़ सकता, जो प्रत्यक्ष दर्शन से सम्भव है। यह भी ध्यातव्य है कि स्वप्न दृश्य रेडियो के श्रव्य माध्यम की प्रकृति के मेल में पड़ता है, और श्रव्य रूप में नग्नता को प्रस्तुत करने में भी कोई कठिनाई नहीं है। ऐसी स्थिति में 'अम्बपाली' के प्रारम्भिक अंश का रेडियो रूपान्तर इस प्रकार किया जा सकता है कि वह संक्षिप्त भी हो जाए, और सूच्य स्वप्न प्रसंग प्रस्तुति के द्वारा अधिक प्रभावशाली भी बन जाए। मूल नाटक में दृश्य आम्रकुंज का है, जो यथार्थवादी रंगमंच पर अवश्य ही आकर्षक और सुन्दर लगेगा, पर यदि स्वप्न को प्रत्यक्ष में प्रस्तुत करना है, तो स्थान में परिवर्तन किया जा सकता है। रूपान्तर में इसका स्थान शयन कक्ष का कर दिया गया है, और नाटक स्वप्न से ही प्रारम्भ होता है—मूल नाटक की तरह भूमिकात्मक प्रारम्भ के लिए रेडियो नाटक में अवकाश नहीं है। प्रस्तुति-अवधि को भी कम करना है, यह बात पहले कही जा चुकी है। रूपान्तर का यह अंश प्रस्तुत है :

मधूलिका : क्यों अम्बे, सो गई? *(हल्की हँसी)* अभी कह रही थी, कहानी सुनाओ मधु, अभी सो गई। अच्छा, शान्ति से सो, सपनों के रंगीन संसार में विचरण कर। मैं भी सो रही हूँ। *(जम्हाई लेने की आवाज)*

[पृष्ठभूमि में हल्का स्वप्नसूचक संगीत]

कल्पना : *(निकट आती हुई)* अम्बे!...अम्बे!

अम्बपाली : कौन? तुमने मुझको पुकारा?

कल्पना : हाँ अम्बपाली।

अम्बपाली : कौन हो तुम?

कल्पना : मुझे नहीं पहचानतीं? तुम्हें कब से नये-नये देश दिखाती रही हूँ। परियों का देश दिखाया है मैंने तुम्हें। मणियों के द्वीप पर तुम्हें ले गई हूँ मैं। मुझे नहीं पहचानतीं?

अम्बपाली : हाँ-हाँ, कुछ-कुछ पहचान तो रही हूँ।

कल्पना : दुत् पगली! पहचानने, न पहचानने से क्या। चल मेरे साथ, आज फूलों का देश दिखाऊँगी।

अम्बपाली : फूलों का देश?

कल्पना : हाँ अम्बे, ऐसा देश तूने देखा न होगा। चल, उड़ चल मेरे साथ।

अम्बपाली : अच्छा।

[ऊपर उठता हुआ संगीत]

अम्बपाली : यह क्या देख रही हूँ मैं? प्रकाश! स्वर्णिम प्रकाश!

कल्पना : वह सुनहली घाटियों का देश है, वहाँ इन्द्रधनुषों का मेला लगा रहता है। वहाँ देवकुमार रहते हैं, सुनहले पंखवाले देवकुमार। वे नीलम के पंखोंवाली अप्सराओं के आगे-पीछे, इधर-उधर मँडराते फिरते हैं। वहाँ नृत्य है, संगीत है।

अम्बपाली : चलो न वहीं, देवकुमारों को देखूँगी।

कल्पना : नहीं अम्बे, मैं तुझे फूलों का देश दिखाऊँगी।

अम्बपाली : हवा की लहरों पर तिरती हुई यह कैसी सुरभि आ रही है?

कल्पना : यह फूलों के देश की सुरभि है अम्बे। देख, तू वहाँ पहुँच भी गई।

अम्बपाली : कितना सुन्दर है यह देश! फूलों का देश! राशि-राशि के फूल। चारों ओर फूल-ही-फूल—चम्पा के, गुलाब के, पारिजात के! धरती पर फूलों की पंखुड़ियाँ, धूल के बदले पीत-पराग! चारों ओर यौवन की रंगीन तितलियाँ उड़ रही हैं!

कल्पना : यही फूलों का देश है अम्बे!

अम्बपाली : और यह?

कल्पना : निर्मल नील सरोवर।

अम्बपाली : कैसा मनमोहक है यह! कमल के फूल—सहस्र, सहस्र ही नहीं, असंख्य! लाल, श्वेत, पीत, नील। ये फूल मुझे स्नान करने को इंगित कर रहे हैं। सुनती हो? अरे तुम कहाँ गईं? अभी तो यहीं थीं, कहाँ अदृश्य हो गईं? *(हल्की हँसी)* अच्छा हुआ, तुम चली गईं। मैं कंचुकी खोलकर, परिधान उतारकर स्नान करूँगी इसमें! तुम्हारे रहने से मुझे लज्जा लगती। निर्मल जल में मेरा प्रतिबिम्ब! कितना सुन्दर है यह! अच्छा, जल में कूद पड़ूँ। *(जल में कूदने की आवाज)* वह नील कमल! चलूँ, ले आऊँ उसे *(तैरने की आवाज)* अरे! यह क्या? यह फूल नहीं, कलंगी वाला राजकुमार है! मुझे देखकर मुस्करा रहा है। भागूँ, उधर चलूँ इधर भी कलंगीवाला राजकुमार!...इधर भी कलंगी वाला राजकुमार! इतने राजकुमार!

बहुत से पुरुष-स्वर : *(बारी-बारी से)* इधर आओ अम्बे! इधर आओ अम्बे! *(कई बार)*

अम्बपाली : मुझे मत देखो, मुझे मत देखो, मैं नग्न हूँ, नग्न हूँ मैं!

बहुत से पुरुष-स्वर : इधर आओ, इधर आओ। *(जोर की हँसी)*

अम्बपाली : तुम नहीं मानते, नहीं मानते, तो मैं डूब मरूँगी! आह! साँस ...घुट रही! आह! *(जोर से)* आह!

[स्वप्न संगीत झटके के साथ समाप्त]

मधूलिके : क्या है अम्बे?

अम्बपाली : कौन? कौन? मधु? कुछ नहीं मधु, कुछ नहीं! मैं स्वप्न देख रही थी।

मधूलिका : तू तो सदैव स्वप्न ही देखा करती है अम्बे! कोई भयानक स्वप्न था क्या?[6]

मूल नाटक के संक्षिप्तीकरण और उसमें दृश्य सूच्य-विधान के सम्बन्ध में जो बातें कही गई हैं, उन्हें इस उदाहरण में देखा जा सकता है। इससे यह निष्कर्ष भी निकाला जा सकता है कि रूपान्तरकार मूल नाटक के दृश्य-विधान, दृश्यों की संख्या, उनके क्रम, घटना स्थल आदि से बँधा हुआ नहीं है। उसे रचना को रेडियो माध्यम के अनुरूप गढ़ना है, और इसे वह किसी तरह कर सकता है—जैसा पहले कहा गया, शर्त यही है कि मूल नाटक की विषयवस्तु, उद्देश्य और संवेदना को किसी प्रकार की क्षति नहीं पहुँचे।

अभी जो उदाहरण दिया गया, उसमें विस्तृत सूच्य प्रसंग को दृश्य बना देने से नाटक को संक्षिप्त करने में सहायता मिली है, पर रूपान्तर के क्रम में किसी मूल नाटक में ऐसे भी अंश मिल सकते हैं जिन्हें संक्षिप्ति की दृष्टि से नहीं, बल्कि प्रभाव-वृद्धि की दृष्टि से सूच्य से दृश्य बनाया जा सकता है। उदाहरण के लिए, मोहन राकेश के 'आधे-अधूरे' के उत्तरार्द्ध में अनेक सूच्य प्रसंग आए हैं। यथार्थवादी दृश्य-बन्ध की सीमाओं के कारण नाटककार बहुत सारे दृश्यों की योजना नहीं कर सकता था, इसलिए उसने रंगमंच के बाहर घटी घटनाओं को और बीती हुई बातों को भी सूच्य रूप में प्रस्तुत किया है। उदाहरण के लिए,

बड़ी लड़की : इतने साधारण ढंग से उड़ा देने की बात नहीं है, अंकल! मैं यहाँ थी, तो मुझे कई बार लगता था कि मैं एक घर में नहीं, चिड़ियाघर के एक पिंजरे में रहती हूँ यहाँ। आप शायद सोच भी नहीं सकते कि क्या-क्या होता रहा है यहाँ। डैडी का चीखते हुए ममा के कपड़े तार-तार कर देना, उनके मुँह पर पट्टी बाँधकर उन्हें बन्द कमरे में पीटना, खींचते हुए गुसलखाने में कमोड पर ले जाकर...*(सिहर कर)* मैं तो बयान भी नहीं कर सकती कि कितने-कितने भयानक दृश्य देखे हैं इस घर में मैंने।

मूल आलेख के बन्धन से मुक्त होकर रूपान्तर करने में संवाद में आए सूच्य प्रसंगों को छोटे-छोटे स्मृति-दृश्यों में बदला जा सकता है।

रंगनाटक के रेडियो-रूपान्तर में जो दूसरी समस्याएँ आती हैं, उन पर भी ध्यान देना चाहिए। सबसे पहले भाषा की बात लें। रेडियो की भाषा सरल और बोधगम्य होनी चाहिए, यह स्वयंसिद्ध सत्य-जैसा है। रंगमंच पर भाव-भंगिमा, मुद्रा आदि अभिव्यक्ति के अनेक साधन हैं—यदि दो-चार शब्द कठिन भी हों, तो बोधगम्यता में बाधा नहीं आती। यदि किसी रंगनाटक में कुछ कठिन शब्द आए हों, तो रेडियो-रूपान्तर में उनका सरलीकरण आवश्यक हो जाता है। मोहन राकेश ने अपने रंगनाटक 'आषाढ़ का एक दिन' के एक संवाद में लिखा है—'हम कोमल आस्तरण पर विश्राम करेंगे। हमारे अंगों पर घृत का लेप होगा। कल हम फिर वनस्थली में घूमेंगे। कोमल दूर्वा खाएँगे।' उन्होंने इसका रेडियो-रूपान्तर करते समय स्वयं ही 'आस्तरण', 'घृत', 'वनस्थली' और 'दूर्वा' को बदलकर क्रमश: 'शय्या', 'घी', 'वनों' और 'दूब' कर दिया है। केवल रूपान्तर में ही नहीं, रेडियो से प्रसारित किसी भी रचना में भाषा सम्बन्धी सजगता अपेक्षित है।

रंगनाटक में दृश्यबन्ध, रंगमंच के दृश्य उपकरण, पात्रों के कार्यव्यापार आदि सबका महत्त्व होता है। ये सभी भावाभिव्यक्ति के साधन बनते हैं। यदि नाटककार अपने नाटक के प्रारम्भिक दृश्य संकेत में लिखता है—'परदा उठने पर सबसे पहले चाय पीने के बाद डाइनिंग टेबल पर छोड़ा गया अधटूटा टी-सेट आलोकित होता है', तो वह यह व्यंजित करना चाहता है कि नाटक अधटूटे लोगों के बारे में है। रूपान्तर करते समय भावाभिव्यंजक और अनिवार्य दृश्य तत्त्वों को श्रव्य तत्त्वों में बदलना पड़ेगा—यह काम चाहे ध्वनि प्रभाव से हो, संगीत से हो, संवाद से हो या इन सबके सम्मिलित प्रयोग से। रेडियो नाटक दृश्य का यथातथ्य चित्र तो नहीं प्रस्तुत कर सकता, पर ध्वनि संकेतों द्वारा उसे प्रभावशाली रूप में व्यंजित अवश्य ही कर सकता है। दृश्य-विधान सम्बन्धी कठिनाई मुख्यत: यथार्थवादी रंगनाटकों के रूपान्तर में आती है, प्राचीन स्वच्छन्दतावादी नाटकों में तो दृश्य, कार्यव्यापार आदि का वर्णन उनके संवादों में ही रहता है। यथार्थवादी रंगनाटकों के रूपान्तर में आवश्यक होने पर दृश्यादि को संवादों में लाना पड़ सकता है, ध्यान सिर्फ इस बात का रखना है कि कहीं भी ये बाहर से आरोपित नहीं मालूम हों।

रूपान्तर में एक कठिनाई स्वगत को लेकर आती है। स्वगत की चर्चा पहले की जा चुकी है। स्वगत श्रव्य माध्यम के बहुत उपयुक्त पड़ता है, पर स्वगत के कुछ रूप ऐसे हैं जिन्हें रेडियो नाटक में ले आने में कठिनाई होती है, फलत: नाटककार द्वारा सावधानी की अपेक्षा रहती है। स्वगत का एक रूप है जिसे पात्र किसी अन्य पात्र की उपस्थिति में नहीं, बल्कि अकेले में बोलता है—ऐसे स्वगत के रूपान्तर में कोई कठिनाई नहीं। श्रोता बड़ी आसानी से समझ जाता है कि कौन पात्र बोल

रहा से है। स्वगत का दूसरा रूप वह है जो अन्य पात्रों की उपस्थिति में बोला जाता है—दूसरे पात्र या पात्रों से बात करते समय वक्ता पात्र अपनी सहज प्रतिक्रियाएँ व्यक्त करता जाता है। नाट्य-रूढ़ि को स्वीकार करते हुए पात्र श्रोता पात्र की तरफ से मुँह फेरकर अपनी प्रतिक्रिया व्यक्त कर देता है, और दर्शक उसे उसी रूप में ग्रहण करने में किसी कठिनाई का अनुभव नहीं करता। कोई एक पात्र चालबाजी की बात कहता है, तो दूसरा पात्र दूसरी ओर मुँह घुमाकर कह देगा—'यह मुझे मूर्ख समझता है, चकमा देना चाहता है।' दर्शकों को समझने में कठिनाई नहीं होगी कि यह पात्र की प्रतिक्रिया है। रेडियो नाटक में अन्य पात्रों की उपस्थिति में बोले गए स्वगत को समझने में कठिनाई होगी कि कौन सा संवाद पात्र को सम्बोधित है, और कौन सा स्वगत। एक उदाहरण महाकवि भास के 'स्वप्नवासवदत्ता' से प्रस्तुत है :

यौगन्धरायण : *(पास आकर)* अजी, यह 'हटो' 'हटो' किसलिए?
कंचुकी : हे तपस्वी!...
यौगन्धरायण : *(स्वगत)* इसका तपस्वी कहना तो बड़ा अच्छा है, परन्तु वस्तुतः अनुपयुक्त होने के कारण मन में नहीं बैठता।
कंचुकी : सुनिए, ये हमारे महाराज दर्शक की भगिनी पद्मावती हैं।

इस उद्धरण में यौगन्धरायण का स्वगत श्रोताओं के लिए कठिनाई उत्पन्न करनेवाला है। श्रोता कैसे समझे कि यह किसी पात्र को सम्बोधित संवाद नहीं है? यदि स्वगत के बाद यह संवाद आ जाए, तो कठिनाई दूर हो जाएगी :

कंचुकी : आपने कुछ कहा?
यौगन्धरायण : नहीं तो
कंचुकी : सुनिए, ये हमारे महाराज दर्शक की भगिनी पद्मावती हैं।

संस्कृत नाटक में एक रूढ़ि नियत श्राव्य की है, जिसमें किसी पात्र के संवाद को रंगमंच पर उपस्थित कुछ पात्र तो सुनते हैं, कुछ नहीं सुनते। प्रस्तुति के ढंग से दर्शक प्रसंग को सहज ही समझ लेते हैं। रेडियो रूपान्तर में इस बात पर भी ध्यान देने की आवश्यकता होगी कि कहीं किसी तरह की गलतफहमी न हो।

रूपान्तर में पात्रों के सम्बन्ध में कई बातें ध्यान देने की हैं। रंगमंच पर एक साथ अनेक पात्र उपस्थित रह सकते हैं, और दर्शकों को उन्हें पहचानते रहने में कोई कठिनाई नहीं होगी। रेडियो नाटक में एक साथ कई पात्रों को सँभालने में विशेष सावधानी की आवश्यकता होती है। संवादों की योजना इस तरह करनी पड़ती है कि श्रोता पात्रों को पहचानता रहे, यह समझता रहे कि कौन पात्र किसे सम्बोधित कर रहा है, कौन पात्र सामने आया, कौन पात्र विदा हुआ। रंगमंच पर कभी-कभी ऐसा होता है कि दो पात्र आपस में बातें करते रहते हैं, और तीसरा पात्र चुपचाप खड़ा रहता है, अपनी मुख-

मुद्राओं से अपनी प्रतिक्रियाएँ व्यक्त करता रहता है। रूपान्तर में ध्यान रखना पड़ेगा कि कोई पात्र बहुत देर तक मौन न रहे—जैसा पहले गया है, दीर्घ मौन अस्तित्व का निषेध करता है। 'अम्बपाली' के रूपान्तर के प्रारम्भिक अंश का जो उद्धरण पहले दिया गया है, उसमें मधूलिका प्रारम्भ में इसलिए भी आई है कि श्रोताओं को मालूम हो कि जब अम्बपाली सपना देख रही है, तब मधूलिका उसकी बगल में सोई हुई है, और अम्बपाली के जागने पर मधूलिका का बोलना स्वाभाविक लगे।

रंगनाटक के रेडियो-रूपान्तर के साथ नैरेटर का प्रश्न बहुत पहले से जुड़ा चला आ रहा है। बी.बी.सी. में शेक्सपियर के नाटकों के प्रसारण में नैरेटर का व्यवहार हुआ करता था, और यह परम्परा बहुत बाद तक चली आई। कुछ लेखक और प्रस्तुतकर्ता मानते रहे कि रंगनाटक को रेडियो से प्रसारित करने में जो कठिनाइयाँ आती हैं, उन्हें दूर करने का सबसे आसान साधन है नैरेटर। वह घटनाओं की पृष्ठभूमि प्रस्तुत कर सकता है, पात्रों का परिचय दे सकता है, संक्षिप्तीकरण के क्रम में टूटी हुई कड़ियों को जोड़ सकता है। अनेक रूपान्तरकारों ने नैरेटर का व्यवहार किया। दूसरी ओर कुछ लेखक और प्रोड्यूसर यह मानते रहे कि नैरेटर बाहरी तत्त्व है और नाटक की गति को रोकनेवाला हैं। सन् 1949 में प्रकाशित अपनी पुस्तक में फैलिक्स फेल्टन ने बतलाया कि रूपान्तर में नैरेटर का व्यवहार किस तरह किया जाना चाहिए, और लिखा—'किसी अंक या दृश्य के प्रारम्भ के अतिरिक्त अन्य स्थलों पर नैरेटर का प्रयोग बहुत सावधानी से करना चाहिए। कभी-कभी नैरेटर से पूरी तरह मुक्त हुआ जा सकता है।'[7] एडवर्ड संकविल-वेस्ट ने लिखा—'नैरेटर की आवाज को ले आना, भले ही वह पात्र-नैरेटर की आवाज़ क्यों न हो, कार्यक्रम के ताप को कम करता है।'[8] सामान्य रूप से अब नैरेटर के व्यवहार को कलात्मक और प्रशंसनीय नहीं माना जाता। विशेष स्थितियों में प्रयोग के रूप में इसका इस्तेमाल भले ही किया जाए, इसके व्यवहार से बचा जाए, यही अच्छा है।

हर रंगनाटक की अपनी प्रकृति होती है, और अपनी समस्या होती है, और उसे देखते हुए ही रूपान्तर होना चाहिए। एक ही नाटक के कई रूपान्तर हो सकते हैं, और सब रूपान्तर एक ही प्रकार के हों, यह आवश्यक नहीं। उदाहरण के लिए, 'स्वप्नवासवदत्तम्' का जो रूपान्तर मोहन राकेश ने किया है, वह मूल नाटक के ढंग से ही शुरू होता है : सूत्रधार से बात प्रारम्भ होती है, 'आर्यगण, मार्ग छोड़ दीजिए। सामने से हट जाइए।' की आवाजें आती हैं, फिर संवाद शुरू होते हैं।

वासवदत्ता : आर्य यौगन्धरायण, ये कौन हैं जो मार्ग से लोगों को हटा रहे हैं?

यौगन्धरायण : कह नहीं सकता, देवी वासवदत्ता, कि कौन लोग इस तरह अपने को धर्म से गिरा रहे हैं।[9]

यह पूरा प्रसंग उसी तरह चलता है, जिस तरह मूल नाटक में है। मूल नाटक में यह दिखलाया गया है कि प्रारम्भ में मंत्री योगन्धरायण परिव्राजक के वेश में हैं, और रानी वासवदत्ता आवन्तिका के वेश में। बाद के संवादों में (यौगन्धरायण और ब्रह्मचारी के बीच) बतलाया गया है कि लावणक गाँव में आग लगी, और उसमें मंत्री यौगन्धरायण तथा रानी वासवदत्ता की मृत्यु हो गई। यह दुर्घटना मंत्रियों द्वारा पूर्वनियोजित थी, और यौगन्धरायण एवं वासवदत्ता को इसकी जानकारी थी। इस तथ्य को ध्यान में रखकर नाटक का एक दूसरा रूपान्तर इस प्रकार प्रारम्भ होता है :

[कोलाहल। आह-चीत्कार। 'आग-आग', 'भागो भागों' की आवाजें।]

यौगन्धरायण : क्या हुआ आर्य?

पुरुष : नहीं जानते? समूचा गाँव भस्म हो गया।

यौगन्धरायण : भस्म हो गया? कौन सा गाँव था आर्य?

पुरुष : यही तो वत्सराज में विख्यात लावणक ग्राम था। महाराज उदयन का शिविर यहीं तो था।

यौगन्धरायण : तब?

पुरुष : महाराज उदयन आखेट खेलने गए थे, तब तक शिविर में आग लग गई! और, महाराज की प्राणों से भी प्रिय पत्नी वासवदत्ता जल मरी!

यौगन्धरायण : जल मरी?

पुरुष : हाँ आर्य, लोग कहते हैं, उसे बचाने के लिए मंत्री योगन्धरायण आग में कूद पड़े!

यौगन्धरायण : उनका क्या हुआ ?

पुरुष : वे भी भस्म हो गए!

यौगन्धरायण : फिर?

पुरुष : उसके बाद मुझे ज्ञात नहीं। अच्छा आर्य, मुझे देर हो रही है, मैं चला।

यौगन्धरायण : अच्छा, जाइए। *(तनिक ठहरकर, हँसते हुए)* लोग कहते हैं, महाराज उदयन का मंत्री यौगन्धरायण जल मरा, और मैं अभी जी रहा हूँ। महारानी वासवदत्ता भी जीवित ही हैं। ठीक है, जैसा मंत्रियों में निश्चित हुआ था, वैसा हो रहा है।[10]

स्पष्टत: एक ही रचना के अलग-अलग रूपान्तर हो सकते हैं। रूपान्तरकार मूल नाटक के उद्देश्य, कथावस्तु और संवेदना से बँधा हुआ होता है, वह श्रव्य माध्यम के अनुरूप उसे नया रूप देने के लिए स्वतंत्र है। रंगनाटक का रेडियो रूपान्तर तत्त्वत: मूल आलेख से जुड़ा हुआ रहता है, इसके बावजूद वह एक स्वतंत्र सृजनात्मक कृति है। प्रस्तुति माध्यम ही इसके स्वरूप एवं शिल्प को निर्दिष्ट करता है।

कहानी और उपन्यास के रेडियो रूपान्तर

रंगनाटक की तुलना में कहानियों और उपन्यासों के रेडियो रूपान्तर अधिक संख्या में प्रसारित किये जाते हैं, शायद इसलिए कि सभी साहित्यों में माटकों की अपेक्षा कहानियों और उपन्यासों की रचना अधिक संख्या में होती रही है। इन रूपांतरों के माध्यम से रेडियो श्रोता कम समय में ही उत्कृष्ट कथा-साहित्य से परिचित हो पाते हैं, उनसे आनन्द प्राप्त करते हैं—पढ़ना कुछ कठिन काम है, सुनना अपेक्षाकृत आसान। कहानी या उपन्यास का रेडियो के लिए रूपान्तर कैसे किया जाए, इसकी जानकारी रेडियो नाटककार को होनी चाहिए। अब तक जो कुछ कहा जा चुका है, उससे इतना स्पष्ट है कि इनके रूपान्तर का अर्थ है एक माध्यम की रचना को दूसरे माध्यम के उपयुक्त बनाना। हम यहाँ कहानी की ही चर्चा विशेष रूप से करेंगे, पर ये सभी बातें उपन्यास के रूपान्तर पर भी लागू होंगी। जहाँ उपन्यास के रूपान्तर के सम्बन्ध में विशेष कुछ कहना हुआ, वहाँ उसका उल्लेख अलग से कर दिया जाएगा।

कहानी पाठ्य साहित्य रूप है। लेखक पाठकों को ध्यान में रखकर ही उसकी रचना करता है। पाठ्य साहित्य की शक्ति और सीमाएँ कहानी से जुड़ी हुई हैं। पाठक को दिशा-निर्देश देने के लिए कहानीकार स्वयं उपस्थित रहता है—वह घटनाओं की पृष्ठभूमि प्रस्तुत कर सकता है, वातावरण निर्मित करने के लिए विस्तृत वर्णन दे सकता है, पात्रों का परिचय दे सकता है, उनकी रूपरेखा और वेशभूषा बतला सकता है, उनका मनोवैज्ञानिक विश्लेषण कर सकता हैं, घटनाओं पर टिप्पणियाँ दे सकता है, आदि-आदि। रेडियो नाटक में नैरेटर के रूप में कहानीकार भले ही कहीं-कहीं आ जाए (यों यह पहले कहा जा चुका है कि नाटक में नैरेटर का बार-बार आना बहुत कलात्मक नहीं समझा जाता), पर सामान्य रूप से कहानीकार द्वारा किये जानेवाले सभी कार्य संवादों और ध्वनियों के द्वारा ही सम्पन्न किये जाते हैं। स्पष्टत: कहानी के रेडियो रूपान्तर का मतलब है कहानी को रेडियो नाटक बना देना, पाठ्य साहित्य रूप को श्रव्य साहित्य-रूप में परिणत कर देना। सभी कहानियों में नाटकीय तत्त्व नहीं होते, अत: उनका नाटकीकरण आसान काम नहीं है। जिस तरह मौलिक कहानी की रचना के लिए प्रतिभा, कल्पना आदि की अपेक्षा होती

है, उसी तरह कहानी के रेडियो-रूपान्तर के लिए भी। रेडियो रूपान्तर कैसे किया जाए, इस पर विचार करना चाहिए।

पहली बात तो यह ध्यातव्य है कि सभी कहानियाँ रूपान्तर के योग्य नहीं होतीं। कोई कहानी जिसमें कार्यव्यापारों की सरल गति हो, जिसमें कोई कथा सीधे ढंग से कह दी गई हो, जिसमें किसी तरह का आकर्षण न हो, रूपान्तर के उपयुक्त नहीं होती। संवादों के माध्यम से उसका प्रसारण भले ही कर दिया जाए, उसमें श्रोताओं को बाँध रखने की क्षमता नहीं रहेगी। जिन कहानियों के मूल में कोई द्वन्द्व है, जिनके चरित्रों में कोई वैशिष्ट्य है, जिनके प्रसंगों में किसी-न-किसी प्रकार की मार्मिकता है, उन्हीं का रेडियो के लिए नाट्य रूपान्तर हो सकता है।

कहानियाँ कई तरह की होती हैं, और उनकी अपनी-अपनी समस्याएँ होती हैं। कुछ समस्याएँ ऐसी होती हैं जो रूपान्तरकार के लिए कठिनाइयाँ उत्पन्न करती हैं। जिन कहानियों में कथानक बहुत क्षीण होता है, घटनाएँ बहुत कम घटती हैं, उनका पन्द्रह मिनट से साठ मिनट तक की अवधि का नाटक बनाना कठिन होता है—यदि बनाना ही पड़े, तो कहानी के उद्देश्य और उसकी कथावस्तु के मेल में आनेवाले नये प्रसंगों की योजना की जा सकती है। जिस कहानी में किसी एक ही मुख्य पात्र के मन की हलचलों को चित्रित किया गया रहता है, उसके रूपान्तर में भी कठिनाई आती है—कभी किसी कल्पित पात्र या किसी अत्यन्त आत्मीय पात्र का सृजन करके और उसे मुख्य पात्र के साथ रखकर मानसिक हलचल को चित्रित किया जा सकता है, कभी मन को पात्र बनाकर यह कार्य सिद्ध किया जा सकता है, जैसे 'मृत्युंजय' (उपन्यास) में एक प्रसंग है जिसमें कर्ण बहुत बेचैन दीखता है—उसकी बेचैनी इस बात को लेकर है कि द्रौपदी का चीर-हरण होता रहा और वह चिल्लाती रही, पर कर्ण वीर होकर भी चुपचाप बैठा रह गया। यह बेचैनी उसके भीतर की है, जिसे वह बाहर के किसी व्यक्ति से नहीं कह सकता। कर्ण के व्यक्तित्व को ही दो खंडों में बाँटकर उसकी उद्विग्नता को चित्रित किया गया है :

कर्ण : मैं सूर्यशिष्य कर्ण, क्या किया मैंने आज? एक अबला रक्षा के लिए चिल्लाती रही, और मुझे उसकी करुण पुकार सुनाई नहीं पड़ी?

कर्ण 1 : अच्छा किया, बहुत अच्छा किया तुमने। तुमने उसकी पुकार नहीं सुनी, बहुत अच्छा किया तुमने।

कर्ण : कौन हो तुम?

कर्ण 1 : सूतपुत्र कर्ण। आज मेरी विजय हुई है, मेरी विजय हुई है। *(हँसी)*

कर्ण : धिक्कार है तुझे। तुझे हँसी आती है ऐसे घृणित कर्म पर? भरी सभा में स्त्री का शील लूटा जा रहा था, वह चीत्कार

कर रही थी, और मैं चुपचाप बैठा रहा। कहाँ चला गया था मेरा पुरुषार्थ?

कर्ण 1 : एक तुम्हीं पुरुषार्थवाले हो? वहाँ भीष्म पितामह थे, आचार्य द्रोण थे, कृपाचार्य थे, अश्वत्थामा थे, अनेकानेक वीर थे—सभी एक-से-एक पुरुषार्थी, महाबलशाली। किसी ने तो द्रौपदी की रक्षा नहीं की।

कर्ण : ये सभी बिके हुए लोग हैं, कौरवों द्वारा खरीदे हुए लोग।

कर्ण 1 : तुम भी तो अपने को बेच चुके हो दुर्योधन के हाथों। अंग देश का राज्य लेकर तुमने भी अपने को बेच दिया है।

कर्ण : नहीं, मैंने अपने मैत्री धर्म का निर्वाह किया है।

कर्ण 1 : झूठ! झूठ! यही है मैत्री धर्म? स्त्री को सबके सामने निर्वस्त्र किया जा रहा हो, वह रक्षार्थ सबको पुकार रही हो, और तुम बहरे होकर सब कुछ सुन रहे हो, सब कुछ अपनी आँखों से देख रहे हो। यही है मैत्री धर्म? यही है सूर्यशिष्य का कर्तव्य? लेकिन मैं कहता हूँ, तुमने ठीक किया है। तुमने उस अभिमानिनी नारी से प्रतिशोध लिया है, भीषण प्रतिशोध। उसी ने अपने स्वयंवर में तुमसे कहा था—तुम सूतपुत्र हो, क्षत्रिय कन्या सारथी-पुत्र की पत्नी नहीं बन सकती।

कर्ण : नहीं, नहीं, मैंने गलती की है। स्त्री के शील पर प्रहार का अर्थ है—मानवता के मर्म पर प्रहार। पुरुषार्थ का अर्थ है मानवता की रक्षा, स्त्री के शील की रक्षा, नारी का सम्मान। मैंने अपने कर्तव्य का पालन नहीं किया है, मैं पापी हूँ, अपराधी हूँ।

वृषाली : *(निकट आती हुई)* आर्यपुत्र! मेरे परमप्रिय!

कर्ण : तुम? वृषाली?

वृषाली : आप कुछ सोच रहे थे?

कर्ण : हाँ, मैं सोच रहा था—पांडवों की पत्नी द्रौपदी के बारे में।[11]

मनोवैज्ञानिक द्वन्द्व के स्थल उपन्यासों में भी आते हैं, कहानियों में भी, जब कोई पात्र अकेले बैठे सोचता रहता है। उसे चित्रित करने की अनेक पद्धतियाँ हो सकती हैं। कभी-कभी पूरी कहानी ही इस तरह की होती है, और उसमें देखना होता है कि कहीं भी उसका चित्रण एक सीमा से बड़ा न हो जिससे एकरसता उत्पन्न

होने लगे। कुछ कहानियाँ वर्णन-प्रधान होती हैं, और उन्हें नाटकीय बनाना कठिन हो सकता है। यह रूपान्तरकार की प्रतिभा पर है कि वह मूल रचना से उत्पन्न समस्या का समाधान किस रूप में करता है।

रूपान्तर के कई तरीके बतलाए जाते हैं। एक तरीका यह होता है कि नैरेटर की सहायता से कहानी को प्रस्तुत किया जाए—बीच-बीच के प्रसंगों को संवादात्मक बना दिया जाए। दूसरा तरीका यह कहा जाता है कि किसी पात्र को ही नैरेटर के रूप में प्रयुक्त किया जाए, जिससे नैरेशन एक बाहरी तत्त्व के रूप में नाटक में न आए। नैरेटर का आवश्यकतानुसार उपयोग कहीं-कहीं कर लिया जाए, यह अलग बात है, उसे नाटक का मूलाधार बना दिया जाए, यह पद्धति कलात्मक नहीं कही जाएगी। तीसरी और सबसे अच्छी पद्धति यह है कि कहानी को बिना किसी नैरेटर के नाटक में बदल दिया जाए। जैसा कि चार्ल्स हैटन ने लिखा है, रूपान्तर का आदर्श तरीका यह है कि कहानी के प्लाट को आधार बनाकर उस पर रेडियो नाटक लिखा जाए। कहानी का ठीक से अध्ययन किया जाए और उसके पात्रों को सूक्ष्मता से समझा जाए, तभी सफल रेडियो रूपान्तर लिखा जा सकता है।

कहानी के रेडियो रूपान्तर की कोई एक ही पद्धति है, ऐसा नहीं कहा जा सकता—किसी भी सृजनात्मक रचना की कोई एक ही निश्चित पद्धति नहीं होती। रचना की प्रकृति और रचनाकार की प्रतिभा ही रूपान्तर का रूप निर्दिष्ट करती है। एक ऐसी कहानी का उदाहरण यहाँ प्रस्तुत किया जा रहा है, जिसमें वर्णनात्मकता अधिक है, और नाटकीयता के लिए बहुत अवकाश नहीं है, फिर भी उसका रूपान्तर किया गया है। पूरी कहानी न देकर केवल उसका प्रारम्भिक अंश उद्धृत किया जा रहा है। कहानी का नाम है 'छदामी' :

चतरा के एक वकील मित्र के घर में ठहरा था। कार्तिक का महीना था, बरामदे में ही मैं सो रहा था। अभी रात काफी थी, पर सामने सड़क पर इतना शोर-गुल मचा कि नींद खुल गई। उठकर देखा, तो कई लदे बैल खड़े थे और पाँच-छह आदमी जोर-जोर से बिना एक-दूसरे की सुने सवाल-जबाव कर रहे थे। मुहल्ले के और कई आदमी आ जमा हुए। इस हल्ले-गुल्ले में नींद तो फिर आती नहीं, मैं भी कुतूहलवश जाकर भीड़ में शामिल हो गया। कुछ क्षण के बाद ही स्पष्ट हो गया कि इस हलचल-ड्रामा के दो नायक हैं—पहला एक सुडौल जवान अपने लदने बैल की नथनी पकड़े हुए और दूसरा मेरे मित्र के घर के सामने रहनेवाले सेवक मिश्रजी, बैल का रास्ता रोके हुए। नौजवान व्यापारी कह रहा था—'मैं यह जबरदस्ती का टैक्स कभी न दूँगा, चाहे इसके लिए जो हो जाए।'

सेवक मिश्र ने हँसकर कहा—'बड़े-बड़े ऊँट बह गए और गधा पूछे कितना पानी! ग्यारह पीढ़ी से मेरे पूर्वज यह छदामी वसूलते आए हैं, किसी का तो कहने का मजाल न हुआ। आज आए हैं ये दो दिन के छोकरे कानून बघारने।'

लदने बैलवाले नौजवान ने शान्त भाव से कहा—'अगर आपकी ग्यारह पीढ़ियोंवाली दलील मान ली जाए, तब तो पुराने गिरहकट भी महात्मा कहे जाएँगे।' फिर हँसकर बोला—'पंडितजी, अन्याय अन्याय ही है, चाहे आज का हो, चाहे एक सौ वर्ष का। बल्कि एक सौ वर्ष का होने पर और भी जघन्य है।'

सेवक मिश्र राजभक्त थे। मालूम हो, जैसे किसी अज्ञात देव की शक्ति उनमें संचरित हो रही हो। बोले—'यह हेकड़ी रहने दो। तुम जैसों को एक चुटकी में इस तरह पीस सकता हूँ। कलक्टर तक मेरे हाथ में हैं, छोटे हाकिमों और दारोगा का क्या कहना?' फिर और कड़ककर बोले—'तुक नाहक तकरार कर रहे हो जी। बिना दिये कहाँ निकल सकते हो? लाओ एक पैसा जमा करो। और तीन बार लदा बैल इसी में ले जाना।'

युवक ने कहा—'यह पैसे का सवाल नहीं है। है न्याय-अन्याय का। हाकिम आपके हाथ रहा करें, मैं जबरदस्ती की देन न दूँगा, चाहे सौ गुना खर्च हो जाए।'

इस बीच में और कई लदने बैल आए। मिश्रजी बातें भी करते और उन बैलवालों से पैसे भी वसूल करते जा रहे थे। सभी पहले से पैसा निकालकर रखे रहते और सेवक मिश्र के कहने के पहले ही पैसा बढ़ा देते, मानो प्रकृति का अटल नियम पालन कर रहे हों। अपने चार बैल हुए, तो एक पैसा, दो हुए तो अधेला। एक, तीन, इस तरह की अदद में हुए, तो साथियों के बैलों के साथ मिलाकर हिसाब करा दिया या अपने पहले के हिसाब में कटवा दिया। न हुआ तो पेशगी रख छोड़े। मिश्रजी जैसे सभी को पहचानते थे और यह भी उन्हें याद था कि किसके हिसाब का पहले से कितना कम-बेशी निकलता है।

बैलवाले अपने-अपने छदामी दे तो देते, पर सभी जरा रुककर झगड़े को देखने लगते। सेवक मिश्र की अनुभवी आँखें ताड़ गईं कि इन सभी की सहानुभूति है उसी युवक के साथ, यद्यपि ये लोग सशरीर उसका साथ नहीं दे रहे हैं। यों तो उस अनुभवहीन जिद्दी छोकरे को सेवक मिश्र हँसकर छोड़ भी देते—आखिर यह दस बार भी लदा बैल लाये तो ढाई पैसे हुए पर उसके विद्रोह की अग्नि से भयभीत हुए। इसे छोड़ दें, तो और व्यापारी बहक जाएँगे। सोचेंगे, जरा अड़ जाओ तो पंडितजी अपना-सा मुँह लिये सरक जाते हैं। यों ही तो इस कलियुग की रेल और मोटर लारियों ने लदने बैलों का स्रोत सुखा दिया। जहाँ हजारों बैल रोज आते थे, वहाँ अब बीसी-तीसी में गिनती होती है। पूर्वजों का लगाया हुआ पौधा यों ही मुरझा गया है, उस पर यदि व्यापारी लोग इस छोकरे की देखा-देखी अड़चनें डालने लगें, तब तो रोजगार के साथ मेरा भी अन्त ही है। अभी तो घाव ही है। पीछे भगन्दर की दवा करनी पड़ेगी। गरमाकर बोले—'तो मैं भी जय-क्षय के लिए तैयार हूँ। देख लो कौन मिटता है, तुम या सेवक मिश्र। तुम्हें पता नहीं कि मेरे पास सरकारी चिट्टा है छदामी वसूलने का। मगर जान-बूझकर आग में कूदना चाहो, तो शौक से कूदो।

अभी तुम यहीं अटके रहो। दिन चढ़े, थाने ले जाकर तुम्हें हाजत दूँगा और बैलों को कानी हौज। तब देखोगे इसका मजा।'

युवक को साथियों ने बार-बार समझाया, दे दो, आखिर कितना लगता ही है। फिर ब्राह्मण ही तो हैं, समझ लो दान ही दिया।

पर युवक ने उत्तर दिया—'दान की बात और है, मैं एक का दो दे सकता हूँ। पर वसूली का यह हक इन्हें कैसा? हमारा सिद्धान्त है न्याय के सामने सत्याग्रह करना।'

सेवक मिश्र उछलकर बोले—'हाँ जी, हाँ, हक की वसूली लूँगा, दान नहीं माँगता। आज का अधिकार नहीं है, ग्यारह पीढ़ियों का है। सरकार का मंजूर किया हुआ। सरकार के चिट्ठे के खिलाफ झगड़ा? रहने को पानी में और मगर से विरोध?'

युवक के साथियों ने फिर समझाया, नाहक का झगड़ा मोल लेते हो यार, ये बेचारे तुम्हारा धन तो नहीं लूट लेते। बैल पीछे एक छदाम की हैसियत ही क्या? हर सट्ठे बे-बात की बात, दंगा ठान लेना बहादुरी नहीं है।

एक ने मिश्रजी को सम्बोधन करके कहा—'मिश्रजी, मेरे पैसे में से इनका छदामी भी काट लीजिएगा।' फिर युवक से बोला—'चलो, अब भी तो झगड़ा मिटाओ।' पर युवक ने चिल्लाकर कहा—'नहीं, मेरे लिए छदामी देने का किसी को अधिकार नहीं। मैं उसे जायज नहीं मानता। मैं अन्याय की वसूली कभी न दूँगा, चाहे सर्वस्व चला जाए।'

उसके और साथियों ने आपस में परामर्श किया और उसे छोड़ चले गए।

2

पुराने जमाने में चतरा व्यापार का एक बड़ा केन्द्र था। छोटा नागपुर के विस्तृत पार्वत्य प्रदेश में प्रवेश करने का यहीं से चालू रास्ता था। गया, पटना, शाहाबाद, कहीं से हजारीबाग जाइए, राँची जाइए, लोहरदग्गा जाइए, आपको चतरा होकर ही जाना पड़ता। समतल के उर्वर क्षेत्रों से गेहूँ, चावल, चना और शहरों से कपड़े और बर्तन आते। इन पहाड़ियों से लाह, सुरगुजा, खाल का धुना इत्यादि जाया करते। अँगरेजी राज्य में चतरा छोटा नागपुर का शासन केन्द्र भी था। (लेखक ने इसके बाद पूरा परिचय दिया है कि वहाँ माल ले आने और ले जाने का काम बैलों से ही होता है, और किस तरह सेवक मिश्र के पूर्वज वहाँ आए, किस प्रकार छदामी का वसूलना शुरू हुआ, आदि।) सेवक मिश्र कान से कम सुनते हैं, पर लदे बैल के की आवाज से इनका कान इतना मँज गया है कि घोर निद्रा में सोये हों और एक लदा बैल घर के सामने आ जाए, तो इनकी नींद झट खुल जाती है।[12] बाद के प्रसंगों में कहानीकार ने दिखलाया है कि किस प्रकार पुत्री कलावती, दिवंगत पुत्र मोहन आदि के कारण सेवक मिश्र युवक बसन्त साहु के प्रति विनम्र होते हैं,

किस प्रकार दोनों के सम्बन्ध बदलते हैं, और अन्त में कहानी में मर्मस्पर्शिता आती है। यहाँ पूरी कहानी का रूपान्तर नहीं देकर केवल प्रारम्भिक अंश का रूपान्तर दिया जा रहा है। श्रोताओं को नाटक को समझने में सुविधा हो, इसके लिए कुछ सूचनाओं को देना जरूरी था, और इन्हें संवादों में देना उचित नहीं लगता, इसलिए प्रारम्भ में नैरेटर का व्यवहार किया गया है। कहानी में कुछ पात्रों के संकेत मात्र हैं, जिन्हें नाम देकर रूपान्तर में लाया गया है।

नाटक प्रारम्भ होने के पहले उद्घोषणा सुनाई पड़ती है : अब सुनिए 'छदामी' शीर्षक कहानी का रेडियो नाट्य रूपान्तर 'छदामी'[13] : (कहानीकार और रूपान्तरकार के नाम उद्घोषणा में पहले आ चुके रहेंगे।)

[बैलों के गले की घंटियाँ बजती हैं, और आगे के संवादों की पृष्ठभूमि में चलती रहती हैं।]

प्रवक्ता : छदामी। यह नाम आज कुछ विचित्र-सा लगता है न? छदाम की वसूली को छदामी कहते हैं। जी हाँ, यह कहानी तब की है, जब नये पैसे नहीं थे, पैसे थे, और एक पैसे में चार छदाम होते थे। यह कहानी कई दशक पहले की है—अंगरेजी शासन के समय की। उस समय छोटा नागपुर के इस पर्वतीय प्रदेश में रेलें नहीं थीं। सड़कें भी कम थीं, माल बैलों की पीठ पर ढोया जाता था। और, तब छोटा नागपुर में प्रवेश करने का रास्ता इसी जगह, यानी चतरा से ही होकर जाता था—व्यापार का बड़ा केन्द्र था यह। तो, चतरा के मुख्य रास्ते पर, पंडित सेवक मिश्र के निवास के निकट, एक अँधेरी रात में यह कहानी शुरू होती है—

[बैलों की घंटियाँ उभरकर आती हैं, फिर मन्द होकर पृष्ठभूमि में चलती हैं। आपस में कुछ लोगों की बातें करने की आवाज सुनाई पड़ती है।]

भोला : अरे भाई, चुपचाप क्यों नहीं चलते? शोरगुल क्यों करते हो?

बसन्त : किसी का डर लगा है?

भोला : डर तो लगा ही है, सेवक मिश्र सुन लेंगे, तो...

बसन्त : सुन लेंगे, तो क्या करेंगे?

भोला : तुम इस रास्ते पर पहली बार आ रहे हो न बसन्त! तुम नहीं जानते कि सेवक मिश्र के कान कितने तेज हैं।

बसन्त : मैंने तो सुना है, वे कम सुनते हैं।

भोला : यही तो खूबी है—खाली बैल लेकर इस रास्ते से निकल जाओ, उनकी नींद नहीं टूट सकती है, लेकिन बैल लदे हों, तो फिर देखो, उनके कान कितने तेज हैं, जरा-सा भी शब्द न हो, तब भी उनकी नींद टूट जाएगी, और वे आ धमकेंगे।

बसन्त : जब यह मालूम ही है, तब बैलों के गले में घंटियाँ क्यों बाँध रखी हैं?

भोला : तुम्हें अभी इस व्यापार का अनुभव नहीं है बसन्त, पहली बार इसमें आ रहे हो न? यह जंगली रास्ता, यह अँधेरी रात, घंटियों की आवाज तो होनी ही चाहिए।

बसन्त : लेकिन, मैं नहीं समझता कि सेवक मिश्र से इतना डरने की क्या जरूरत है?

भोला : डरने की जरूरत इसलिए है कि हर बैल के पीछे एक छदाम देना पड़ेगा।

बसन्त : क्यों देना पड़ेगा?

भोला : यह हम नहीं जानते। देना पड़ता है, इसलिए देना पड़ेगा। हमारे बाप-दादा जमाने से देते आए हैं, और सेवक मिश्र के पूर्वज लेते आए हैं। बिना छदाम वसूले सेवक मिश्र हमें आगे नहीं जाने देंगे—जाने का कोई दूसरा रास्ता भी तो नहीं है।

बसन्त : *(कुछ तेज आवाज में)* यह सरासर अन्याय है। मैं इसे बर्दाश्त नहीं कर सकता।

भोला : धीरे बोलो, सेवक मिश्र का घर नजदीक आ गया है। देखते नहीं, सब लोग चुपचाप चल रहे हैं।

बसन्त : लेकिन...

भोला : लेकिन-वेकिन कुछ नहीं। कहीं सेवक मिश्र की नींद नहीं खुली, तो यों ही निकल जाएँगे।

बसन्त : नहीं, मैं चोर की तरह नहीं निकलना चाहता। मैं किसी से नहीं डरता।

भोला : तुम अपने साथ हम लोगों को भी डुबाओगे।

सेवक : *(दूर से)* रुक जाओ। मैं अभी आया।

भोला : मैं कहता था न कि सेवक मिश्र से बचकर हम नहीं निकल सकते।

बसन्त : मैं चोर की तरह निकलना चाहता ही नहीं।

सेवक : *(निकट आकर)* अरे भाई, क्या समझते हो कि सेवक मिश्र सोये हुए हैं?

भोला : नहीं पंडितजी, हम जानते हैं, आपकी नींद समय से टूट ही जाती है।

सेवक : तो, लाओ मेरी छदामी, और आगे जाओ।

भोला : यह लीजिए मेरा एक पैसा, और बैल गिन लीजिए।

सेवक : एक, दो, तीन, चार, पाँच।

भोला : पिछली बार का मेरा एक छदाम बाकी है।

सेवक : मुझे याद है।

आदमी 1 : मेरे तीन बैल हैं,

आदमी 2 : मेरे चार बैल हैं
लीजिए तीन छदाम।
एक पैसा।

सेवक : अरे भाई, यह नया आदमी कौन है?

भोला : ये बसन्त साहु हैं, दीपक साहु के पुत्र।

सेवक : अरे, तुम दीपक साहु के बेटे हो? बड़े भले आदमी थे वे। काफी कमाया भी उन्होंने। तुमने भी उन्हीं का रोजगार शुरू किया है?

बसन्त : हाँ पंडितजी, मैंने सोचा है, पिताजी का ही रोजगार करूँ, देश-दुनिया देखने का मौका मिलेगा।

सेवक : बहुत अच्छा सोचा है तुमने। तो, कितने बैल हैं तुम्हारे?

बसन्त : आपको इससे क्या मतलब?

सेवक : मुझको क्या मतलब? क्या कह रहे हो तुम?

बसन्त : यही तो कह रहा हूँ मिश्रजी, कि मेरे पास कितने भी बैल हों, आपसे क्या मतलब?

सेवक : मुझसे कोई मतलब नहीं? मुझे छदामी नहीं लेनी है?

बसन्त : कैसी छदामी?

सेवक : तुम पहली बार आए हो बसन्त साहु, इसी से नहीं जानते कि जो व्यापारी इस रास्ते माल लदा बैल लेकर जाता है, उसे छदामी देनी पड़ती है—बैल पीछे छदाम।

बसन्त : सुना है मैंने, लेकिन मैं छदामी नहीं दूँगा।

सेवक : क्यों नहीं दोगे छदामी?

बसन्त : इसलिए कि आपको छदामी वसूलने का कोई अधिकार नहीं है।

सेवक : मुझे छदामी लेने का कोई अधिकार नहीं है?

बसन्त : नहीं। किसने दिया है आपको यह अधिकार?

सेवक : मैं तुमसे बहस नहीं करना चाहता बसन्त साहु। ग्यारह पीढ़ियों से मेरे पूर्वज छदामी वसूलते आए हैं।

बसन्त : ग्यारह पीढ़ियों से क्या, सौ पीढ़ियों से ऐसा क्यों न होता आ रहा हो, मैं यह जबरदस्ती का टैक्स कभी नहीं दे सकता।

सेवक : वाह रे कानून बघारनेवाले, बड़े-बड़े ऊँट बह गए, गधा पूछे, कितना पानी।

बसन्त : वे ऊँट मूर्ख होंगे।

सेवक : आज तो तुम्हारी बुद्धिमानी देख ही लूँगा। तुम्हारे पिताजी ने कभी आवाज नहीं उठाई थी।

बसन्त : पिताजी गलती करते थे, तो क्या मैं भी करूँ?

सेवक : नहीं, तुम जो सही है, वही करो।

बसन्त : मैंने कह दिया है, यह छदामी नाजायज है, मैं इसे कभी नहीं दूँगा।

सेवक : जायज-नाजायज का फैसला करनेवाले तुम कौन होते हो?

बसन्त : और, आप कौन होते हैं यह नाजायज टैक्स लेनेवाले?

सेवक : इस तरह की बातें मुझसे आज तक किसी ने नहीं की थीं।

बसन्त : धाँधली बहुत दिनों तक नहीं चल सकती मिश्रजी।

सेवक : तुम इसे धाँधली कहते हो?

बसन्त : जरूर। आपको छदामी लेने का कोई हक नहीं है।

सेवक : आज मैं हक दिखलाकर रहूँगा।

भोला : अरे पंडितजी, लड़ाई-झगड़े से क्या फायदा है?

सेवक : भोला, लड़ाई-झगड़ा मैं करता हूँ? देखते नहीं इस छोकरे को? मुझसे कैसी-कैसी बातें कर रहा है।

भोला : मैं कहता हूँ पंडितजी, इनके बैलों की छदामी मुझसे ही ले लीजिए।

बसन्त : नहीं, मेरे लिए पैसे देने की किसी को जरूरत नहीं है। मेरे पास बहुत पैसे हैं।

भोला : तब क्या होगा?

बसन्त : भोला काका, मैं कहता हूँ, बिना छदामी दिये मैं अपने बैल ले जाऊँगा।

सेवक : और मैं कहता हूँ, बिना छदामी लिये मैं तुम्हें जाने नहीं दूँगा।

बसन्त : तब देखूँ, किसकी बात रहती है।

सेवक : चाहो तो बसन्त, मैं तुम्हारे लिए थोड़ी रियायत कर सकता हूँ।

बसन्त : मैं आपसे कोई रियायत नहीं चाहता।

सेवक : मैं कहता हूँ, एक पैसा जमा कर दो—उसी में तीन बार और अपने बैल ले जाना।

बसन्त : यह पैसे का सवाल नहीं है मिश्रजी, न्याय-अन्याय का सवाल है। जमाने से चले आ रहे इस अन्याय को मैं बर्दाश्त नहीं कर सकता।

सेवक : तुम नहीं जानते बसन्त साहु, अँगरेज़ी जमाना है।

बसन्त : खूब जानता हूँ।

सेवक : पुलिस दारोगा सब मेरे साथ हैं।

बसन्त : मैं उनसे बिलकुल नहीं डरता।

आदमी 1 : अरे बसन्त भइया, क्यों हुज्जत करते हो?

बसन्त : मैं हुज्जत करता हूँ? खूब कहते हो तुम।

आदमी 1 : अरे भाई, दो-चार छदाम में रखा ही क्या है?

बसन्त : यह दो-चार छदाम की बात नहीं, सिद्धान्त की बात है।

आदमी 2 : बसन्त भइया, मिश्रजी ब्राह्मण ही तो हैं—दान ही समझकर एक पैसा दे दो।

बसन्त : दान की बात अलग है, मैं एक के बदले चार दे सकता हूँ, लेकिन अन्याय का टैक्स मैं नहीं दूँगा। इन्हें वसूली का हक कैसा?

सेवक : मैं भी दान नहीं, हक लूँगा। सरकार का मंजूर किया हुआ हक है—आज का नहीं, ग्यारह पीढ़ियों का। सरकार के चिट्ठे के खिलाफ ये झगड़ा मोल लेने चले हैं।

बसन्त : सरकार के चिट्ठे के खिलाफ नहीं, आपके अन्याय के खिलाफ। मैं जानता हूँ, आपके पास सरकार का कोई ऐसा चिट्ठा नहीं है।

सेवक : यह तो तुम्हें मालूम होगा जब तुम थाने में पकड़कर जाओगे।

बसन्त : मैं इसके लिए तैयार हूँ।

सेवक : मैं तुम्हारा शुभचिन्तक हूँ बसन्त। तुम्हारे पिता से मेरा बड़ा अच्छा सम्बन्ध था। मैं तुमसे फिर कहता हूँ कि जैसे सब लोग छदामी देते हैं, वैसे तुम भी छदामी दे दो, और अपना व्यापार करो।

बसन्त : यह मुझसे नहीं होगा।

सेवक : मैं भी आखिरी बार कह देता हूँ, बिना छदामी लिए तुम्हें आगे नहीं जाने दूँगा।

बसन्त : तो ले लीजिए।

सेवक : अभी नहीं, सवेरा होने दो। तब तुम्हें थाने ले चलूँगा, तुम्हें हवालात की हवा खिलाऊँगा। तुम्हारी सब हेकड़ी भूल जाएगी।

बसन्त : *(हँसता हुआ)* तब, मैं भी अब यहीं धरना देकर बैठता हूँ। आपके अन्याय के खिलाफ सत्याग्रह करूँगा।

भोला : तब बसन्त, हम लोग तो अब चले, अब तुम करो सत्याग्रह।

आदमी 1 : मैं भी चला।

बसन्त : तुम लोग जा सकते हो।

आदमी 2 : जाएँगे नहीं, तो यहाँ बैठकर समय गँवाएँगे?

[बैलों की घंटियाँ बजती हैं, और धीरे-धीरे शून्य में विलीन हो जाती हैं। इसी से दृश्य-परिवर्तन।]

मूल कथांश और उसके रूपान्तर को मिलाकर देखा जा सकता है कि रूपान्तर में वे सभी आवश्यक बातें आ गई हैं जो नाटकीय दृष्टि से आवश्यक हैं। कहानीकार ने मुख्य पात्रों की जिन चारित्रिक विशेषताओं का संकेत किया है, उन्हीं के आधार पर चरित्र सृष्टि की गई है। सेवक मिश्र के मन में जो डर है कि जहाँ एक को छदामी से छूट मिली, दूसरे भी देना बन्द कर देंगे, उसे दूसरे दृश्य में सेवक मिश्र और उनकी पुत्री के संवादों के माध्यम से दिखलाया गया है। बसन्त को देखकर सेवक को अपने दिवंगत पुत्र की याद आती है और इस नवयुवक के प्रति थोड़ा स्नेह जागता है, इसे भी अगले दृश्य में रखा गया है। रूपांतर में यह प्रयत्न भी है कि पूरे प्रसंग में एक तनाव बना रहे। कहानी में कुछ संवाद जरूर हैं, पर रूपान्तर में उन्हें मूल रूप में ही नहीं रखा गया है—वे पूरी तरह बदल गए हैं। इस उदाहरण से केवल यह तथ्य संकेतित होता है कि किसी कहानी का रेडियो-नाट्य-रूपान्तर विधा और माध्यम की दृष्टि से मूलतः उसका पुनर्लेखन है।

जो बातें कहानी के रूपान्तर के सम्बन्ध में कही गई हैं, वे उपन्यास के रूपान्तर के लिए भी सही हैं, लेकिन उपन्यास का रूपान्तर कहानी के रूपान्तर की अपेक्षा कठिन है। उपन्यास बड़ा होता है, उसकी दुनिया बड़ी होती है, उसमें उपकथाएँ और घटनाएँ बहुत होती हैं, प्रसंगों और पात्रों की संख्या बड़ी होती है। उन सबको रेडियो नाटक की सीमित अवधि में ले आना आसान काम नहीं है—सबको सीमित अवधि में लाया ही नहीं जा सकता। तब प्रश्न होता है कि उपन्यास का रेडियो-रूपान्तर कैसे किया जाए? स्पष्टतः मुख्य कथानक और मुख्य पात्रों को आधार बनाकर

ही रूपान्तर किया जा सकता है। सबसे पहले तो देखना होगा कि पूरे उपन्यास के माध्यम से उपन्यासकार कहना क्या चाहता है—उसका उद्देश्य क्या है? वह उद्देश्य किस मुख्य पात्र के माध्यम से पूरा होता है? उस मुख्य पात्र को आधार बनाकर उससे सम्बद्ध घटनाओं की एक सूची तैयार कर लेने से यह पता चल सकेगा कि किन्हें परस्पर जोड़ने से नाटक में प्रारम्भ से अन्त तक प्रभाव की अन्विति बनी रह सकेगी। उन्हीं को एक सूत्र में बाँधकर नाट्य-रचना करने से किसी उपन्यास का ऐसा रूपान्तर हो सकेगा जो पूरे उपन्यास की कथा को तो नहीं, पर उसके कथ्य को प्रस्तुत करने में सफल हो सकेगा। मुख्य चरित्र को आधार बनाने से रूपान्तरित रचना द्वारा अपेक्षित रागात्मक प्रभाव भी उत्पन्न हो सकेगा। उपन्यास का रूपान्तर कठिन काम अवश्य है, पर सामान्यतः सभी महान उपन्यासकारों की कृतियों के रेडियो रूपान्तर हुए हैं, और होते रहते हैं।

पाद-टिप्पणियाँ

1. दे. 'रेडियो ड्रामा' : सं. जॉन ड्रैकेसिस, पृ. 113
2. वही, पृ. 113-4
3. 'स्टडीज़ इन ब्राडकास्टिंग', समर 1961 में 'राइटिंग फॉर रेडियो' : सी. सी. मेहता।
4. 'दि रेडियो प्ले' : फेलिक्स फेल्टन, पृ. 27
5. पहले अध्याय में पाद-टिप्पणी सं. 8 के अन्तर्गत दिये गए दृश्य परिवर्तन सम्बन्धी उदाहरण में।
6. रामवृक्ष बेनीपुरी के प्रसिद्ध नाटक 'अम्बपाली' का रेडियो रूपान्तर : सिद्धनाथ कुमार
7. 'दि रेडियो प्ले' : फेलिक्स फेल्टन, पृ. 31, 34
8. 'रेडियो ड्रामा' : सं. ड्रैकेसिस, पृ. 124
9. 'रात बीतने तक और अन्य ध्वनि एकांकी' में 'वासवदत्तम्' : मोहन राकेश
10. भास के 'स्वप्नवासवदत्तम्' का रेडियो रूपान्तर : सिद्धनाथ कुमार
11. शिवाजी सावन्त के उपन्यास 'मृत्युंजय' का रेडियो नाट्य रूपान्तर : सिद्धनाथ कुमार
12. 'पहाड़ की पुकार' कहानी-संकलन में 'छदामी' शीर्षक कहानी : योगेन्द्रनाथ सिन्हा
13. 'छदामी' का रेडियो नाट्य रूपान्तर : सिद्धनाथ कुमार

रेडियो-रूपक

रेडियो से प्रसारित साहित्य-रूपों में रेडियो-रूपक भी है। यह रेडियो की देन है, और उसकी विशिष्ट विधा है। कविता, कहानी, उपन्यास, नाटक आदि की परम्परा पहले से चली आ रही थी, और या तो उन्हें मूल रूप में या उनके रूपांतर को रेडियो से प्रसारित किया जाता है, पर रेडियो-रूपक नाम की विधा पहले नहीं थी। इस विधा को रेडियो ने ही जन्म दिया है। एच. आर. विलियम्सन का कहना है—'यदि रेडियो को कला के रूप में मान्यता चाहिए, तो उसे अपना दावा अपने फीचर्स (इन्हें ही हम अपने यहाँ रेडियो-रूपक कहते हैं, इसकी चर्चा आगे की जाएगी) के आधार पर पेश करना चाहिए। इसमें ध्वनि माध्यम एक मौलिक, विधेयात्मक और सृजनात्मक रूप में प्रयुक्त किया जाता है।'[1]

सबसे पहले 'रेडियो-रूपक' नाम की चर्चा की जानी चाहिए। प्रसारण के इतने वर्षों के बाद भी साहित्य जगत में इसके सम्बन्ध में यही धारणा नहीं बन सकी है। हाल ही इन पंक्तियों के लेखक को एक नाट्य-अध्येता का पत्र मिला—'आपके रेडियो-रूपक मुझे अच्छे लगे।' यह टिप्पणी वास्तव में रेडियो-नाटकों पर थी। 'रेडियो-रूपक' को 'रेडियो नाटक' के पर्याय के रूप में समझा जाता रहा है, और कभी भी कई क्षेत्रों में समझा जाता है। इसका कारण है कि संस्कृत नाट्य-शास्त्र में रूपक और नाटक एक-दूसरे के पर्याय हैं। रेडियो-रूपक को समझने के लिए इस तथ्य को ध्यान में रखना आवश्यक है कि इसमें प्रयुक्त 'रूपक' शब्द का संस्कृत नाट्यशास्त्र के रूपक से कोई सम्बन्ध नहीं है। 'रेडियो-रूपक' वास्तव में अंग्रेजी के 'रेडियो फीचर' का हिन्दी पर्याय है। 'फीचर' का अनुवाद 'रूपक' कैसे हुआ, यह कहना कठिन है, यों अंग्रेजी शब्दकोश में 'फीचर' का एक अर्थ 'नाट्य-रूपक' दिया हुआ है।[2] फीचर की मूल चेतना वास्तविकता और यथातथ्यता की है, इसके आधार पर रेडियो-रूपक के प्रसिद्ध लेखक और प्रस्तुतकर्ता शिवसागर मिश्र का यह अनुमान तर्कसंगत लगता है कि 'रूपक' के अनेक अर्थों में एक अर्थ 'प्रतिकृति' को ध्यान में रखकर ही 'रेडियो-फीचर' का अनुवाद 'रेडियो-रूपक' हुआ

होगा।[3] अनुवाद की उलझन में न पड़कर यहाँ इतना ही याद रखना है कि साहित्य में 'रूपक' और 'नाटक' भले ही एक हों, 'रेडियो-रूपक' और 'रेडियो नाटक' एक नहीं हैं, दोनों अलग-अलग विधाएँ हैं।

अंग्रेजी में रेडियो फीचर का अपना इतिहास है।[4] बी.बी.सी. से सन् 1923-24 में नाटकों का प्रसारण प्रारम्भ हुआ, तब रेडियो फीचर नाम की कोई विधा नहीं थी, पर प्रसारणकर्ताओं के मन में नये माध्यम के प्रति आकर्षण था, और नाट्य-रूपों में नये प्रयोगों का आग्रह। क्रिसमस, नव वर्ष आदि के अवसरों पर विशेष कार्यक्रम तैयार किये जाते थे, और उनकी सूचना अखबारों में विशेष उल्लेख्य कार्यक्रमों के रूप में दी जाती थी। उन्हें फीचर्ड प्रोग्राम (Featured Progamme) कहा जाता था। बोल-चाल में 'Featured' के अन्त के 'डी' का लोप हो गया, और उसे फीचर प्रोग्राम कहा जाने लगा। तब फीचर प्रोग्राम का अर्थ था विशेष कार्यक्रम, लेकिन धीरे-धीरे उसके अन्तर्गत वे सभी रचनाएँ आने लगीं जो रेडियो शिल्प की दृष्टि से प्रयोगशील थीं। यह प्रयोगशीलता कल्पना-प्रधान रचनाओं की ओर कम, तथ्यप्रधान रचनाओं की ओर अधिक थी। उसी समय ग्रेट ब्रिटेन में डाकुमेंट्री फिल्मों का विकास हुआ, और रेडियो के फीचर प्रोग्रामों से सम्बद्ध प्रस्तुतकर्ता उनकी ओर आकृष्ट हुए। वे वास्तविक जीवन की घटनाओं, व्यक्तियों के इंटरव्यू आदि की रिकार्डिंग के आधार पर कार्यक्रम तैयार करने लगे। नये प्रकार की इन रचनाओं को 'रेडियो डाकुमेंट्री' भी कहा जाने लगा। हमारे यहाँ 'रेडियो फीचर' को 'रेडियो-रूपक', और 'रेडियो डाकुमेंट्री' को 'आलेख रूपक', 'वृत्त रूपक', 'वस्तु रूपक', 'डाकुमेंट्री' आदि नाम दिये जाते हैं। और, ये दोनों नाम दो प्रकार के रूपकों का बोध कराते हैं। इनका विवेचन आगे किया जाएगा। अभी जो बातें कही जा रही हैं, वे दोनों प्रकार के रूपकों के लिए सही हैं।

क्या है रेडियो-रूपक? गिलगुड जो लगभग बीस वर्षों तक बी.बी.सी. के नाटक विभाग के अध्यक्ष रहे, लिखते हैं—'कोई कार्यक्रम जो मूलतः नाटक के रूप में नहीं है, पर जो श्रोताओं के लिए अपनी प्रस्तुति में रेडियो नाटक की टेकनीक का इस्तेमाल करता है, फीचर है।'[5] यह बात शिल्प की दृष्टि से कही गई है, और इससे फीचर के स्पष्ट स्वरूप का परिचय नहीं मिलता। इसमें दोनों बातें कही गई हैं—यह नाटक नहीं है, फिर भी नाटक की टेकनीक का इस्तेमाल करता है, तात्पर्य यह कि इसमें संवाद, ध्वनिप्रभाव और संगीत का व्यवहार किया जाता है। इससे यह ध्वनि भी निकलती है कि नाटक नहीं होते हुए भी किसी-न-किसी रूप में यह नाटकीयता से जुड़ा हुआ है। लारेन्स गिलियम, जो बी.बी.सी. में फीचर के विकास के प्रथम चरण में उससे सम्बद्ध रहे, ने लिखा है—'प्रसारण के सन्दर्भ में यह शब्द उन विभिन्न प्रकार के कार्यक्रमों का संकेत देता है जो सामान्यतः तथ्यपरक और डाकुमेंट्री होते हैं, विविध पद्धतियों से प्रस्तुत किये जाते हैं, लेकिन नाटकीकरण

और सम्पादित वास्तविकता का प्रयोग विशेष रूप से करते हैं।'[6] गिलियम ने ही नाटक से इसका अन्तर बतलाने के लिए सूत्र दिया है—'फीचर तथ्य को लेकर चलता है, ड्रामा कल्पना को।'[7] यह सूत्र इस महत्त्वपूर्ण अन्तर को स्पष्ट करता है कि फीचर में वास्तविक घटनाओं, सूचनाओं, प्रसंगों आदि की आवश्यकता होती है, जबकि नाटक कल्पना पर आधारित होता है, यह बात दूसरी है कि सृजनात्मक कल्पना किसी-न-किसी वास्तविकता पर ही आधारित होती है। रूपक और नाटक में तथ्य और कल्पना के आधार का अन्तर अवश्य ही महत्त्वपूर्ण हैं, पर ऐसी अनेक उत्कृष्ट रचनाएँ प्रसारित होती रही हैं जिनमें तथ्य और कल्पना, दोनों का मिश्रण हुआ है, और उनके सम्बन्ध में यह कहना कठिन हो जाता है कि उन्हें नाटक कहा जाए या रूपक। उदाहरण के लिए, लुई मैकनीस के 'क्रिस्टोफर कोलम्बस' का उल्लेख किया जाता है जो नाटकीकृत इतिहास भी है और काव्यात्मक रेडियो नाटक भी। अपने यहाँ भी ऐसी रचनाएँ मिल सकती हैं। ऐसी रचनाओं को ध्यान में रखकर ही रोज़ मेकाले ने लिखा है कि 'मैं नहीं जानता कि कहाँ नाटक खत्म होता है, और रूपक शुरू होता है।'[8] रूपक और नाटक में यह अन्तर भी बतलाया जाता है कि नाटक में कोई-न-कोई कथानक रहता है, पर रूपक में कथानक नहीं रहता।[9] पर, यह बात भी पूरी तरह सही नहीं है, क्योंकि 'क्रिस्टोफर कोलम्बस' जैसे रूपकों में कथानक भी रहता है। तब दोनों के अन्तर को प्रधानता के आधार पर समझा जा सकता है। रूपक में तथ्यों का आग्रह विशेष रूप से रहता है। यदि दहेज की बुराइयों पर नाटक लिखना है, तो उसके पात्र काल्पनिक होंगे, पर यदि रूपक लिखना-प्रसारित करना हुआ, तो इसकी घटनाएँ वास्तविक होंगी, इसके पात्र वास्तविक होंगे।

रूपक में तथ्यों और वास्तविकता के चित्रण की बात कही जाती है, इसी से उसके विषय क्षेत्र का संकेत मिल जाता है। यह क्षेत्र अत्यन्त विस्तृत है, और इसके अन्तर्गत इतिहास, भूगोल, सभ्यता, संस्कृति, जीवनचरित, विज्ञान आदि का कोई भी विषय लिया जा सकता है। रूपक के माध्यम से देश के स्वाधीनता संग्राम का इतिहास बतलाया जा सकता है, किसी महान व्यक्ति का जीवनचरित्र प्रस्तुत किया जा सकता है, किसी प्रदेश की संस्कृति से लोगों को परिचित कराया जा सकता है, वैज्ञानिक आविष्कारों की कहानियाँ कही जा सकती हैं, रोगों की रोक-थाम की बातें बतलाई जा सकती हैं, मतलब यह कि ज्ञान-विज्ञान, कला-संस्कृति आदि के किसी विषय पर रूपकों की रचना हो सकती है। इनका उद्देश्य होता है मनोरंजक रूप में ज्ञान का प्रसार—यह ज्ञान देश के इतिहास का हो या विकास का हो या कहीं का हो।

रेडियो-रूपक में तथ्यों की प्रामाणिकता और प्रस्तुति की रोचकता, दोनों का महत्त्व है। देश में खाद्यान्न का उत्पादन तेजी से बढ़ रहा है। इस तथ्य से सम्बन्धित सूचनाओं को एक या दो नैरेटरों के कथन द्वारा प्रस्तुत कर दिया जाए, तो इस

प्रस्तुति में इतना आकर्षण नहीं रहेगा कि वह श्रोताओं को बाँधकर रख सके। केवल तथ्यों और सूचनाओं को देना ही अपना उद्देश्य हो, तो यह काम वार्ताओं और भाषणों द्वारा आसानी से हो सकता है, पर उसमें रोचकता नहीं आएगी। किसी रेडियो विशेषज्ञ ने बहुत सही कहा है कि विश्व-ज्ञानकोश के किसी लेख को कई स्वरों में बाँट देने से वह रेडियो-रूपक नहीं हो पाता—उसे आकर्षक रूप में प्रस्तुत करना रेडियो-रूपक का काम है। यहीं तथ्यों को कला-रूप देने का प्रश्न आता है। इसी सन्दर्भ में प्रसिद्ध कवि और प्रसारणकर्त्ता लुई मैकनीस का कहना है कि रेडियो फीचर वास्तविकता का नाटकीकृत रूप है—इसके लेखक को रिपोर्टर या कैमरामैन से कुछ अधिक होना चाहिए। उसे वास्तविकता की सामग्री का चयन सावधानी से करना चाहिए और उस पर ऐसा नियंत्रण रखना चाहिए कि वह एक निश्चित नाटकीय प्रभाव निर्मित कर सके।[10] तथ्यों को किस प्रकार नाटकीय रूप दिया जाए, यही रेडियो-रूपक में सर्वाधिक महत्त्वपूर्ण प्रश्न है।

रेडियो-रूपक के व्यावहारिक लेखन की बात शुरू करने के पहले रूपक के दो प्रकारों की चर्चा कर लेना आवश्यक है। जिसे हम सामान्य रूप से रूपक या फीचर कहते हैं, उसमें भी वास्तविक तथ्यों का आधार लिया जाता है, पर उसके पात्र वास्तविक व्यक्ति नहीं होते, लेखक द्वारा उनकी कल्पना करनी पड़ती है। यदि गोस्वामी तुलसीदास पर रूपक लिखना हुआ, तो आज वे और उनके समकालीन उपलब्ध नहीं हैं कि उनसे इंटरव्यू लिया जाए या कवि के मुख से उसकी कविताएँ सुनी जाएँ। ऐसी स्थिति में गोस्वामी तुलसीदास से सम्बद्ध प्रामाणिक सामग्री ग्रन्थों एवं अन्य स्रोतों से उपलब्ध कर तथ्यपरक रूपक की रचना की जाएगी। यदि इसी विषय पर डाकुमेंट्री या आलेख रूपक बनाना हो, तो तुलसीदास के जन्म-स्थान, मृत्यु-स्थान, कार्य-स्थान आदि से सम्बद्ध लोगों से, गोस्वामीजी के अध्येताओं से, उनके गीतों के गायकों से, रामलीला करने और देखनेवालों से, जिस जनसमुदाय में गोस्वामीजी की रचनाएँ कंठ-कंठ में बसी हैं उसके सदस्यों से बातचीत करके, उनके विचारों और प्रतिक्रियाओं को रिकार्ड करके, पदों और मानस के अंशों की रिकार्डिंग करके, और उन सबको एक सूत्र में बाँध करके रूपक तैयार किया जाएगा। यह तथ्याधारित होगा और इसके पात्र कल्पित व्यक्ति न होकर वास्तविक व्यक्ति होंगे। इसे आलेख रूपक कहा जाएगा। यह काम निश्चित रूप से अधिक कठिन और व्ययसाध्य है। इसकी प्रस्तुति प्रसारण केन्द्र की साधन-सम्पन्नता पर भी निर्भर है। यह भी ध्यातव्य है कि सामान्य रूपक का लेखन लेखक के हाथ में है, पर आलेख रूपक प्रसारण संस्था के अधिकारियों-कर्मचारियों के सहयोग के बिना सम्भव नहीं। हमारे यहाँ आकाशवाणी से सम्बद्ध लेखक और प्रोड्यूसर या आकाशवाणी से घनिष्ठता के साथ जुड़े लोग ही आलेख रूपक लिखते हैं। व्यय, परिश्रम, सुविधाओं की

उपलब्धि आदि को देखते हुए सहज ही समझा जा सकता है कि आलेख रूपक सबके वश की बात नहीं। आकाशवाणी से सामान्यत: रूपक या फीचर ही प्रसारित होते हैं, उनकी तुलना में आलेख रूपक बहुत ही कम।

अब रूपक-लेखन के व्यावहारिक पक्ष पर आएँ कि तथ्यों, नीरस सूचनाओं और आँकड़ों को आकर्षक रूप में कैसे प्रस्तुत किया जाए। आकर्षण का पहला प्रश्न रचना के शीर्षक से प्रारम्भ होता है। शीर्षक ऐसा होना चाहिए कि श्रोताओं की जिज्ञासा जगाये। यदि प्रारम्भ में ही कह दिया जाए—'भारतीय स्वाधीनता का इतिहास', 'भारत का कागज उद्योग', 'छोटा नागपुर के जंगल', 'भारी उद्योग निगम', 'सुभाषचन्द्र बोस' आदि, तो स्पष्टत: ज्ञात हो जाता है कि रचना से किस विषय की जानकारी मिलने जा रही है, और श्रोता में आगे के लिए बहुत जिज्ञासा नहीं रह जाएगी। हम जानते हैं कि तथ्यों, सूचनाओं, प्रचार आदि से लोगों को सामान्य रूप से विरक्ति होती है। अत: शीर्षक द्वारा विषय का स्पष्ट ज्ञान न हो उसकी केवल व्यंजना हो जाए, यही अच्छा होगा। शीर्षक प्रतीकात्मक हो, व्यंजक हो, आकर्षक हो, यह आवश्यक है। आकाशवाणी के रूपकों और आलेख रूपकों के लेखन-प्रसारण में जितना अपेक्षित है, उतना ध्यान नहीं दिया जाता। ऊपर जो शीर्षक दिये गए हैं वे लेखों और वार्ताओं के शीर्षक हो सकते हैं, नाटकी रचनाओं के नहीं। रूपकों के प्रकाशित संकलन 'जिजीविषा' में संकलित रचनाओं को देखकर सहज ही कहा जा सकता है कि 'बोलती दीवारें', 'सेतु संस्कृति के' या 'जिजीविषा' में जो आकर्षण है, वह 'माउंट हैरियर' 'रास द्वीप', 'अंडमान के वन', 'अंडमान में नेताजी सुभाष', 'विकासशील कार निकोबार' आदि में नहीं है। स्पष्टत: शीर्षक चुनाव पर ध्यान देना बहुत आवश्यक है। 'अठहत्तर नदियों के पास', 'जंगल गाता है', 'क्रान्ति की आवाज़', 'साहसी यात्री', 'रेशम के धागे', 'सृजन की झंकार' जैसे नाम सांकेतिक हैं, और आगे के लिए आकर्षण बनाए रखते हैं, प्रारम्भ में ही नहीं कह देते कि हम किन विषयों के तथ्यों को प्रस्तुत करने जा रहे हैं।

रूपक तथ्यों पर आधारित होते हैं, तो लेखक को विषय से सम्बद्ध विभिन्न स्रोतों से तथ्यों को उपलब्ध करना ही चाहिए, यह कहने की आवश्यकता नहीं है। जितनी सही और अधिक जानकारी रहेगी, उतनी ही सुविधा होगी रूपक के स्वरूप-निर्धारण में। लेखक को रूपक के उद्देश्य का निर्णय कर लेना चाहिए, और उसी के अनुसार रूपक की रूपरेखा बना लेनी चाहिए जिससे अवान्तर प्रसंग कहीं नहीं आने पाएँ, और रूपक एक सुनिश्चित बिन्दु से चलकर एक सुनिश्चित बिन्दु तक पहुँचे, इससे प्रभाव की अन्विति बनी रहेगी। उदाहरण के लिए, किसी महान् व्यक्ति के जीवन पर रूपक लिखना है, तो उसके व्यक्तित्व के किस पक्ष को उजागर करना है, इसका पता लेखक को होना चाहिए, और उस पक्ष से सम्बद्ध सामग्री ही रूपक में आनी चाहिए।

रूपक में सामान्यतः नैरेटरों का व्यवहार किया जाता है—कभी एक नैरेटर से काम चल सकता है, कभी दो की आवश्यकता होती है। यदि दो नैरेटर हों, तो एक पुरुष-स्वर और एक स्त्री-स्वर रखने से वैविध्य बनाए रखने में सुविधा होती है। नैरेशन के सम्बन्ध में यह ध्यातव्य है कि वह कभी बहुत बड़ा न हो—यदि एक ही नैरेटर लगातार दो-तीन मिनटों तक बोलता रह जाए, तो रूपक को वार्ता या भाषण बन जाने का खतरा रहेगा। इससे रचना में एकरसता भी आ सकती है। यह भी ध्यातव्य है कि बड़े नैरेशनों से रूपक की गति धीमी हो जाती है, छोटे-छोटे नैरेशन हों, तो गतिशीलता बनी रहती है, और हम जानते हैं कि नाटकीय रचना के लिए गतिशीलता आवश्यक है। नैरेटर की भाषा सामान्य पात्रों की भाषा से इस अर्थ में भिन्न होती है कि इसमें भाषा के सौन्दर्य के लिए अवकाश रहता है—आवश्यक है कि भाषा द्वारा भी रूपक में आकर्षण बना रहे। इस भाषा में गति का वैविध्य और उतार-चढ़ाव अपेक्षित है। तटस्थ होते हुए नैरेटर भी प्रसंगों और भावों के अनुसार अपनी गति बदलता है। लेखक इसके लिए अवकाश दे, तभी यह सम्भव हो सकता है। इन सारी बातों को आगे के उदाहरणों के माध्यम से समझा जा सकता है।

रूपक की रोचकता के लिए इसके प्रारम्भ का बहुत महत्त्व है। नैरेशन से सीधे बात शुरू कर देने से उतना आकर्षण नहीं आता, जितना ध्वनि प्रभाव, संवाद आदि से प्रारम्भ करने से सम्भव है। रूपक का यह प्रारम्भिक नैरेशन देखिए :

[संगीत से प्रारम्भ, संगीत उभरकर पृष्ठभूमि में चला जाता है।]

सूत्रधार : मानव और विश्व। दोनों एक-दूसरे से भिन्न होकर भी एक-दूसरे से प्रभावित। एक-दूसरे से प्रेरित। उत्थान में भी और पतन में भी। इनमें से किसी एक की भी कहानी बिना दूसरे का हवाला दिये पूरी नहीं होती। शायद इसलिए मानव अपने अतीत की ओर दृष्टिपात करता है। कुछ स्मरण करने के लिए, कुछ सीखने के लिए और कुछ यह जानने के लिए कि हम ज़िन्दगी के सफर की कितनी दूरी पूरी कर चुके हैं।

[तेज हवा के चलने का शब्द—दूर से आता सागर का गहरा नाद]

सूत्रधार : ऐसे ही चिन्तन में डूबी एक महिला यात्री माउंट हैरियट की चोटी पर खड़ी अगाध सागर की नीलिमा बिखेरती जलराशि को देख रही थी। विशाल नारियल के वृक्ष, जहाँ तक नज़र जाती हरीतिमा और खाड़ी के उस पार बसी यक्ष नगरी

पोर्ट ब्लेयर को देख रही थी। मनमोहक घुमावदार सड़क, ऊँची-नीची चट्टानों पर बने लकड़ी और सीमेंट के मकान, सड़कों पर दौड़ती मोटर-बसें और कार—विभिन्न वेश-भूषा में इधर से उधर विचरण करता जनसमूह। मानो भारत की विभिन्न संस्कृतियों का संगम हो रहा हो। भारत सिमटकर अपने लघु रूप में यहाँ आ गया हो। मंत्र-मुग्ध यात्री ठगी-सी अपलक देख रही थी नगरी की शोभा को—सागर की लहरों पर नर्तन करती नौकाओं को।

[तेज हवा का झोंका—सागर का गर्जन]

सूत्रधार : हवा के ये कलरव, रह-रहकर शरीर को स्पर्श करनेवाला प्राण वायु का ये झोंका, समय की गति की तेजी का प्रतीक है। ये विशाल सागर की अनन्त गहराई पता नहीं, कितने अरमान छुपाए है अपने अन्तर में। हर यात्री को यहाँ आकर कितनी रूहानी खुशी हासिल होती है। इस विशाल पर्वत की चोटी माउंट हैरियट ने तो इतिहास घटित कितनी ही घटनाओं को प्रत्यक्ष देखा होगा। स्वतंत्रता सेनानियों के पुण्य तीर्थ पोर्ट ब्लेयर की विभीषिकाओं, इन द्वीपों के उत्थान-पतन का ये पर्वतराज जीवन्त साक्षी रहा होगा। काश, ये बोल सकता!

यात्री : यात्री! *(आवाज पास सुनाई देती है।)*

यात्री : हैं! ये किसकी आवाज है। किसने इस परदेशी को पुकारा! कौन हो सकता है इस निर्जन माउंट हैरियट की चोटी पर! कौन है भाई?

इस रूपक का पहला नैरेशन एक सामान्य वक्तव्य से शुरू होता है, और निबन्ध के प्रारम्भ-जैसा लगता है, शुरू के वाक्यों में क्रिया के नहीं रहने से नैरेशन में कुछ चुस्ती ज़रूर आई है। यह केवल एक उदाहरण है—ऐसे निबन्ध शैली के प्रारम्भ वाले अनेक रूपक लिखे और प्रसारित किये जाते हैं। इससे यह निष्कर्ष अवश्य ही निकलता है कि जीवन, जगत, समय, परिवर्तन, मनुष्य, व्यक्ति, समाज आदि से सम्बन्धित सामान्य वक्तव्य से रूपक का प्रारम्भ करने से उसमें नाटकीयता नहीं आती। उदाहृत रूपक का दूसरा नैरेशन कहानी की पृष्ठभूमि प्रस्तुत करनेवाले नैरेशन की तरह है। इसी से रूपक का प्रारम्भ करने से पहलेवाले की अपेक्षा कुछ अधिक आकर्षण आता। आगे पर्वत की आवाज सुनाई पड़ती है, और उससे यात्री का संवाद चलता है। यदि रूपक यहीं से प्रारम्भ होता, तो उसमें नाटकीयता आती। पर्वत यात्री

के कुछ संवादों के बाद दूसरे नैरेशन के कुछ अंशों का इस्तेमाल पृष्ठभूमि निर्मित करने के लिए किया जा सकता था। पहले नैरेशन की तो कोई आवश्यकता ही नहीं है। निबन्ध शैली के प्रारम्भ-जैसा एक और नैरेशन देखा जा सकता है :

सूत्रधार 1 : वृहद् और विशालकाय बरगद के पेड़ों को देखकर क्या कभी किसी ने सोचा है कि इस लम्बे-चौड़े, गौरवशाली पेड़ का जन्म एक नन्हे-से बीज से हुआ? जीवन आधार वास्तव में बहुत सूक्ष्म होता है, लेकिन विकास-शक्ति इस नन्हे-से बीज को ऐसा रूप दे देती है, जो महान् और गौरवशाली है।

सूत्रधार 2 : संसार की सभ्यता का इतिहास विचारधाराओं का इतिहास है। ऐसी विचारधारा में जिसका बल प्रतिपल बढ़ता जाता है, यहाँ तक कि वह महाक्रान्ति का रूप धारण कर लेती है। एक इनसान के हृदय में जन्म लेकर वह हजारों, लाखों, करोड़ों इनसानों के दिलों की प्रेरणा बन जाती है, और नई सभ्यता का उदय होता है।

इसी तरह यह भूमिकात्मक प्रारम्भ भी बहुत आकर्षक नहीं होता :

वाचक : अच्छा, अब तुम्हें एक साहसी मल्लाह की कहानी सुनवाएँ। मध्य काल में दुनिया ऐसी नहीं थी जैसी आज है। आज हम बेखटके कहीं भी जा सकते हैं। बहुत मजबूत जहाज हैं। बड़े अच्छे हवाई जहाज हैं, जिनके द्वारा हम संसार के कोने-कोने की सैर कर सकते हैं।

आकर्षक प्रारम्भ के लिए आवश्यक है कि बिना किसी भूमिका के एकाएक बीच से बात शुरू हो जाए। भूमिका आवश्यक ही हो, तो प्रभावशाली ध्वनि प्रभावों की पृष्ठभूमि पर उसे प्रस्तुत किया जाए। 'एक पूर्णिमा : अनन्त प्रकाश' शीर्षक इस रूपक में भूमिका तो है, पर रूपक ध्वनि प्रभावों से शुरू होता है :

[विस्फोट आदि की ध्वनियाँ। हाहाकार-चीत्कार। समवेत स्वर में 'हमें बचाओ', 'रक्षा करो', 'हमें शान्ति दो' की आवाजें सुनाई पड़ती हैं। कोलाहल की ध्वनियाँ आगे के नैरेशन की पृष्ठभूमि. में चलती रहती हैं।]

पुरुष-स्वर : बीसवीं सदी का तीसरा पहर। आकाश दहक रहा है, धरती सुलग रही है। चारों ओर ताप है, भीषण ताप। चारों ओर संघर्ष

है, पारस्परिक संघर्ष—विचारों, धर्मों, संस्कृतियों, मतवादों और राष्ट्रों का संघर्ष। संसार जल रहा है इस संघर्ष में।

[पृष्ठभूमि की ध्वनियाँ तेज होकर फिर मन्द हो जाती हैं।]

पुरुष स्वर : अशान्ति और कोलाहल विक्षुब्ध महासागर तरंगित हो रहा है। अनागत से परमाणु बमों का विध्वंसक वज्रघोष सुनाई पड़ रहा है। विनाश के रक्तिम बादल आपस में टकराते दीख रहे हैं। आशंका और अविश्वास की बिजलियाँ कौंध रही हैं। जन-जन के हाहाकारों से आकाश गूँज रहा है।

[पृष्ठभूमि की ध्वनियाँ तेज होकर फिर मन्द हो जाती हैं।]

पुरुष स्वर : संसार को सुख चाहिए, शान्ति चाहिए, शीतलता चाहिए। कहाँ मिलेगी शान्ति? कहाँ मिलेगी शीतलता?

[समवेत स्वर में 'बुद्धं शरणं गच्छामि, धम्मं शरणं गच्छामि, संघं शरणं गच्छामि' की ध्वनि धीरे-धीरे उभरती है, हाहाकर-चीत्कार की ध्वनियों पर छा जाती है।]

स्त्री-स्वर : शान्ति मिलेगी क्यों नहीं? संसार चाहे, तो सुख और शान्ति की प्राप्ति असम्भव नहीं। संसार को शीतलता चाहिए, तो एक शान्तिदायक पूर्णचन्द्र इतिहास के ढाई हजार वर्षों का अन्धकार चीर कर आज भी चमक रहा है, एक पूर्णिमा का अनन्त प्रकाश आज भी युगों के क्षितिज तोड़कर धरती पर आने को तत्पर है, आज भी एक मधुमय संदेश हवा की लहरों में गूँज रहा है :

['बुद्धं शरणं गच्छामि' की आवाजें उभरती हैं, फिर मन्द हो जाती हैं।]

पुरुष-स्वर : यह आवाज तो परिचित-सी है।

स्त्री-स्वर : निश्चित रूप से। पहली बार आज से ढाई हजार वर्ष पहले सुनाई पड़ी थी यह आवाज। आज भी सबसे यह कह रही है—अग्नि से अग्नि नहीं बुझती, क्रोध से क्रोध शान्त नहीं होता, हिंसा से हिंसा का अन्त नहीं किया जा सकता।

पुरुष-स्वर : ऐसा तो भगवान बुद्ध ने कहा था।

स्त्री-स्वर : हाँ, भगवान बुद्ध ने ही कहा था, आज से सैकड़ों वर्ष पहले। उनका सन्देश बार-बार युग के क्षितिज से टकराकर लौट जाता है—वैशाख पूर्णिमा के दिन तो विशेष रूप से।

पुरुष स्वर : विशेष रूप से क्यों?

स्त्री-स्वर : इसी तिथि को भगवान बुद्ध का जन्म हुआ था, इसी तिथि को उन्हें ज्ञान प्राप्त हुआ था—वे बुद्ध बने थे, और इसी तिथि को वे इस संसार विदा हुए थे। इसी से वैशाख पूर्णिमा को बुद्ध पूर्णिमा भी कहते हैं।[11]

रूपक ध्वनि प्रभावों के साथ-साथ नारों से भी प्रारम्भ हो सकता है। एक उदाहरण प्रस्तुत है :

[भीड़ का कोलाहल उभरता है, नारे सुनाई पड़ते हैं—'वोट दो, वोट दो']

कुछ स्वर : शर्माजी को वोट दो, शर्माजी को वोट दो।

कुछ स्वर : लालाजी को वोट दो, लालाजी को वोट दो।

[कोलाहल और नारों की आवाज पृष्ठभूमि में चली जाती है, और दूसरे स्वर उभरकर ऊपर आ जाते हैं।]

स्वर 1 : हमारी पार्टी देश को सुखी और समृद्ध बनाएगी।

स्वर 2 : हम देश से गरीबी मिटाएँगे।

स्वर 3 : हम सबके लिए रोजगार की व्यवस्था करेंगे।

स्वर 4 : हम अन्न का उत्पादन बढ़ाएँगे, देश को आत्मनिर्भर बनाएँगे।

[स्वर पृष्ठभूमि में जाते हैं, तथा भीड़ और नारों की आवाजें ऊँची होती हैं, फिर आगे के नैरेशन की पृष्ठभूमि में चलती हुई समाप्त हो जाती हैं।]

प्रवक्ता : यह भीड़ का सामान्य कोलाहल नहीं, जन-मत का संघर्ष है। जनता जिसे चाहेगी, वही विजयी होगा, वही देश का शासन सँभालेगा। भारत के महान् जनगण ने अपने संविधान से यह अधिकार प्राप्त किया है कि वह अपना शासन स्वयं चलाए, अपने लिए अपने शासन की व्यवस्था वह स्वयं

करे, उसके निर्वाचित प्रतिनिधियों में उसी की शक्ति काम करे। भारत का जन-गण ही भारत का शासक है, इस विशाल महान देश का भाग्य-विधाता है। उसने 26 जनवरी, 1950 को अपना संविधान स्वीकार कर यह अधिकार प्राप्त किया था :

अनेक स्वर : हम भारत के लोग, भारत को एक सम्पूर्ण प्रभुत्व-सम्पन्न लोकतंत्रात्मक गणराज्य...।[12]

साहित्यकारों पर लिखित रूपकों में यह सुविधा रहती है कि उनकी रचना से ही रूपक का प्रारम्भ किया जाए। यदि रचनाकार बहुत पहले का नहीं हुआ, और उसकी रिकार्डिंग उपलब्ध हो, तो उसकी आवाज से ही प्रारम्भ किया जा सकता है। आगे दिये गए उदाहरण में देखा जा सकता है कि किस प्रकार कवि की रचना से ही रूपक का प्रारम्भ होता है, और बाद में उसकी रचनाओं के द्वारा ही किस प्रकार उसका परिचय दिया जाता है। यह भी द्रष्टव्य है कि सामान्यत: रूपक में नैरेटर या नैरेटरों का व्यवहार किया जाता है, पर उनका व्यवहार कम-से-कम हो, यह अच्छा होता है। प्रस्तुत रूपक में इस दिशा में भी सजगता बरती गई है। नैरेशन का काम संवादों से लेने का प्रयत्न किया गया है। नैरेटर प्रारम्भ में आया है :

[छोटी भीड़ की आवाज सुनाई पड़ती है, उसी की पृष्ठभूमि पर कबीर की आवाज आती है।]

कबीर : *(कुछ जोर से)*
कबिरा खड़ा बजार में लिए लुकाठी हाथ।
जो घर फूँके आपना, चले हमारे साथ॥

नैरेटर : यह आत्मविश्वास और विद्रोह की वाणी आज से लगभग छह सौ वर्ष पहले गूँजी थी। यह कबीर की वाणी है, सन्त और महात्मा कबीर की, सत्यद्रष्टा और युग-उपदेशक कबीर की, क्रान्तिदर्शी और हिन्दी के महान कवि कबीर की। यह उस कबीर की वाणी है जिसने अपने युग के बाह्याडम्बरों और पाखंडों को अपने व्यंग्य-वाणों से क्षत-विक्षत किया था, यह उस कबीर की वाणी है जिसने युग की धरती पर उच्चादर्शों की अमृत वर्षा की थी, यह उस कबीर की वाणी है जिसने मित्रता और शत्रुता के धरातल से ऊपर उठकर, अपने युग के चौराहे से सबकी मंगल कामना की थी।

कबीर : *(भीड़ के कोलाहल की पृष्ठभूमि पर)*

कबिरा खड़ा बजार में माँगे सबकी खैर।
ना काहू से दोस्ती ना काहू से बैर॥

नैरेटर : महात्मा कबीर की मंगल कामना गूँजती रही, और उनके महान् व्यक्तित्व ने उनके युग-जीवन को अपनी ओर आकृष्ट किया।

स्वर 1 : भई, ये कबीर साहब कौन हैं?

स्वर 2 : कबीर साहब को नहीं जानते?

स्वर 1 : नहीं। इनकी चर्चा सुनी है, पर इनके बारे में पूरी तरह जानता नहीं।

स्वर 2 : कबीर साहब पहुँचे हुए महात्मा हैं। इनकी बातें सुनोगे, तब समझोगे कि कितनी गम्भीर और ऊँची बातें कहते हैं।

स्वर 1 : इनका जन्म कहाँ हुआ था?

स्वर 2 : यहीं काशी में।

स्वर 1 : किसके घर?

स्वर 2 : यह तो भई, किसी को मालूस नहीं। लोग कहते हैं, जन्म के समय ही इनकी माता ने इन्हें लहरतारा के किनारे फेंक दिया था।

स्वर 1 : तब?

स्वर 2 : नीरू जुलाहा अपनी पत्नी के साथ उसी रास्ते कहीं जा रहा था कि उसने उस बच्चे को वहाँ देखा। पति-पत्नी के मन में स्नेह उमड़ आया, उन्हें अपना कोई बच्चा था नहीं। वे बच्चे को घर ले आए। उन्होंने ही उसका नाम रखा कबीर।

स्वर 1 : तो, कबीरदास जुलाहे के घर पले हैं?

स्वर 2 : हाँ-हाँ, इसे तो कबीर साहब खुद मानते हैं—अपने को बार-बार जुलाहा कहते हैं। अभी उस दिन एक पंडित को ललकार कर उन्होंने कहा था—तू ब्राह्मन मैं कासिक जुलहा, बूझउ मोर गियाना। कभी तुम उनसे बात करके देखो, तब पता चले कि कैसी-कैसी ज्ञानवाली बातें कहते हैं।

स्वर 1 : उनसे बात कैसे करेंगे?

स्वर 2 : क्यों, उनके यहाँ तो कोई भी जा सकता है, किसी के लिए कोई रोक-टोक नहीं है। ज्ञानी हुए, तो क्या? वे तो हम लोगों के बीच के आदमी हैं।

स्वर 2 : तो भई, एक दिन चलो न उनके पास। मैं उन्हें नजदीक से देखना चाहता हूँ, उनसे ज्ञान की बातें सुनना चाहता हूँ।

स्वर 2 : चलेंगे किसी दिन।

[वाद्य संगीत से दृश्य परिवर्तन]

कबीर : *(करघा चलाते हुए गा रहे हैं)*
भीनी झीनी बीनी चदरिया।
काहे के ताना काहे के भरनी कौन तार से बीनी चदरिया।
इंगला पिंगला ताना भरनी सुषमन तार से बीनी चदरिया।

स्वर 1 : *(निकट आते हुए)* गुरु साहब, प्रणाम।

स्वर 2 : मैं भी प्रणाम करता हूँ।

कबीर : राम तुम लोगों को सुबुद्धि दे।

स्वर 2 : राम?

कबीर : क्यों, राम के नाम से चौंकते क्यों हो?

स्वर 2 : सुना था, आप राम को नहीं मानते।

कबीर : मैं राम को नहीं मानता? *(हल्की हँसी)* राम को तो मैं ही मानता हूँ, दूसरे लोग ही नहीं मानते—दसरथ सुत तिहुँ लोक बखाना, राम नाम कोउ मरम न जाना।

स्वर 1 : राम-नाम का कुछ मर्म हमें भी बतलाइए।

कबीर : मन में राम-नाम आ जाने के बाद कुछ बाकी नहीं रहता, राम-नाम के बिना संसार में सब कुछ बेकार है :
मन रे जब ते राम कह्यो रे, फिरि कहिबे को कुछ न रह्यो रे।
का भो जोग जज्ञ जप दाना, जो तें राम-नाम नहीं जाना।[13]

रूपक का प्रारम्भ आकर्षक होना ही चाहिए, चाहे वह संवाद से हो, गीत से हो, ध्वनि प्रभाव से हो या वास्तविक रिकार्डिंग से हो। प्रारम्भ के बाद यह भी देखना है कि वह बीच में कहीं एकरस न होने पाए, गति निरन्तर बनी रहे। कभी-कभी पूरा रूपक दो स्वरों (वाचक-वाचिका या स्वर 1 स्वर 2) में लिख दिया जाता है। इससे एकरसता का खतरा रहता है। किसी-न-किसी प्रकार से एकरसता भंग होनी चाहिए—गीत से, वाद्य संगीत से, ध्वनि प्रभाव से, संवाद से। और किसी पद्धति के लिए अवकाश न हो, तो नैरेशन की गति में वैविध्य लाकर एकरसता को तोड़ा जा सकता है नैरेशन की गति बदलनी चाहिए, लय बदलनी चाहिए। एक ही प्रकार के नैरेशन से रूपक में नीरसता आती है। यह कहा जा चुका है कि नैरेशन को बड़ा-बड़ा होना ही नहीं चाहिए—इससे रूपक की गति में शिथिलता आती है। रूपक में आकर्षण बनाए रखनेवाले वैविध्यपूर्ण नैरेशनों के एक-दो उदाहरण प्रस्तुत हैं (रूपक के बीच से) :

सूत्रधार 1 : कुरुक्षेत्र के मैदान में महाभारत के युद्ध ने एक सभ्यता का उपसंहार देखा। उसी मैदान में आज एक नई सभ्यता का उदय हो रहा है। इस नई सभ्यता का आधार है।

सूत्रधार 1 : हर इनसान को काम करने का बल मिला है।

सूत्रधार 2 : और उसे जिन्दगी की खुशी को बढ़ाने के काम में लाया जा सकता है।

सूत्रधार 3 : और समृद्धि के साधनों पर सारे समाज का अधिकार होना चाहिए।

सूत्रधार 1 : इस क्रान्तिकारी विचार ने जनता में स्फूर्ति भर दी, हताश दिलों में साहस भरा और पल-पल जल रहे विश्वास को दृढ़ बना दिया, और जनता ने कहा...

सूत्रधार 1 : हम भीख नहीं माँगेंगे।

सूत्रधार 2 : हम अपने शरीर के अन्दर सो रही शक्ति को जगाएँगे।

सूत्रधार 3 : हमें काम करने का अवसर दिया जाए।

सूत्रधार 4 : हम धरती को चीरकर उसमें छुपे सोने को निकाल लाएँगे।

सब : हम नये भारत के जीवन को मुस्कराहटों से भर देंगे।

[संगीत]

सूत्रधार 2 : इसी विश्वास को लेकर वह आगे बढ़े।

सूत्रधार 1 : सत्रह हजार रुपये के सरमाये से कुरुक्षेत्र कैम्प में एक 'वोकेशनल सेंटर' की बुनियाद रखी गई।

आवाज 1 : हमें कपड़ा चाहिए, हम कपड़ा बनाएँगे।

आवाज 2 : लेकिन कपड़े के लिए खड्डियाँ चाहिए।

आवाज 1 : हम खड्डियाँ बनाएँगे।

आवाज 2 : खड्डियाँ बनाने के लिए औजार चाहिए।

आवाज 1 : हम औजार बनाएँगे।

आवाज 2 : औजार बनाने के लिए कारखाने चाहिए।

आवाज 1 : हम कारखाने कायम करेंगे।

सुत्रधार 1 : और, इस तरह बीज ने एक नन्हे-से पौधे का रूप लिया। जनवरी 1948 तक सेंटर में तीन सौ काम सीखे हुए कारीगर थे, और सात सौ काम सीखनेवाले नौजवान।[14]

गतिशील वैविध्यपूर्ण नैरेशन का एक और उदाहरण प्रस्तुत है :

प्रवक्ता : भारतीय संस्कृति की धारा समन्वय करती हुई प्रवाहित होती रही—नई-नई जातियाँ इस देश में आती रहीं।

[दूर से आती हुई ध्वनियाँ : 'अल्लाहो अकबर']

प्रवक्ता : इस देश में प्रवेश हुआ इस्लाम का, और इतिहास का एक नया चरण प्रारम्भ हुआ। अरब और भारत का सम्बन्ध पुराना था। दोनों की भाषाओं का मूल एक ही था। अरबी और संस्कृत के कुछ शब्दों का साम्य आज भी देखा जा सकता है।

स्त्री-स्वर : चन्दन और सन्दल।

पुरुष-स्वर : कर्पूर और काफूर।

स्त्री-स्वर : ताम्बूल और ताम्बोल।

प्रवक्ता : इस्लाम आया आंधी और तूफान की तरह, लेकिन इस देश की धरती पर हवा के रूप में बदल गया। मुसलमान आए विदेशी की तरह, लेकिन इस देश के हो गए। भारतीय संस्कृति की गंगा में पहले तो ऊँची लहरें उठीं, लेकिन कुछ ही समय में गंगा का जल फिर अपनी सहज गति से बहने लगा। संघर्ष के बाद समन्वय की प्रक्रिया फिर शुरू हो गई।

स्त्री-स्वर : दोनों धर्मों के लोग एक-दूसरे के निकट आने लगे।

पुरुष-स्वर : एक-दूसरे को जानने-पहचानने लगे।

स्त्री-स्वर : इस्लाम ने भारतीय जीवन को प्रभावित किया।

पुरुष-स्वर : भारतीय जीवन ने इस्लाम पर अपना प्रभाव डाला।

स्त्री-स्वर : दोनों धर्मों के लोग खान-पान, वेश-भूषा, जीवन-विधि में एक-दूसरे के निकट आने लगे।

पुरुष-स्वर : हिन्दू-मुस्लिम एकता के गीत गाये जाने लगे।[15]

रूपक को आकर्षक बनाए रखने के लिए यह भी आवश्यक है कि तथ्यों और सूचनाओं को प्रारम्भ से अन्त तक केवल अमूर्त रूप में नहीं प्रस्तुत किया जाए। दो नैरेटरों के कथन के बीच-बीच में, जहाँ कहीं अवकाश मिले, अमूर्त को मूर्त बनाकर कहा जाए, सामान्य को विशेष के माध्यम से प्रस्तुत किया जाए, और यथास्थान उदाहरण भी दिये जाएँ। 'आबादी बढ़ रही है' कहना अमूर्त है, इसे व्यावहारिक जीवन के प्रसंगों से मूर्त बनाया जा सकता है :

नैरेटर : आज देश के सामने अनेक समस्याएँ हैं।

स्त्री : कहाँ जा रहे हो जी?

पुरुष : गंगा बाबू के यहाँ।

स्त्री : क्या बात है?

पुरुष : मोहन को लड़का हुआ है।
स्त्री : बड़ी खुशी की बात है।

[संक्षिप्त संगीत]

स्त्री : सुना तुमने?
पुरुष : क्या?
स्त्री : मालती को लड़की हुई है।
पुरुष : सचमुच?
स्त्री : झूठ थोड़े ही कहती हूँ!
नैरेटर : जनसंख्या बढ़ती जा रही है। उसके लिए भोजन, वस्त्र और आवास का प्रबन्ध करना है।[16]

इस विवेचन से यह समझा जा सकता है कि तथ्यों की रोचक प्रस्तुति के लिए कैसे-कैसे प्रयोग किये जा सकते हैं। ये प्रयोग रूपक की प्रकृति के अनुसार अलग-अलग प्रकार के होंगे। रूपक का अन्त भी आकर्षक होना चाहिए—निष्कर्षात्मक और प्रभावशाली।[17]

अब आलेख रूपक के बारे में कुछ बातें। कहा जा चुका है कि आलेख रूपक के पात्र वास्तविक व्यक्ति होते हैं—रूपक के विषय से किसी-न-किसी रूप में सम्बद्ध। उनके वक्तव्य, विचार (इंटरव्यू, वार्ता, भाषण आदि के माध्यम से), गीत, संगीत, काव्यपाठ आदि को रिकार्ड कर लिया जाता है, और उन्हें आलेख रूपक में यथास्थान प्रयुक्त करते हैं। इसका अर्थ हुआ कि नाटक और रेडियो-रूपक में अभिनेता नाटकीय पात्रों का अभिनय करते हैं, पर आलेख रूपक में किसी पात्र का अभिनय नहीं किया जाता—वास्तविक व्यक्ति स्वयं अपनी भूमिका निभाते हैं। व्यक्तियों के साक्षात्कार आदि के अतिरिक्त कार्यस्थल या घटनास्थल से सम्बद्ध ध्वनि प्रभावों को भी रिकार्ड किया जाता है, और इनका भी व्यवहार उपयुक्त स्थानों पर किया जाता है। इन सबके आलेख रूपक में वास्तविकता रहती है, और इससे रचना में एक विशेष प्रकार की प्रभावोत्पादकता आती है। अभी रूपक को आकर्षक बनाए रखने के प्रसंग में अमूर्त को मूर्त रूप देने की बात कही गई है, तो आलेख रूपक में रिकार्ड किये गए अंशों का व्यवहार अमूर्त को मूर्त रूप देने का शक्तिशाली साधन है। इस प्रकार के रूपक में भी नैरेटर का व्यवहार होता है जो वास्तविकता पर आधारित विभिन्न प्रसंगों को जोड़ता चलता है। आलेख रूपक को डाकुमेंट्री फिल्म का ही श्रव्य रूप समझना चाहिए।

रेडियो-आलेख-रूपक तैयार करना प्रोड्यूसर का काम है, और उसके सहयोग से ही इसका लिखित रूप बनाया जा सकता है। इसके लेखन की दो पद्धतियाँ हो

सकती हैं—पहली यह कि विषय से सम्बद्ध सामग्री की रिकार्डिंग तैयार कर ली जाए और उसके आधार पर रूपक लिखा जाए, और दूसरी यह कि रूपक की रूपरेखा पहले तैयार कर ली जाए, और उसकी आवश्यकता के अनुसार इंटरव्यू, ध्वनि प्रभाव आदि को रिकार्ड किया जाए। पहली पद्धति में पहले से यह पता नहीं रहेगा कि क्या रिकार्ड किया जाए और किसको छोड़ दिया जाए। स्पष्टत: दूसरी पद्धति ही व्यावहारिक और तर्कसंगत है। इसके लिए आवश्यक है कि लेखक अपने विषय की पूरी जानकारी प्राप्त करे, उसके सभी पक्षों पर विचार करे, यह सोच ले कि वह अपनी रचना से क्या उद्देश्य सिद्ध करना चाहता है, और तब आलेख-रूपक की एक प्रस्तावित रूपरेखा तैयार करे। उपलब्धता और व्यावहारिकता की दृष्टि से उसे तय कर लेना चाहिए कि वह किन स्थलों पर किन व्यक्तियों की आवाज़ों और किन ध्वनि प्रभावों का इस्तेमाल करना चाहता है। इसके बाद रिकार्डिंग का काम शुरू होता है—आवश्यकता से अधिक सामग्री का संकलन आलेख-लेखन की दृष्टि से उपयोगी होता है.। बाहर जो कुछ रिकार्ड किया जाता है, सबका रूपक विशेष में उपयोग नहीं होता—बहुत सारी सामग्री को छाँट देना पड़ता है। अधिक सामग्री अपने पास रहने पर लेखक के पास यह विकल्प रहता है कि वह उपयुक्त अंश का चुनाव अपने रूपक के लिए कर सके। इस चुनी हुई सामग्री के आधार पर अब आलेख की प्रस्तावित रूपरेखा को अन्तिम रूप दिया जाता है। इसके बाद का काम तो प्रोड्यूसर का है कि वह किस प्रकार रिकार्ड किये गए अंशों का सम्पादन करता है, किस प्रकार उन्हें एक-दूसरे से जोड़ता है, और रूपक की समग्रता में उन्हें किस प्रकार प्रयुक्त करता है।

प्रोड्यूसर सही रूप में आलेख का उपयोग कर सके, और उसमें निहित सम्भावनाओं को उद्‌घाटित कर प्रभावशाली रूपक तैयार कर सके, इसके लिए लेखक को रूपक-लेखन के समय कुछ बातों का ध्यान रखना आवश्यक है। आलेख रूपक पत्रकारिता और मात्र टेप रिकार्डर का काम नहीं है, बल्कि एक कलाकृति है, उसकी परिकल्पना कलात्मक रूप में करनी चाहिए, जिससे प्रारम्भ से अन्त तक उसमें आकर्षण बना रहे। उसका प्रारम्भ किस बिन्दु से हो और कहाँ उसका अन्त हो, इसकी निश्चित धारणा मन में रहनी चाहिए। नैरेशन की अपेक्षा ध्वन्यांकित सामग्री अधिक रहनी चाहिए—यह पूरी सामग्री एक ही तरह की न हो और उसमें वैविध्य रहे, यह आवश्यक है। इसका तात्पर्य कि कहीं भेंट-वार्ता का अंश हो, कहीं मात्र वक्तव्य या भाषण का अंश हो, कहीं ध्वनि प्रभाव हो, कहीं संगीत हो। इंटरव्यू और वक्तव्य के अंश कहीं भी बहुत बड़े न हों—बड़े अंश हों, तो उन्हें टुकड़ों में बाँटकर अलग-अलग देना चाहिए। इंटरव्यू आदि के अंश रूपक के किसी एक ही भाग में केन्द्रित न होकर विभिन्न भागों में समुचित रूप में बँटे रहें, तो रूपक सन्तुलित रहेगा। इन बातों को किसी आलेख रूपक का प्रसारण

सुनकर ही समझा जा सकता है, पर उदाहरण के लिए 'आवाज स्यालकोट पहुँची' का प्रारम्भिक अंश उद्धृत है जिसमें ध्वनि प्रभावों, संक्षिप्त नैरेशन और इंटरव्यू के छोटे अंशों का प्रयोग देखा जा सकता है :

[जोरदार द्रुत संगीत में से 'जो बोले सो निहाल, सत् श्री अकाल' की ध्वनि उभरती है।]

वाचक : सितम्बर सात-आठ की रात। जम्मू के दक्षिण-पश्चिम, जम्मू-स्यालकोट सड़क पर पाकिस्तानी गाँव कुन्दनपुर। दुश्मनों का तोपखाना, टैंक, आर. सी. एल., मशीनगन, राइफल आग उगलते रहे—लेकिन हमारे जवाँमर्द जाट और शूरवीर सिक्ख शान से आगे बढ़ते रहे। चाँदनी रात। समय ठीक दो बजकर दस मिनट।

[सिक्ख बटालियन का जयकारा]

वाचक : फतह पानेवाले सिक्खों के इस जयकारे का जिक्र करते समय कुन्दनपुर की विजेता बटालियन के कमांडिग अफसर ले. कर्नल ई. डब्ल्यू. कारवालो की आँखें गर्व से चमक उठती हैं :

कर्नल कारवालो : *(ध्वन्यांकित अंश)* मेरे खयाल में अगर आप साहब उस रात पर यहाँ होता, तो आप सत् श्री अकाल का जयकारा बड़ी दूर से सुन सकते थे, और ज़रूर स्यालकोट के लोगों ने इनको सुना होगा।

[ध्वनि प्रभाव जयकार]

वाचक : बेशक! स्यालकोट के लोग साहसी सिक्खों की यह गर्जना सुनकर सकते में पड़ गए होंगे, क्योंकि उन्हें तो मार्शल अयूब खाँ ने भरोसा दिला रखा था कि बस टहलते हुए दिल्ली पहुँच जाना है। लेकिन, यह क्या हुआ? भारतीय सेना की सिक्ख बटालियन अपनी सीमा से चलकर केवल तीन घंटों में स्यालकोट के समीप कुन्दनपुर गाँव जा पहुँची। कर्नल कारवालो आज कहाँ हैं?

कर्नल कारवालो : *(ध्वन्यांकित अंश)* मैं कुन्दनपुर जिला स्यालकोट वेस्ट पाकिस्तान से बात कर रहा हूँ। हम आठ तारीख को तकरीबन दो बजे के टाइम पे यहाँ पहुँचा। मेरे नीचे सिक्ख

> लाइट इंफेंट्री का जवान है। माफ करना, मेरा हिन्दी बहुत खराब है। जब ब्रिगेड कमांडर साहब ने ये टास्क हमको दिया कि कुन्दनपुर पर कब्जा कर लेना, मेरे दिल में कोई शक नहीं था कि अपने जवान इसको लेगा, क्योंकि मेरा जवान हमेशा बहादुरी से लड़ता है, बड़ा हौंसला से। उस वक्त प्लेन ऐसा बना कि अल्फा कम्पनी कुन्दनपुर का बायाँ हिस्सा लेना था और चार्ली कम्पनी कुन्दनपुर का दाहिना हिस्सा रेलवे लाइन तक, और ये प्लेन अटैक का प्लेन का मुताबिक पूरा हुआ।[18]

डाकुमेंट्री फिल्मों की तरह रेडियो के आलेख रूपकों की अपनी कला है। कला के कुछ सार्वभौम सिद्धान्त कहे जाते हैं—अन्विति, चयनात्मकता, महत्त्व एवं अनुपात, तीव्रीकरण और माध्यम पर दक्षतापूर्ण अधिकार। आलेख रूपक में भी इन सभी बातों पर ध्यान रखना पड़ता है—इसमें सामग्री का चयन और संयोजन इस प्रकार किया जाता है कि महत्त्व के अनुसार इसके विभिन्न खंडों का अनुपात बना रहे, उनमें अन्विति रहे, और अपेक्षित प्रभाव की सृष्टि हो सके, श्रव्य माध्यम के वैशिष्ट्य का ध्यान तो इसमें रखना ही है। रेडियो की अपनी कला आलेख रूपक की ही है। विलियम्सन ने तो इसे इतना महत्त्व दिया है कि उनके अनुसार, रेडियो के लिए लिखने का अर्थ है फीचर लिखना, रेडियो फीचर प्रस्तुत करने का अर्थ है कि प्रोड्यूसर अपना प्रारम्भिक अभ्यास पूरा कर अपने कार्य में दक्ष हो चुका है, और समुचित रूप से लिखित एवं प्रस्तुत फीचर सुनने का अर्थ है रेडियो सेट रखने की सार्थकता सिद्ध करना।[19]

पाद-टिप्पणियाँ

1. 'दि बी.बी.सी. क्वार्टर्ली', ऑटम, 1951 में 'रिफ्लेक्शन्स ऑन रेडियो फीचर्स' : ह्युज रॉस विलियम्सन
2. दे. 'बृहत् अंग्रेजी-हिन्दी कोश' : डॉ. हरदेव बाहरी
3. 'जिजीविषा' (सं. मदन मोहन सिन्हा 'मनुज', डॉ. ब्रह्मस्वरूप शर्मा और राजेन्द्र प्रताप सिंह) की प्रस्तावना : शिवसागर मिश्र
4. 'दि रेडियो प्ले' फेलिक्स फेल्टन, पृ. 99
5. उद्धृत, 'ब्रिटिश रेडियो ड्रामा' : सं. जॉन डैकेकिस, पृ. 8
6. 'ऑन दि एयर' : रोजर मैनवेल, पृ. 16
7. 'ब्रिटिश रेडियो ड्रामा' : वैल गिलगुड, पृ. 48
8. 'रेडियो ड्रामा' में 'ब्रिटिश रेडियो ड्रामा' : ए सर्वे : हार्स्ट पो. प्रिजनित्ज
9. 'ब्रिटिश रेडियो ड्रामा' : सं. जॉन ड्रैकेकिस, पृ. 9

10. 'क्रिस्टोफर कोलम्बस' की प्रस्तावना : लुई मैकनीस
11. बुद्ध पूर्णिमा के लिए लिखित रूपक 'एक पूर्णिमा : अनन्त प्रकाश' : सिद्धनाथ कुमार
12. गणतंत्र दिवस के लिए लिखित रूपक 'जय यात्रा जनगण की' : सिद्धनाथ कुमार
13. 'क्रान्तिदर्शी कवि' : सिद्धनाथ कुमार
14. 'रेडियो नाटक' पुस्तक में 'नीलो खेड़ी' : हरिश्चन्द्र खन्ना
15. 'हम एक हैं' : सिद्धनाथ कुमार
16. 'मंजिल की ओर' : सिद्धनाथ कुमार
17. अभी पहले जो बात कही गई, उसके अनुसार यह कथन अमूर्त है—इसे मूर्त रूप देने के लिए उदाहरण :

(क) 'बोलती दीवारें' (मदन मोहन सिन्हा 'मनुज')

वाचिका : अंडमान के सेलुलर जेल से सारा देश प्रेरणा प्राप्त करता रहेगा, यह देश प्रेम, त्याग और बलिदान का सिद्धपीठ जो है।

काव्य पाठ : 'यह तपोवन पीठ है नव सिद्धि का,
यज्ञशाला और बलिवेदी हमारी,
हम हुए आजाद कैसे, मूल्य क्या हमने चुकाये,
मौन सेलुलर जेल लेकिन मुखर सागर तीर हैं ये।'

वाचिका : आजादी की दरगाह और स्वाधीनता के मुक्ति तीर्थ के हे मौन देवता, तू सर्वज्ञ है। राष्ट्र के विराट् जनमानस-रूप यह सागर, आलोड़ित-विलोड़ित हो तेरे चरणों को छूकर के सपनों का नया भारत बनाना चाहता है तू यह जानता है न, जानता है न...

[पृष्ठभूमि से सागर की लहरें और सुखद संगीत क्रमशः उभरकर वातावरण पर छा जाता है, और थोड़ी देर बाद क्रमशः क्षीण हो जाता है।]

(ख) 'प्रतिध्वनियाँ शंखनाद की' (सिद्धनाथ कुमार) का अन्तिम अंश :

नैरेटर : ...बहुतों ने अपने प्राणों को भारतमाता के चरणों पर न्योछावर कर दिया। जिनके नाम हम जानते हैं, और जिनके नाम हम कभी जान नहीं पाएँगे, उन सबकी त्याग-तपस्या और बलिदानों का परिणाम है कि आज हम आजाद हैं, स्वाधीन देश के नागरिक की तरह हम गर्व से सिर उठाकर चलते हैं, चल सकते हैं। जो स्वाधीनता सेनानी जीवित हैं, उनके मन में, और उनके माध्यम से हम सबके मन में भी, मुक्ति संग्राम के शंखनाद की प्रतिध्वनियां आज भी गूँज रही हैं।

[स्वाधीनता संग्राम के गीतों और नारों, 'वन्देमातरम्', 'भारतमाता की जय' आदि, की आवाजें उभरती हैं, फिर क्रमशः समाप्त हो जाती हैं।]

18. 'आवाज स्यालकोट पहुँची' : शिवसागर मिश्र
19. 'दि बी.बी.सी. क्वार्टर्ली', ऑटम 1951 में 'रिफ्लेक्शन्स ऑन रेडियो फीचर्स' : ह्युज रॉस विलियम्सन।

अन्य नाट्य-रूप

रेडियो नाटकों का वर्गीकरण कई प्रकार से किया जाता है—पारिवारिक, सामाजिक, ऐतिहासिक, पौराणिक, चारित्रिक, मनोवैज्ञानिक, प्रतीक नाटक आदि। यह विभाजन विषय के अनुसार है। शिल्प की दृष्टि से विभिन्न विषयों के नाटकों में कोई अन्तर नहीं पड़ता। सामाजिक या राजनीतिक, कोई भी नाटक हो, शिल्प तो एक ही रहेगा। प्रतीक नाटक कुछ अलग पड़ता है कि इसमें व्यक्तियों या वस्तुओं का भावों-विचारों का प्रतीक बना देते हैं, पर इसमें भी कथानक-निर्माण, संवाद शैली आदि की दृष्टि से कोई अन्तर नहीं पड़ता। चरित्र की दृष्टि से अन्तर अवश्य पड़ता है कि इसमें चरित्र हमेशा दो धरातलों पर काम करते हैं—एक तो पात्र के धरातल पर, दूसरा उन भावों-विचारों के धरातल पर जिनके वे प्रतीक होते हैं। ऐसे नाटक दोनों धरातलों का सन्तुलन बनाए रखें, इसी में उनकी सफलता और सार्थकता है। रेडियो नाटक का एक वर्गीकरण 'फैंटेसी' या 'अतिकल्पना' के नाम से किया जाता है। इसमें जड़ पदार्थ, पशु-पक्षी, लता-वृक्ष आदि मनुष्यों की भाषा में बोलने लगते हैं, मृत व्यक्ति जीवितों की तरह व्यवहार करने लगते हैं, असम्भव लगनेवाले प्रसंग सम्भव हो जाते हैं, क्योंकि इनके माध्यम से नाटककार को अपना कथ्य अभिव्यक्त करने में सुविधा का अनुभव होता है। इस बात के अतिरिक्त अतिकल्पना और सामान्य रेडियो नाटक के शिल्प में कोई फर्क नहीं पड़ता। यह भी ध्यातव्य है कि श्रव्य माध्यम अतिकल्पना के अनुकूल पड़ता है, फलतः रेडियो नाटक में कब वास्तविकता अतिकल्पना में बदल जाएगी और कब अतिकल्पना वास्तविक हो जाएगी, नहीं कहा जा सकता। अतिकल्पना तो एक प्रकार से रेडियो नाटक की सहज प्रकृति हो गई है। शिल्प की दृष्टि से जिन नाट्य-रूपों में किसी-न-किसी प्रकार का वैशिष्ट्य होता है, उनका विवेचन आगे किया जा रहा है।

मोनोलॉग या (स्वगतनाट्य)

'मोनोलॉग' का अर्थ है वह नाटक या नाटकांश जिसमें एक ही पात्र बोलता है। इस नाट्य-रूप का यही वैशिष्ट्य है। इसे हिन्दी में 'स्वगतनाट्य' और 'एक-पात्री नाटक' भी कहते हैं। इसमें केवल एक पात्र रहता है, कोई कथोपकथन नहीं होता, फलतः नाटक की एक पाश्चात्य धारणा के अनुसार यह नाटक की सीमा में नहीं आता। अंग्रेजी के एक प्रामाणिक शब्दकोश में कहा गया है कि 'ड्रामा' शब्द उस स्थिति के लिए प्रयुक्त होता है जिसमें द्वन्द्व रहता है, और इसमें कम-से-कम दो अभिनेताओं के सहयोग की अपेक्षा होती है, फलतः नैरेशन और मोनोलॉग इसके अन्तर्गत नहीं आते।[1] यह धारणा बहुत सही नहीं है। संस्कृत के नाट्य साहित्य में एकपात्री नाटक बहुत पहले से रहा है, जिसे भाण कहा जाता है। पाश्चात्य नाट्य सिद्धान्त में द्वन्द्व की जो बात कही गई है, उसे स्वीकार भी किया जाए, तो यह आवश्यक नहीं कि द्वन्द्व विभिन्न व्यक्तियों का ही हो, दूसरे शब्दों में, बाहर का ही हो। किसी व्यक्ति के मन के भीतर द्वन्द्व भी हो सकता है। इसे आधार बनाकर नाटक लिखा जा सकता है। रंगमंच पर भी ऐसा नाटक हो सकता है, पर रेडियो पर यह बहुत स्वाभाविक और प्रभावशाली हो सकता है। सामान्य नाटक की अपेक्षा इसका लेखन कुछ कठिन है। शायद इसी से हिन्दी में बहुत कम स्वगतनाट्य लिखे गए हैं।

एक पात्र का नाटक कैसे लिखा जाए कि कोई अभिनेत्री या अभिनेता लगातार पन्द्रह मिनट या तीन मिनट तक अकेले बोलता रहे, फिर भी श्रोता ऊबे नहीं, नाटक को अन्त तक सुनता रहे। अन्य नाट्य-रूपों की तरह कथानक की आवश्यकता इसमें भी है, पर यह कथानक किसी द्वन्द्व, मानसिक उलझन या ग्रन्थि पर आधारित होना चाहिए। सामान्यतः अन्यान्य नाट्य-रूपों में दो पात्र या बाहरी तत्त्व आपस में टकराते हैं, स्वगतनाट्य में एक ही पात्र के दो भाव-विचार आपस में टकराते हैं, उसके दो व्यक्तित्व-खंडों का संघर्ष होता है। यह भी ध्यातव्य है कि कहानी पात्र के अपने जीवन की हो, दूसरों की कहानी कहने से नाटक में आकर्षण नहीं आएगा। द्वन्द्व की स्थितिवाले कुछ स्वगतनाट्यों के कथानकों को देखा जा सकता है। विष्णु प्रभाकर ने कुछ बहुत प्रभावशाली मोनोलॉग लिखे हैं, उन्हें देखना चाहिए। 'सड़क' की नायिका जिसको अपना बनाना चाहती थी, वह अपना नहीं बन सका, उसके पति का मित्र बन गया है—प्रेमी की स्मृतियाँ नायिका के मन में बार-बार आती हैं, और उसे लगता है कि वह अपने पति के प्रति विश्वासघात कर रही है। इस कथानक में वैवाहिक मर्यादा और प्रेम का संघर्ष है। इसी संघर्ष को लेकर दूसरा नाटक है 'धुआँ'। 'सड़क' में स्त्री को केन्द्रीय पात्र बनाया गया है, 'धुआँ' में पुरुष को। इसके मुख्य पात्र प्रबोध ने अपने मित्र की पत्नी मंजरी से प्रेम किया है, पर नीरजा से विवाह। 'नये पुराने' में माँ जब नई थी, तब उसका पति उसके कारण अपनी

माँ से लड़-झगड़कर अलग हो गया था—अब जब माँ बूढ़ी हो गई है, इसका बेटा इससे अपनी पत्नी के कारण अलग हो गया है। यह स्थिति विपर्यय पर आधारित कथानक है। बहू जब माँ की स्थिति में आती है, तब उसे माँ के दर्द का अनुभव होता है। विष्णु प्रभाकर के ही 'नहीं, नहीं, नहीं' में विनोद को शराब पीने की आदत है, पर उसने नीलम से प्रतिज्ञा की है कि वह शराब नहीं पीएगा—एकान्त में जब शराब की बोतल उसके सामने होती है, तब उसके मन का संघर्ष जाग उठता है। इस नाटक में श्रेय और प्रेय का द्वन्द्व है।

मोनोलॉग में द्वन्द्व तो अनिवार्य है ही, क्षण विशेष में उसकी तीव्रता भी अपेक्षित है। पात्र को अकेले बोलना है, तो वह क्यों अचानक बोलने लगता है? इसका कारण होना चाहिए—अभिव्यक्ति को प्रेरित करनेवाली तीव्र स्थिति चाहिए। 'धुआँ' का प्रबोध क्यों बेचैन है? क्यों एकाएक बोलने लगता है? क्योंकि उसकी पत्नी नीरजा से उसका झगड़ा हो गया है, और उसे अपनी प्रेमिका मंजरी की याद आने लगी है—वह मंजरी के सपने देखने लगा है, और इसी स्वप्न से नाटक प्रारम्भ होता है। उसके मन में मंजरी और नीरजा को लेकर द्वन्द्व जागता है। यह भी ध्यातव्य है कि कथानक में जो रहस्य हो यानी जिस मूल बिन्दु पर कथानक निर्मित हो, वह प्रारम्भ में ही स्पष्ट न हो जाए। स्वगतनाट्य के शिल्प को समझने के लिए 'धुआँ' के इस अन्तिम अंश को देखा जा सकता है :

प्रबोध : ...
मैं अपनी पत्नी से प्रेम करता।
तुम अपनी पत्नी से प्रेम नहीं करते।
नहीं कैसे करता? मैं उससे प्रेम करता हूँ
मंजरी से प्रेम करते हो?
हाँ, करता हूँ। मैं मंजरी से प्रेम करता हूँ।
प्रेम एक से किया जाता है।
प्रेम एक से किया जाता है। *(एकदम)* नहीं, यह गलत है। गलत है। प्रेम सबसे किया जाता है। मैं नीरजा से प्रेम करता हूँ। मैं मंजरी से प्रेम करता हूँ। मंजरी का प्रेम मुझे दासता की जंजीरों में नहीं बाँधता। वह मुझे आजाद रखता है। उसे मैं बहुत प्रेम करता हूँ, क्योंकि मैं उसे पा नहीं सकता! नीरजा...नीरजा को भी मैं कम प्यार नहीं करता, पर उस प्रेम में आवेश नहीं है, क्योंकि प्रेम-पात्र सदा पास है।
जो दूर रहता है उसके लिए इच्छा जागती है और उसे पाने के लिए दिल तड़पता है *(व्यंग-भरी हँसी)*

मैं भी खूब हूँ। अपने को बचाने के लिए कैसी फिलॉसफी बधारने लगा हूँ। असल में समय और परिस्थिति ने जिस घाव पर मरहम लगा दिया था वह आज फिर ताजा हो उठा है, और उसके ताजा होने के कारण हैं। उनमें सबसे बड़ा कारण है मेरा मेरी पत्नी से झगड़ा। वह सपना, यह फिलसफा, यह आदर्श और यह प्रेम, इन सबकी चर्चा उसी झगड़े को छिपाने के लिए है। (हँसता है) मैं स्वीकार करता हूँ, मेरा नीरजा से झगड़ा हुआ, और और वह चली गई। मैं आज अकेला हूँ, निपट अकेला। (अल्प विराम, सिगरेट सुलगाकर पीता है) यह कड़वा धुआँ भी कभी-कभी कितनी शान्ति देता है और साँप की गेंडुल की तरह उठनेवाले इसके बादलों में कितनी तस्वीरें उभरती हैं। वह देखो, मंजरी मिट रही है और नीरजा आगे बढ़ रही है। मैं जानता हूँ, नीरजा आएगी। वह बड़ी भली है, पर तनिक जल्दी आवेश में आ जाती है। वह हमेशा इसी तरह आती और जाती है। वह मुझसे प्रेम करती है। (हँसी) वह मुझसे प्रेम करती है, पर प्रेम तो सबसे हो सकता है। वह किसी और से भी प्रेम कर सकती है, (काँप कर) क्या...क्या...वह किसी और से भी प्रेम कर सकती है? नहीं, नहीं, वह किसी से प्रेम नहीं करती। वह मुझसे प्रेम करती है, केवल मुझसे। वह मेरी पत्नी है। (हँसी) मंजरी भी आनन्द की पत्नी है, पर वह मुझसे प्रेम करती है। मंजरी मुझसे प्रेम करती है। नहीं-नहीं-नहीं, यह तुलना गलत है। मंजरी और आनन्द की आपस में नहीं बनती (व्यंग्य से) मैं और नीरजा भी तो लड़ते हैं। मैं मंजरी के कारण नीरजा से छुटकारा पाने को उत्सुक हूँ। (चीख कर) नहीं-नहीं। यह सब गलत है, झूठ है, भ्रम है, मैं नीरजा से छुटकारा पाना नहीं चाहता। मैं उससे प्रेम करता हूँ, मैं केवल उसी से प्रेम करता हूँ। और वह मुझसे प्रेम करती है, केवल मुझसे। वह किसी और से प्रेम नहीं करती, नहीं कर सकती। वह मेरी पत्नी है। (पृष्ठभूमि में कार का भोंपू) यह क्या कार...अरे, यह कार तो मेरे बँगले में दाखिल हो रही है। हाँ-हाँ, यह तो अन्दर आ गई। तो क्या नीरजा आ गई? (कार रुकती है) नीरजा आ गई (दरवाजा खुलता है) किसी ने दरवाजा खोला। ओह, यह तो नीरजा है। सचमुच नीरजा है। ऊपर आ रही है। (जीने में चढ़ने का स्वर) नीरजा ऊपर आ रही है।[2]

नीरजा की वापसी पर अपनी प्रसन्नता व्यक्त करता हुआ प्रबोध उसे सम्बोधित करता रहता है, और नाटक समाप्त हो जाता है। इस नाटक के उदाहरण से समझा जा सकता है कि नाटककार ने किस प्रकार कथानक को क्षण विशेष की तीव्रता पर निर्मित किया है, किस प्रकार भावाभिव्यक्ति में वैविध्य बनाए रखा है—भावानुरूप कहीं सामान्य गति है, कहीं तीव्र। शब्दों के साथ-साथ क्षणिक मौन का भी उपयोग किया गया है। ध्वनि प्रभावों ने नाटक को वास्तविक बनाए रखने और उसके प्रभाब को बढ़ाने में योग दिया है। यह भी स्पष्ट है कि नाटक में मानसिक द्वन्द्ध को चित्रित करने का आग्रह ही मुख्य है। ऐसे स्वगतनाट्यों में समय के विस्तार में जाने के लिए अवकाश नहीं रहता, पर मन की गहराई में उतरने का काम ये बखूबी कर सकते हैं।

पद्यनाटक

रेडियो से प्रसारित नाट्य रूपों में पद्यनाटक का महत्त्वपूर्ण स्थान है। इसे 'काव्य नाटक' और 'गीतिनाट्य' भी कहते हैं। सामान्य रेडियो नाटक की तुलना में इसका वैशिष्ट्य यही है कि इसमें अभिव्यक्ति का माध्यम गद्य न होकर पद्य होता है। और, इसी वैशिष्ट्य से इसका स्वरूप निर्दिष्ट होता है।

सैद्धान्तिक विवेचन में हम देख आए हैं कि रेडियो का श्रव्य माध्यम काव्य-नाटक के बहुत उपयुक्त पड़ता है। बी.बी.सी. में, और अपने यहाँ भी रेडियो ने इसे प्रस्तुतीकरण का शक्तिशाली माध्यम प्रदान किया है। हिन्दी के इने-गिने पद्यनाटक ही रंगमंच पर प्रदर्शित हुए हैं, पर रेडियो से प्रसारित पद्यनाटकों की संख्या काफी बड़ी है।

पद्यनाटक की विशेषता को समझने के लिए गद्य और पद्य के अन्तर पर ध्यान देना आवश्यक है।[3] गद्य हमारे दैनिक जीवन के व्यवहार का माध्यम है, हमारे चिन्तन और विचारों की अभिव्यक्ति का माध्यम है, जबकि पद्य हमारे रागात्मक जीवन, हमारी भावनाओं-अनुभूतियों, हमारे राग-विरागों को व्यक्त करने का साधन है। पद्य की भाषा लयात्मक तो होती ही है, वह ध्वन्यात्मक, बिम्बप्रधान, प्रतीकात्मक और अलंकृत भी होती है। पद्य का यह स्वरूप निर्दिष्ट होता है हमारे उस आन्तरिक जीवन से जिसकी अभिव्यक्ति का माध्यम पद्य बनता है। स्पष्टत: जो कथानक में अन्तर्जीवन और उसके राग-विरागों को चित्रित करने का विशेष रूप से अवकाश देता है, वही पद्यनाटक का आधार बनता है। इसी दृष्टि से काव्यनाटक के विषय और कथानक का चुनाव करना पड़ता है। इस तथ्य को स्मरण रखने की आवश्यकता है कि काव्यनाटक केवल काव्य नहीं है, केवल नाटक भी नहीं है, दोनों का समन्वित रूप है। जैसा कि टी. एस. इलियट ने लिखा है, 'काव्य-नाटककार कोई ऐसा व्यक्ति नहीं है जो इन दोनों कलाओं में कुशल है और इन दोनों को कौशल से जोड़ देता है, वह कोई ऐसा लेखक नहीं है जो अपने नाटक को काव्यात्मक भाषा और छन्दों में सजा देता है। उसका काम नाटककार और कवि दोनों के कामों से भिन्न है, क्योंकि उसका पैटर्न अधिक जटिल और आयामात्मक है। सच्चा काव्यनाटक अपने सर्वोत्कृष्ट रूप में सामान्य नाटक के सभी नियमों का पालन करता है, लेकिन उन सबको सावयविक रूप में बुनकर एक अधिक समृद्ध संरचना बना देता है।'

इलियट ने जिस सावयविक संरचना की बात कही है, उसका विशेष महत्त्व है। इसमें काव्य और नाटक के विभिन्न तत्त्वों का अपना अलग-अलग अस्तित्व नहीं रह जाता, सब मिलकर एक हो जाते हैं। काव्यत्व नाटक का कथानक, चरित्र, संवाद, भाषा, दृश्य योजना आदि में से किसी एक में नहीं होता, उन सबके समन्वित एवं समग्र रूप में होता है। ऐसा रचनाकार की चेतना और प्रतिभा द्वारा ही सम्भव

हो पाता है। क्रिस्टोफर फ्राइ ने लिखा है कि 'इसके लिए सूक्ष्म काव्यात्मक दृष्टि अपेक्षित है, काव्यत्व का समग्र स्थापत्य इसी पर निर्भर है—किस पात्र का प्रवेश और किसका प्रस्थान होता है, किस दृश्य के बाद कौन सा दृश्य आता है, कहाँ वर्णन और दृश्यांकन कार्यव्यापार के अंग बन जाते हैं।' फ्राइ ने स्पष्टत: लिखा है कि 'काव्य और स्थापत्य परस्पर अविच्छिन्न हैं, जो काव्य को समझता है वह स्थापत्य को समझता है, जो स्थापत्य की समझता है, वह काव्य को भी, क्योंकि वहाँ काव्य ही कार्यव्यापार है, और कार्यव्यापार काव्य का मूर्त रूप है।' इलियट और फ्राइ के विचार बहुत सही हैं। काव्यनाटक के लिए कविता और नाटक दोनों के पूर्णत: समन्वित रूप की अनिवार्यता है।[4]

यहाँ पद्यनाटक के सैद्धान्तिक विवेचन की बारीकियों में न जाकर यही कहना पर्याप्त होगा कि रेडियो के लिए काव्यनाटक लिखनेवाले को सामान्य रेडियो नाटक के सभी नियमों का पालन करना चाहिए। सामान्य नाटक की तरह इसमें भी कथा-सूत्र की अनिवार्यता है। यदि काव्यनाटक न लिखकर काव्यरूपक (छन्दोबद्ध रेडियो-रूपक) लिखना हो, तो उसमें भी एक अन्विति आवश्यक है—चाहे वह कथात्मक हो, भावात्मक हो या विचारात्मक हो। यह स्वीकार करके चलना है कि रेडियो काव्यनाटक केवल काव्य नहीं है। ऐसा होने पर संवाद कभी भी बहुत बड़े-बड़े नहीं होंगे। सुमित्रानन्दन पन्त ने अपने काव्यरूपक 'उत्तरशती' में एक पात्र को बिना रुके लगातार 196 पंक्तियाँ बोलने का अवसर दिया है, बीच में कहीं कोई दूसरा पात्र नहीं बोलता। यही कारण है कि रेडियो के लिए लिखित पन्तजी की रचनाएँ कहीं एक स्वर में और कहीं अनेक स्वरों में लिखित लम्बी विचार-प्रधान कविताएँ बन जाती हैं, उनमें कहीं नाटकीयता नहीं रह जाती।

श्रव्य माध्यम के लिए काव्यनाटक लिखते समय उसकी भाषा पर भी ध्यान रखना आवश्यक है जिससे श्रोताओं के लिए नाटक सहज बोधगम्य बन सके—इसमें कठिन शब्दावली नहीं आए, वाक्य-विन्यास सरल हो। पन्तजी के एक काव्य-रूपक से ही एक ऐसा अंश उद्धृत है जिसे रेडियो माध्यम के उपयुक्त नहीं कहा जा सकता :

अधिमानस का शैल खड़ा जाज्ज्वल्य, स्वप्न स्मित,
यश: काय चेतन का अजर : अन्तर्मन का
सार तत्त्व : मानव संस्कृति का अमर दाय-धन।
जिसके शिखरों पर ऊर्ध्वाकाशों से झर-झर
शत-शत रत्न छटाएँ छहरातीं प्रकाश की,
जन्म अभी ले सका नहीं जो मनोगुहा में।
जन के अन्तर्जीवन का इतिहास अलौकिक
पुंजीभूत हुआ इसमें युग-युग में विकसित,
सूक्ष्म जगत के सपनों में उठ अन्तर्मुख।

इसके विपरीत एक उदाहरण धर्मवीर भारती के 'अंधा युग' से दिया जा रहा है, जो रेडियो माध्यम के लिए पूरी तरह उपयुक्त है :

व्यास : *(आकाशवाणी)*
यह क्या किया
अश्वत्थामा! नराधम!
यह क्या किया?
अश्वत्थामा : कौन दे रहा है अपनी
मृत्यु को निमंत्रण
मेरे प्रतिशोध में बाधक बनकर?
व्यास : मैं हूँ व्यास।
ज्ञात क्या तुम्हें है परिणाम इस ब्रह्मास्त्र का?
यदि यह लक्ष्य सिद्ध हुआ ओ नरपशु!
तो आगे आनेवाली सदियों तक
पृथ्वी पर रसमय वनस्पति नहीं होगी,
शिशु होंगे पैदा विकलांग और कुष्ठग्रस्त
सारी मनुष्य जाति बौनी हो जाएगी।
जो कुछ भी ज्ञान संचित किया है मनुष्य ने
सतयुग में, त्रेता में, द्वापर में
सदा-सदा के लिए होगा विलीन वह,
गेहूँ की बालों में सर्प फुफकारेंगे,
नदियों में बह-बह कर आएगी पिघली आग!

एक उदाहरण एक काव्य रूपक से प्रस्तुत है :

[भीड़ का कोलाहल, नारे : 'खाना दो, कपड़ा दो', 'रोजी दो, रोटी दो']

स्त्री-स्वर : यह कैसी भीड़ है?
यह कैसा कोलाहल है?
क्रोध से सुलगती भीड़
आक्रोश के नारे लगाती
बढ़ती चली आ रही है।
पुरुष-स्वर : सारी सड़कें सन्त्रस्त हैं इससे!
बाजार में खलबली मच गई है!
दूकानों के शटर्स गिरने लगे हैं,

घरों के दरवाजे बन्द होने लगे हैं!
भीड़ सड़क पर बढ़ती चली आ रही है,
कारों, बसों, ट्रकों की राहें रुकने लगी हैं!

स्त्री-स्वर : यह भीड़ सबको
अपने आक्रोश की आग में जलाने लगी है!
इसकी आवाजों से आकाश
क्षुब्ध होने लगा है!
लेकिन, कैसे लोग हैं ये?
कैसे लोगों की भीड़ है यह?

स्वर 1 : गाँव में जन्मा हूँ, धरती का बेटा हूँ,
किसान हूँ, खेती करना चाहता हूँ,
लेकिन जमीन नहीं है।

स्वर 2 : पढ़ा-लिखा नवजवान हूँ,
नौकरी खोजता हूँ,
लेकिन नौकरी नहीं मिलती।

स्वर 3 (स्त्री) : दुनिया की माँ हूँ, बहन हूँ, बेटी हूँ, भूखी हूँ, प्यासी हूँ,
जिन्दगी चाहती हूँ, जिन्दगी नहीं मिलती।

स्वर 1 : हमने जन्म लिया है,
हम जीना चाहते हैं।

समवेत : हम जीना चाहते हैं।

[भीड़ का कोलाहल उभरता है, फिर मन्द हो जाता है।]

स्त्री-स्वर : भीड़ की आवाज
जानी-पहचानी है।
इसमें हमारे ही लोग हैं,
हम स्वयं हैं इसमें।[5]

यदि काव्यनाटक और काव्यरूपक में अन्विति का ध्यान रखा जाए, संवाद या नेरेशन नाटकीय ढंग से बोलने योग्य हों, भाषा बोधगम्य हो, तो गद्य में लिखित रेडियो नाटक की तरह ये भी सामान्य श्रोताओं को प्रभावित कर सकेंगे। कवि लुई मैकनीस ने लिखा है कि आज का सामान्य पाठक कविता को नापसन्द कर सकता है, क्योंकि वह इसे कठिन और अप्रासंगिक मानता है। पृष्ठ पर मुद्रित पद्य, फ्रेन्च में मुद्रित मेन्यू की तरह, उसे भयभीत कर देने के लिए पर्याप्त है, पर रेडियो सेट से आता हुआ पद्य उसे उतना सन्त्रस्त नहीं करेगा—वह उसके शब्दों और ध्वनियों

को सुनेगा, यह उनके रागात्मक प्रभाव पर निर्भर है कि वह उसे पसन्द करेगा या नहीं।[6] आज का कवि यदि व्यापक जन समुदाय तक पहुँचना चाहता है, तो रेडियो काव्यनाटक के माध्यम से सहज ही पहुँच सकता है।

संगीत-रूपक

आकाशवाणी से 'संगीत-रूपक' नाम से कुछ रचनाएँ प्रसारित की जाती हैं। इस नाट्य-रूप का वैशिष्ट्य यह है कि इसमें संगीत की प्रधानता रहती है—'संगीत' से यहाँ तात्पर्य गीतों से है। यहाँ ध्यातव्य है कि संगीत-रूपक में प्रयुक्त 'रूपक' का अर्थ न अंग्रेजी का 'फीचर' है, न संस्कृत नाट्यशास्त्र का 'नाट्य'। यह नाम रेडियो से प्रसारित गीत-प्रधान रचनाओं के लिए रूढ़ हो गया है।

संगीत-रूपक होली-दीवाली आदि पर्व-त्योहारों, विभिन्न ऋतुओं, राष्ट्रीय उत्सवों आदि पर लिखे जाते हैं। कभी-कभी इनके माध्यम से कहानी भी कही जाती है।[7] कवियों, संगीतकारों आदि कलाकारों और महान व्यक्तियों के जीवन और कृतित्व पर भी संगीत-रूपक लिखे जाते हैं।

संगीत-रूपक में एक या दो नैरेटर होते हैं जो विभिन्न प्रसंगों और गीतों को जोड़ते चलते हैं। कुछ रूपकों में नैरेशन पद्य में होता है, कुछ में गद्य में। इसमें भी इस बात का ध्यान रखना पड़ता है कि प्रारम्भ से अन्त तक अन्विति बनी रहे, नैरेशन की लय और गति में वैविध्य रहे, गीतों के छन्द भी ऐसे हों कि उनकी धुनों में वैविध्य आ सके, गीत भी कभी एक स्वर का हो, कभी दो स्वरों का और कभी अनेक स्वरों का, जिससे विविधता बनी रहे। मुख्य बात यह है कि पूरे संगीत-रूपक में कहीं एकरसता नहीं आनी चाहिए।

संगीत-रूपक के स्वरूप के परिचय के लिए रक्षा बन्धन के अवसर के लिए लिखित एक संगीत-रूपक का प्रारम्भिक अंश प्रस्तुत है :

[मंगल-सूचक वाद्यसंगीत से प्रारम्भ]

समवेत गीत : सावन आया है।
सरस रास, रस, रंग, सरस नवजीवन लाया है।
उमड़-घुमड़ कर आए बादल, सघन गगन घिर आया,
हुई दिशाएँ मुखरित, जग में नवजीवन लहराया,
अग-जग ने उल्लास, हास, मधुमास लुटाया है।
नाचा मेघ-मयूर गगन में, धरा-मयूरी थिरकी,
तार-तार बँध गई चेतना धरा और अम्बर की,
कुंज-कुंज में लता-गुल्म ने रास रचाया है।

पुरुष-स्वर : सावन की बरस पड़ी रिमझिम-रिमझिम फुहार,
धरती के आँचल में अम्बर का मधुर प्यार,
नभ में घिर-घिर आए बादल श्यामल चंचल
पूरब से लहराती आई शीतल बयार।

स्त्री-स्वर : सावन की बदली में चन्दा मुस्काता है,
जनजीवन कजली में मधुर गीत गाता है,
नगर-नगर गाँव-गाँव लहराती है उमंग,
वर्ष एक बीता, फिर एक पर्व आता है।

पुरुष-स्वर : सावन की पूनो को राखी फिर आई है,
भाई-बहन के लिए संदेशा लाई है,
प्रेम परम पावन इन दोनों का युग-युग से,
दोनों के मन में तरंगें लहराई हैं।

युगल गान : सावन की पूनो आई, मधुमय उमंगें लाई,
आज मना लें त्योहार।

बहन : रखिया बँधा लो भइया, आज राखी आई है,

भाई : बाँध दे बहन मेरी सामने कलाई है,

दोनों : सावन की पूनो आई...

बहन : बहन आज भाई को प्यार देने आई है,

भाई : आज राखी भाई का स्नेह ले के आई है,

दोनों : सावन की पूनो आई है...

बहन : बहन की राखी ले लो, मंगल तुम्हारा हो,

भाई : सुखी रहें हम सब, जीवन उज्ज्वल हमारा हो।

दोनों : सावन की पूनो आई...

स्त्री-स्वर : मंगल सूत्र बहन ने बाँधा है भाई के कर में,
आशीर्वाद बहन ने पाया भाई के अन्तर से,
राखी में अर्पित भगिनी का प्रेम और सम्मान,
भाई रक्षित रखे इन्हें देकर भी अपने प्राण।

पुरुष-स्वर : प्रेम असीम, अनन्त, मुक्त जग में रहता आया है,
शत-शत चट्टानों को खंडित कर बहता आया है,
दूर देश के प्रिय को अपने अन्तर की धड़कन को
दूतों के पत्रों के माध्यम से कहता आया है।
राखी के माध्यम से भगिनी भेज रही निज प्यार,
दूर देश के भाई को स्नेहिल पावन उपहार।

बहन : *(गीत)*

बहन का स्नेह करो स्वीकार।
दूर देश से भेज रही हूँ राखी का उपहार।
भाई, तुम हो ब्रह्मपुत्र, तो मैं गंगा की धारा,
जीवन-यमुना के तुम भी तट, मैं भी एक किनारा,
हम दोनों से माँ धरती का बना रहे श्रृंगार।
रेशम के धागों में अर्पित स्नेह-प्रेम सब आज,
केवल यही प्रार्थना मेरी, रखना मेरी लाज, मेरी लाज,
तुम्हारा गौरव सदा करें जयकार।[8]

इसी तरह नैरेशन और गीत आगे बढ़ते जाते हैं।

गद्य के नैरेशन का भी एक उदाहरण देखा जा सकता है जिसमें गोस्वामी तुलसीदास की रचनाओं का आधार लिया गया है :

समवेत गीत : भये प्रगट कृपाला दीनदयाला कौसल्या हितकारी।
हरषित महतारी मनु मन हारी अद्भुत रूप निहारी।
लोचन अभिरामा तनु घनस्यामा निज आयुध भुज चारी।
भूषन बनमाला नैन बिसाला सोभासिन्धु खरारी।

[गीत प्रारम्भ होकर पृष्ठभूमि में चलने लगा है।]

नैरेटर : आज शुभ दिन है। मंगल का दिन है। आज भगवान श्रीरामचन्द्र ने धराधाम पर अवतार लिया है। धरती आनन्दित हो उठी है, कण-कण का उल्लास मुखरित हो उठा है। अवध नगरी आनन्दमग्न हो गई है, चारों ओर नृत्य-संगीत के स्वर गूँजने लगे हैं। आज भगवान का जन्मदिन है—चैत्र मास के शुक्ल पक्ष की नवमी तिथि।

स्वर : *(नैरेटर पुरुष हो, तो स्त्री-स्वर)* गीत या सस्वर पाठ
चैत चारु नौमी तिथि सितपख, मध्य गगन गत भानु।
नखत जोग ग्रह लगन मेल दिन मंगल-मोद निधान।
व्योम, पवन, पावक, जल, थल, दिसि दसहुँ सुमंगल मूल।
सुर दुंदभी बजावहिं गावहिं, हरषहिं, बरसहिं फूल।
सींचि सुगन्ध रचैं चौके गृह-आँगन गली-बजार।
दल फल फूल दूब दधि रोचन, घर-घर मंगलचार।
घंटा-घंटि पखाउज-आउज, झांझ, बेनु, डफ-तार।
नूपुर-धुनि, मंजीर मनोहर, कर कंकन-झनकार।
कुंकुम-अगर-अरगजा छिरकहि, भरहिं गुलाल-अबीर।
नभ प्रसून झरि, पुरी कोलाहल, भइ मन भावति भीर।

नैरेटर : मंगल का यह वातावरण है अयोध्या में। फल-फूल सुसज्जित हैं चारों ओर। पखावज, झाँझ, बेनु, डफ, मंजीर, नूपुर की। मंगल ध्वनियाँ गूँज रही हैं चारों दिशाओं में। धरती पर भगवान राम के अवतार से कौन आनन्दित नहीं होगा? जन-जन के कंठ से आनन्द-उल्लास के गीत फूट रहे हैं :

गीत : आज सुदिन सुभ घरी सुहाई।
रूप-सील-गुन-धाम राम नृप-भवन प्रगट भये आई।
बरसहिं बिबुध-निकर कुसुमावलि, नभ दुंदुभी बजाई।
कौसल्यादि मातु मन हरसित, यह सुख बरनि न जाई।
सुखी भये सुर-सन्त-भूमिसुर, खलगन मन मलिनाई।
सबै सुमन बिकसत रबि निकसत, कुमुद बिपिन बिलखाई।
जे रघुबीर चरन-चिन्तक तिन्हकी गति प्रगट दिखाई।
अबिरल अमल अनूप भगति दृढ़ तुलसिदास तब पाई।

नैरेटर : भगवान राम के जन्म से केवल अयोध्या ही नहीं, समग्र पृथ्वी प्रसन्न है।...[9]

इसी प्रकार गीत-प्रधान कहानियों की कड़ियों को भी नैरेशन से जोड़ा जा सकता है। आकाशवाणी से फिल्मों के गीतों पर आधारित 'गीतों भरी कहानी' बहुधा प्रसारित की जाती है। वह भी एक प्रकार से संगीत रूपक ही है। 'रूपक' नाम की सार्थकता की चर्चा संगीत-रूपक के विवेचन के प्रारम्भ में की गई है कि यह रूपक तथ्यों और वास्तविकताओं पर आधारित नहीं होता, अधिकांशतः काल्पनिक होता है। इसकी सफलता इस बात में है कि इसके गीत बिखरे-बिखरे न लगें, सभी एकसूत्र में पिरोये गए हों, जिससे रचना में सुसम्बद्धता बनी रहे। इस विधा का मिश्रण दूसरे नाट्य-रूपों के साथ किया जा सकता है। उदाहरण के लिए, गीतों के बीच-बीच में नाटकीय संवाद भी आ सकते हैं, जैसा कि जानकीवल्लभ शास्त्री के कुछ संगीत-रूपकों में सममात्रिक तुकान्त संवादों के बीच-बीच में गीत आते गए हैं।[10]

प्रहसन

आकाशवाणी का एक उद्देश्य श्रोताओं का मनोरंजन भी है, और इसी दृष्टि से प्रत्येक आकाशवाणी केन्द्र से हास्य नाटिकाएँ प्रसारित की जाती हैं। इन्हें प्रहसन भी कहा जाता है, हास्य नाटिका भी। इनकी अवधि सामान्यतः पन्द्रह-पन्द्रह मिनट की होती है। विविध भारती के 'हवामहल' कार्यक्रम में हास्य नाटिकाएँ नियमित रूप से प्रसारित की जाती हैं, और श्रोताओं द्वारा विशेष रूप से प्रशंसित होती हैं। पाँच-पाँच, छह-छह मिनट की कई हास्य नाटिकाओं को नैरेशनं द्वारा परस्पर जोड़कर बड़े

कार्यक्रम तैयार किये जाते हैं; जिन्हें 'झलकियाँ', 'इन्द्रधनुष', 'लहरें', 'रंग-तरंग' आदि नाम दिये जाते हैं।

प्रहसन का शिल्प सामान्य रेडियो नाटक से इसलिए भिन्न हो जाता है कि इसकी हास्य चेतना इसके वस्तु-विन्यास, चरित्र, संवाद और भाषा-शैली, सबको एक विशेष प्रकार का स्वरूप प्रदान करते हैं। संस्कृत नाट्यशास्त्र में उन रचनाओं को शुद्ध प्रहसन कहा गया है जिनमें तपस्वी, भिक्षु, श्रोत्रिय आदि का किसी पाखंडी नायक या नीच व्यक्तियों द्वारा परिहास किया जाता था। संकीर्ण प्रहसन उसे कहा जाता था जिसमें वेश्या, चेट, नपुंसक, विट, धूर्त, दुराचारिणी आदि के अशिष्ट वेश, भाषा और चेष्टाओं का अभिनय किया जाता था। उस प्राचीन प्रहसन से आज के प्रहसन का कोई सम्बन्ध नहीं है, इसमें दूसरों को हास्य का पात्र बनाने की बात अवश्य ही है। आज हास्य का क्षेत्र बहुत विस्तृत है—इसमें परिवार, समाज, राजनीति, किसी क्षेत्र के प्रश्नों और व्यक्तियों को आधार बनाकर हास्य उत्पन्न किया जा सकता है। आकाशवाणी के प्रहसनों में भरसक राजनीति से बचने का प्रयत्न किया जाता है, पर यदि ऐसा सामान्यीकृत चित्रण हो जिससे किसी व्यक्ति, दल, सम्प्रदाय आदि पर आघात नहीं होता हो, तो वह भी चल सकता है। अपने यहाँ रेडियो से जो हास्य नाटक प्रसारित किये जाते हैं, उनमें कुछ विषयों की बार-बार आवृत्ति देखी जाती है। जैसे, मेहमानों के आने से परेशानियाँ, कवियों की भावुकता और किसी शर्त पर कविता सुनाने का आग्रह, टेलीफोन में गलत नम्बर लग जाने से उत्पन्न रोचक स्थितियाँ, प्रेम-विवाह, महँगाई, पति-पत्नी के सम्बन्ध आदि। इन सब पर भी नये ढंग से नाटक लिखे जा सकते हैं—कोण बदल जाने से एक ही स्थिति के अनेक पहलू हो जाते हैं। इनके अतिरिक्त भी अपने सामाजिक जीवन में अनेक विसंगतियाँ ऐसी हैं जिन पर हास्य नाटिकाएँ लिखी जा सकती हैं।

रेडियो नाटक के सामान्य नियमों का पालन प्रहसन में भी किया जाना चाहिए, पर इसकी रचना में कुछ ऐसी बातें हैं जिन पर विशेष ध्यान देने की आवश्यकता होती है। एक तत्त्व जो इसे सामान्य नाटक से अलग करता है, अतिरंजना है। अन्य प्रकार के नाटकों में वास्तविकता और स्वाभाविकता को रचना का गुण मानते हैं, पर प्रहसन में अतिरंजना एक प्रकार से आवश्यक हो जाती है। सामान्य प्रकृति का कवि हँसी का विषय नहीं बनता, पर उसमें जब कविता सुनाने की प्रवृत्ति सामान्य हो जाती है, तब वह हँसी का पात्र बन जाता है। भविष्य की चिन्ता करनेवाला साधारण आदमी जब पैसे बचाता है, तब उसमें हँसी की कोई बात नहीं होती, पर जब उसमें पैसे बचाने की प्रवृत्ति असामान्य हो जाती है और वह किसी शर्त पर पैसे बचाने लगता है, तब वह हँसने का विषय हो जाता है। इस दृष्टि से हास्य नाटक के मूल में किसी-न-किसी रूप में अतिरंजना को स्वीकार करना पड़ता है। इससे स्थितियाँ और पात्र तो अतिरंजित रूप में चित्रित होते ही हैं, भाषा भी अतिरंजनापूर्ण

हो जाती है। एक उदाहरण प्रस्तुत है जिसमें अतिरंजित स्थिति, चरित्र और भाषा, तीनों को देखा जा सकता है :

नन्दकिशोर : *(सोचते हुए स्वगत)* लानत, लानत, लानत, लानत...

पार्वती : *(निकट आते हुए)* यह किसको लानत भेजी जा रही है?

नन्दकिशोर : *(अनसुनी करके)* लानत, लानत।

पार्वती : मैं समझ गई। अकेले बैठे तुम मुझे ही कोस रहे हो कि मैंने तुम्हें आज ही शब्दकोश पूरा करने पर मजबूर किया। लेकिन मैं पूछती हूँ...

नन्दकिशोर : लानत। लानत के बाद, लानत के बाद...?

पार्वती : मेरा सिर।

नन्दकिशोर : सिर? नहीं, नहीं, 'ल' के खंड में 'स' के खंड का शब्द कैसे आ सकता है? पार्वती, तुम भी बस।

पार्वती : मैं जो हूँ सो हूँ, लेकिन मैं पूछती हूँ, दो घंटे में शब्दकोश का बस इतना ही काम हुआ?

नन्दकिशोर : पार्वती, क्या बताऊँ, 'लानत' शब्द पर पहुँचकर दिमाग का घोड़ा ऐसा अड़ियल टट्टू बना है कि सूझ ही नहीं रहा कि 'लानत' के बाद कौन सा शब्द आना चाहिए।

पार्वती : इस पर भी तुम्हें अपनी बुद्धि का बड़ा घमंड है। मैं पूछती हूँ, अगर तुम्हारा दिमाग ऐसा अड़ियल टट्टू था, तो विलायती-राम से तीन सौ रुपये पेशगी लेने की क्या ज़रूरत थी?

नन्दकिशोर : इस महँगाई में तीसरे जापे की तुम्हारी मुसीबत जो आ पड़ी थी।

पार्वती : *(गुस्से में)* तो क्या वह मुसीबत मैं लाई थी?

नन्दकिशोर : और नहीं तो क्या?

पार्वती : *(गुस्से से चीखकर)* ऐसा कहते हुए तुम्हें शर्म नहीं आती? अपने किये का दोष मुझ पर मढ़ते हो? उस मुसीबत को रोकने के लिए मैंने हर बार कहा, लेकिन तुमने हर बार... खैर, अब मैं तुम जैसे मर्द का कभी विश्वास नहीं करूँगी। मुझे खुद ही जाकर वह सब सामान लाना होगा।

नन्दकिशोर : क्या कहा 'लाना'? *(खुशी से उछलकर)* अरे वाह! 'लानत' के बाद 'लाना' शब्द ही तो आएगा।[11]

प्रहसन-लेखक को जानना चाहिए कि हास्य के स्रोत क्या हैं। जब दो सनकी, झक्की या वहमी व्यक्ति आमने-सामने होते हैं, तब हास्य उत्पन्न होता है। समाज

से उनका विरोध होता है, तब भी हास्य की स्थिति बनती है।[12] जैसा कि निकॉल ने लिखा है, 'हास्य का जन्म किसी-न-किसी प्रकार की विकृति और असंगति से होता है। हास्य का आधार पात्र भी हो सकता है, स्थिति भी हो सकती है, हास्य वेश-भूषा और बोलने चालने के ढंग से भी उत्पन्न हो सकता है, और भाषा से भी हँसी पैदा हो सकती है।' अगर कोई व्यक्ति अपने को बहुत चालाक समझता है, हार की बिक्री का ऐसा इश्तहार छपवाता है जो दूसरों को चालबाजी के जाल में फँसानेवाला है, लेकिन अपनी एक अनजानी ग़लती के कारण खुद ही ठगा जाता है और उसका धनी बनने का सपना चकनाचूर हो जाता है, तो यह हास्य उत्पन्न करनेवाली स्थिति है।[13] दो मित्र जब किराए का मकान साझे में लेने जाते हैं, और कमरों के बँटवारे को लेकर आपस में झगड़ने लगते हैं—जब मकान मालिक स्थिति कहता है कि पहले मकान ले तो लीजिए आप लोग, तब झगड़िएगा, तब यह स्थिति हँसी की हो सकती है। यद्यपि चरित्र पर आधारित नाटक को ही अधिक कलात्मक समझा जाता है, पर अधिक नाटक स्थितियों की विसंगति पर लिखे जाते हैं। रेडियो शब्दप्रधान माध्यम है, इसलिए इसमें शब्दाश्रित हास्य के लिए अधिक अवकाश है, माध्यम से जुड़े नाटककार इसका उपयोग करते हैं। उदाहरण के लिए एक अंश चिरंजीत के नाटक से उद्धृत है :

जमूरा : मदारी, टैक्स चोरों की तरह झूठ न बोलो। मेरा नाम है सिर्फ दस नम्बर।

मदारी : दस नम्बर? यह कैसा अजीब नाम है!

जमूरा : मदारी, मैंने कभी बताया नहीं, मेरा असली बाप कवि है।

मदारी : कवि?

जमूरा : हाँ, कवि। मेरा बाप कविता में ही नहीं, जीवन के हर काम में भी तुकबन्दी करता है। मेरे कवि बाप ने अपने पहले दो लड़कों के नाम रखे थे पीताम्बर और नीलाम्बर। दो लड़के और हुए, तो उनके नाम रखे नवम्बर और दिसम्बर। और जब पाँचवाँ लड़का हुआ, तो तुकबन्दी के ख्याल से उसका नाम रखा पाँच नम्बर।

मदारी : और तू जब नौ लड़कों के बाद इस धरती पर तशरीफ लाया, तो तेरे कवि बाप ने तुकबन्दी के ख्याल से तेरा नाम रखा दस नम्बर। अपने कवि बाप से कह कि अब तुकबन्दी छोड़कर नसबन्दी करा ले। *(डुगडुगी बजाकर)* हाँ, तो मेहरबानो और क़दरदानो...![14]

हास्य नाटक की चेतना, वैशिष्ट्य एवं स्वरूप को समझकर और श्रव्य माध्यम को ध्यान में रखकर सफल रेडियो प्रहसन लिखे जा सकते हैं। सुरुचिपूर्ण हास्य

नाटक श्रोताओं को स्वस्थ मनोरंजन दे, यह अपने में उसकी सार्थकता है, पर वह सामाजिक विसंगतियों पर आघात कर अपनी निर्माणात्मक भूमिका का निर्वाह भी करे, तो उसका महत्त्व बढ़ जाता है, पर कहीं स्पष्ट प्रचारात्मक गन्ध न आए, यह उसकी विशेषता होगी। जन-रुचि और आकाशवाणी के उद्देश्य को देखते हुए नि:संकोच कहा जा सकता है कि हास्य नाटकों की माँग हमेशा बनी रहेगी।

पाद-टिप्पणियाँ

1. 'दि आक्सफोर्ड कम्पैनियन टु दि थियेटर' : सं. फिलिस हार्टनॉल
2. 'बारह एकांकी' संकलन में 'धुआँ' : विष्णु प्रभाकर
3. विषय के विस्तृत विवेचन के लिए देखिए लेखक की पुस्तक 'हिन्दी पद्य-नाटक : सिद्धान्त और इतिहास'
4. 'हिन्दी पद्यनाटक सिद्धान्त और इतिहास' : सिद्धनाथ कुमार, पृ. 33
5. 'विद्रोही भीड़' : सिद्धनाथ कुमार
6. 'क्रिस्टोफर कोलम्बस' : लुई मैकनीस
7. 'देवांगना' में संकलित संगीत-रूपक : डॉ. मनोहर प्रभाकर
8. 'मंगल-सूत्र' : सिद्धनाथ कुमार
9. 'भये प्रगट कृपाला' : सिद्धनाथ कुमार
10. दे. 'पाषाणी' में संकलित संगीत-रूपक : जानकीवल्लभ शास्त्री
11. 'हास्य-मंच-3' : चिरंजीत, पृ. 29-30
12. 'दि थियरी ऑफ ड्रामा' : ए. निकॉल, पृ. 196-208
13. 'रेडियो नाटक' (हरिश्चन्द्र खन्ना) में 'इश्तहार' : के. एस. मलिक
14. 'हास्य मंच-3' : चिरंजीत, पृ. 42

सहायक सामग्री

प्रकाशित समीक्षात्मक ग्रन्थ

अरस्तू : अरस्तू का काव्यशास्त्र (अनुवाद डॉ. नगेन्द्र)
जयभगवान गुप्ता : हिन्दी रेडियो नाटक : अद्यतन अध्ययन
ब्रेंडर मेथ्यूज : नाटक साहित्य का अध्ययन (अनुवाद इन्दुजा अवस्थी)
मधुकर गंगाधर : रेडियो लेखन
हरिश्चन्द्र खन्ना : रेडियो नाटक
सिद्धनाथ कुमार : रेडियो-नाट्य-शिल्प
: रेडियो-वार्ता-शिल्प
: हिन्दी एकांकी की शिल्पविधि का विकास
: हिन्दी पद्यनाटक : सिद्धान्त और इतिहास

नाटक और कथा-साहित्य

कमलेश्वर : लहर लौट गई
गिरिजाकुमार माथुर : जनम कैद
गिरीश बख्शी : चन्द चुकड़े औरत
गोविन्ददास : कर्तव्य
चन्द्रशेखर : शिवधनुष
चिरंजीत (सं.) : रेडियो नाटक
: हास्य मंच (तीन खंड)
जयशंकर प्रसाद : आकाशदीप
जानकीवल्लभ शास्त्री : पाषाणी
ब्रजवल्लभ मिश्र : विश्ववेदना
भास : स्वप्नवासवदत्तम्
मदन मोहन सिन्हा 'मनुज' और अन्य (सं.) : जिजीविषा
मनोहर प्रभाकर : देवांगना
मोहन राकेश : आधे अधूरे
: रात बीतने तक और अन्य ध्वनि एकांकी

योगेन्द्रनाथ सिन्हा : पहाड़ की पुकार
: वन के मन में
रामवृक्ष बेनीपुरी : अम्बपाली
बिष्णु प्रभाकर : अशोक और अन्य एकांकी नाटक
: प्रकाश और परछाईं
: बारह एकांकी
सिद्धनाथ कुमार : आदमी है, नहीं है
: मुर्दे जिएँगे
: रंग और रूप
: रास्ता बन्द है
: वे अभी भी क्वांरी हैं
: सृष्टि की सांझ और अन्य काव्यनाटक
शिवाजी सावंत : मृत्यंजय
हँसकुमार तिवारी : आधी रात का सवेरा
हरि मेहता : हमीं सो गए
: खिड़की खुली है
अन्यान्य अप्रकाशित रेडियो नाटक, रेडियो-रूपक आदि

अंग्रेजी पुस्तकें

Allardyce Nicoll : The Theory of Drama
Donald Mcwhimnie : The Art of Radio
Felix Felton : The Radio-Play : Its Technique and Possibilities
Irving Wardle Introduction : New English Dramatists 12 : Radio Plays
J. L. Styan : The Elements of Drama
John Drakakis (ed.) : British Radio Dramatists
Joseph Chiari : The Poetic Drama of Paul Claudel
Lajos Egri The Art of Dramatic Writing
Louis MacNiece : Christopher Columbus
: The Dark Tower and other Radio Scripts
Marjori Boulton : The Anatony or Drama
Meren Elword : Characters Make Your Story
Peter Lewis & others : Radio Drama
Percival Wilde : The Carftmanship of One-Act Play
Phyliss Hartnoll The Oxford Companion to the Theatre
P. S. Ramarao : Makers of the Mordern Theatre
Roger Manuel On the Air
Samuel Seldon : An Introduction to Playwriting
Toby Cole (ed.) : Playwrights on Playwriting

Val Gielgud : British Radio Drama
: The Right Way to Radio Play writing.
H. W. Hudson: An Introduction to the Study of Literature

Periodicals

B.B.C.-1966
B.B.C. Quarterly : Autumn 1951
: Autumn 1953
Plays & Players : August 1962
Studies in Brodcasting (A. I. R.) : Summer 1961
The Writer (London) : April 1962